KB117606

THE POWER OF MONEY

화폐의 힘이 만들어낸 승자독식의 세계

돈의 권력

폴 시어드 | 이정훈 옮김

THE POWER OF MONEY

다산
북스

추천사

경제학자이자 오랜 기간 세계경제포럼에 기여한 폴 시어드는 『돈의 권력』에서 현대 경제의 가장 근본적이면서도 혼란스러운 측면 중 하나인 화폐를 능숙하게 풀어내고, 화폐의 창출이 진정한 민간 파트너십에 달려 있음을 보여준다. 정책 입안자, 비즈니스맨, 시민사회 구성원, 그리고 복잡하고 성가신 정책 문제를 더 잘 이해하고 싶은 사람이라면 이 책을 읽어야 한다.

클라우스 슈밥, 세계경제포럼 창립자 겸 집행위원장

통화 및 재정 정책의 결과는 지난 수십 년 동안 그 어느 때보다 직접적으로 느껴지고 있다. 오늘날 경제뿐만 아니라 정치, 심지어 국제 문제를 이해하는 데 필수적인 이 주제를 이보다 더 시의적절하게 탐구한 책은 없을 것이다. 폴 시어드는 모호하거나 전문적인 용어를 잘라내고 오늘날 세계에서 돈이 가진 진정한 힘을 설명한다.

케빈 러드, 제26대 호주 총리 겸 아시아 소사이어티 글로벌 회장

돈은 세상을 돌아가게 하는 데, 그 어느 때보다 큰 힘을 발휘한다. 폴 시어드의 『돈의 권력』은 화폐의 미래에 관심 있는 모든 사람에게 도발적이고 흥미로운 관점을 제공한다.

로런스 H. 서머스,
찰스 W. 엘리엇 하버드대 교수 겸 제71대 미국 재무부 장관

폴 시어드는 돈을 설명하는 훌륭한 일을 해냈다. 그는 흔히 오해하는 문제를 사려 깊고 접근하기 쉬운 방식으로 명확하게 설명함으로써 다른 책과 차별화한다. 경제학자나 단순히 금융·경제 문제에 관심이 있는 사람은 물론 우리 모두를 위한 책이다.

더글러스 L. 피터슨, S&P Global 사장 겸 CEO

돈이 실제로 무엇이며 어떻게 작동하는지에 대한 독특하고 명쾌한 설명으로 일반 독자도 쉽게 이해할 수 있다. 비트코인과 같은 혁신과 양적완화와 같은 정책 실험으로 인해 화폐가 실제로 어떻게 작동하고, 작동하지 않는지 이해하는 것이 그 어느 때보다 중요해진 이 시기에 매우 유용한 책이다.

질리언 테트, 미국 편집위원회 의장 겸 《파이낸셜타임스》 편집장

폴 시어드는 다른 누구도 다루지 않는 중요한 주제를 다룬다. 경제와 미래, 자산 포트폴리오에 관심이 있다면 이 책을 반드시 읽어야 한다.

로버트 L. 딜렌슈나이더, 딜렌슈나이더 그룹 설립자 겸 CEO

폴 시어드는 정부, 상업은행, 중앙은행, 금융시장이 화폐 창출에 어떤 역할을 하는지 베일을 벗겨 보여준다. 불평등, 금융위기, 유로화의 미래, 암호화폐와 같은 주제를 조명한다. 투자 세계를 배우고 우위를 점하려면 이 책을 읽어보길 바란다.

스테파니 켈튼,

스토니브룩대학교 경제학 및 공공 정책 부문 교수, 『적자의 본질』 저자

인류가 만들어낸 가장 추상적인 개념 중 하나인 화폐에 대해 명료하게 설명한다. 세상이 어떻게 가치 교환을 창출하고, 가능하게 하고, 측정하고, 보상하는지 살펴봄으로써 돈의 힘을 이해할 수 있다.

R. "레이" 왕, 콘스텔레이션 리서치, Inc. 설립자 겸 CEO

『돈의 권력』은 현대 경제에서 화폐의 역할을 설득력 있게 설명하고, 화폐에 대한 대중의 오해를 설득력 있게 불식시키며, 중앙은행의 독립성과 미국 달러의 기축통화 지위와 같은 큰 이슈를 사려 깊게 반영한다는 점에서 적어도 세 가지 고유한 가치가 있다. 학자, 업계 전문가, 정책 입안자, 일반 대중 모두에게 이 책을 적극 추천한다.

황이핑, 베이징대학교 경제학 교수 겸 디지털 금융 연구소 소장

비즈니스 리더, 정책 입안자, 자산관리사는 경제 및 통화 문제에 대한 현재의 가정에 도전하고 이를 재구성하는 데 이 책이 필수 불가결함을 알게 될 것이다. 특히 일본의 정책 입안자들은 이 책을 면밀히 연구하면

큰 도움이 될 것이다. 경제 전문가들이 경제의 잘못된 관리와 비효율성을 초래하지 않도록 화폐가 무엇이고 무엇을 할 수 있는지 다시 집중하고, 다시 배우고, 재고해야 할 때다. 이 책을 강력히 추천한다.

미야우치 요시히코, 오릭스 회장

화폐가 만들어지는 과정, 정부 부채의 기능, 연방준비제도이사회의 역할 등 복잡한 개념들을 매우 쉽게 설명한다. 또한 돈의 작동 방식에 대한 몇 가지 일반적인 가정이 왜 잘못되었는지, 적어도 왜 전체 이야기가 될 수 없는지도 설명한다. 매우 중요하고 복잡한 주제를 명쾌하게 설명해 주기 때문에 금융이나 경제에 대한 사전 지식은 필요하지 않다.

티모시 마사드,
하버드대학교 케네디스쿨 연구원 겸
제12대 미국 상품선물거래위원회 위원장

『돈의 권력』은 화폐의 미래뿐만 아니라 화폐가 경제 생활의 구조에 어떻게 얽혀 있는지 광범위하고 명료하게 평가한다. 특히 통화 정책과 재정 정책의 상호작용, 금융 제재가 미국 달러의 기축통화 지위에 미치는 영향과 같은 중요 문제에 대한 저자의 시의적절한 정책 제언이 주목할 만하다. 경제에 대한 이 중요하고도 접근하기 쉬운 공헌은 화폐 역사상 가장 최근의 혁신인 암호화폐에 대한 심도 있는 논의로 마무리된다.

노엘 V. 라티프, 미국 외교정책협회 회장 겸 CEO

한국 독자들에게

나는 대학생이던 지난 1976년 12월에 처음으로 서울을 방문했고, 그 이후에는 전문 경제학자로서 여러 차례 서울을 찾았다. 현재 한국은 경제적으로 전 세계에서 가장 중요하고 성공적인 국가 중 하나다. 구매력 평가PPP 기준으로 세계에서 14번째로 큰 경제 규모를 자랑하고 있고, 1인당 국내총생산GDP은 강력한 이웃 국가인 일본을 넘어선 것은 물론 이제 유럽연합EU과 영국과 어깨를 나란히 할 수준까지 이르렀다. 지난 반세기 동안 한국 경제는 연평균 6.1%라는 놀라운 성장률을 기록하며 저低개발국에서 벗어나 번영하는 선진산업국가로 발돋움했다.

이렇게 한국과 다른 아시아 국가들처럼 경제 발전의 사다리를 타고 계속 올라가는 국가가 있는 반면, 사다리 아래나 중간에 머물러 있는 국가들도 있다. 경제학자들도 이런 차이가 발생하는 이유를 완전히 이해하지는 못 한다. 다만 생산적인 물적·인적 자본을 투입하고 해외 기술을 흡수해 혁신하며, 현대 선진경제가 돌아가는 데 필요한 법률과 금융·상업·정부 및 정치 등 강력한 제도적 틀을 개발하고 활용할 수 있느냐가 중요한 요소일 것이다. 그리고 그런 제도는 돈을 중심으로 돌아간다.

이 책은 화폐, 그리고 화폐와 경제의 제도적 구조가 어떻게 얽혀 있는지를 다룬 책이다. 중앙은행과 정부가 집행하는 통화 정책과 재정 정책, 금융 시스템정책, 또한 이와 관련된 화폐의 생성과 소멸, 규제 및 배분은 경제가 어떤 성과를 낼 수 있는지를 결정하는 매우 중요한 역할을 한다.

경제협력개발기구OECD와 주요 20개국G20 회원국인 한국은 신뢰할 수 있는 독립된 중앙은행, 고도로 발달된 상업은행 시스템, 현대적 결제와 금융 시스템, 거래가 활발한 주식시장, 건전한 예산과 재정체계, 부상하는 핀테크 영역 등 미국과 EU, 일본 등 정교한 선진경제에 버금가는 통화 제도를 갖추고 있다.

그러나 다른 나라와 마찬가지로 한국에서도 화폐가 애초에 어떻게 생겨났는지, 통화 정책과 재정 정책은 어떻게 서로 연관돼 있는지(둘 사이의 바람직한 분업과 공조는 어느 정도인지), 적자예산의 의미와 늘어나는 정부 부채를 우려해야 하는지, 국가 간 통화 시스템이 어떻게 상호작용하며 국제통화 시스템을 형성하는지, 금융 위기의 원인은 무엇이고 어떻게 예방하거나 혹은 부작용을 완화할 수 있는지 등에 대한 질문은 베일에 가려져 제대로 이해되지 않는 경우가 많다. 또한 암호화폐가 기존 국가 기반의 통화 시스템을 뒤흔들 수 있을지도 새로운 화두가 되고 있다.

이 책에서 한국이 구체적으로 언급되진 않지만, 미국을 비롯한 선진국과 개발도상국 경제에 관한 내용은 한국 경제의 통화 및 재정 정책, (화폐의 미래를 포함한) 은행과 금융 시스템을 이해하는 데 도움이 될 것이다. 공공 정책과 금융투자, 기업투자, 개인금융과 관련된 의사결정은 통화 및 재정 시스템의 작동 방식과 정책이 경제에 미치는 영향에 대한 올바른 이해를 바탕으로 이뤄져야 한다.

따라서 책을 읽고 나면 다시는 자기 나라를 포함한 경제와 통화 문제를 같은 시각으로 바라보지 않을 것이다. 이 책을 읽는 한국의 정책 당국자들과 금융시장 참가자, 기업인, 시민 모두 많은 도움을 받을 수 있을 것이라 기대한다.

끝으로 『돈의 권력』이 한국어 번역판으로 한국 독자들과 만날 수 있어 매우 기쁘다. 나의 책이 처음으로 한국에서 널리 소개되기까지 큰 도움을 준 이정훈 역자와 다산북스 출판사에도 깊은 감사를 전한다.

폴 시어드

2024년 3월 21일, 뉴욕에서

세상을 돌아가게 하는 돈

돈은 이 세상을 돌아가게 한다.

존 칸더(John Kander) · 프레드 엡(Fred Ebb), 뮤지컬 <카바레(Cabaret)>

돈은 정말로 세상을 돌아가게 한다. 적어도 경제 세상에선 그렇다. 만약 돈이 없다면, 우리가 알고 있는 경제는 존재할 수 없다. 철학자 토머스 홉스Thomas Hobbes의 말을 빌리자면, 돈이 없는 자연 상태에서 우리의 삶은 '고독하고, 빈곤하고, 형편없고, 야수와 같으며, 또 짧을 것'이다.[1]

우리가 가지고 있는 물건이나 우리가 제공할 수 있는 서비스를 대가로 줘야만 다른 사람들로부터 필요한 걸 얻을 수 있다고 상상해 보자. 이를 물물교환이라고 하는데, 이것만으론 세상에서 할 수 있는 일이 그리 많지 않다. 물물교환만으로는 우리의 경제활동이 매우 좁은 지역에서만 비효율적으로 이뤄질 것이다. 사실 물물교환 경제는 아주 오래전 태곳적이나 경제학 교과서에나 등장했을 뿐, 실제로 존재한 적은 거의 없다. 그 정도로 돈이라는 건 경제에서 본질적인 것이라고 할 수 있다. 돈은 온 세상 사람들이 시공간을 뛰어넘어 간접적으로 서로 거래할 수 있게 해준다.

이 책은 돈에 관한 것이지만, 돈 버는 방법에 관한 것은 아니다. 그런 책은 도처에 널려 있고, 나보다 더 잘 쓸 수 있는 전문가가 훨씬 더 많다. 그래서 나는 이 책에서 돈이란 무엇이고, 돈은 어떻게 생겨났고, 정부와 상업은행, 그리고 중앙은행이 어떻게 돈을 만들어내고, 어떻게 그 과정에 영향을 미치는지 설명하고자 한다.[2] 돈을 더 잘 이해하게 되면 돈 버는 데에도 도움이 될 순 있겠지만, 그건 독자들의 몫으로 남겨두겠다.

그렇다면 돈에 관한 책이 왜 또 필요한 것일까? 돈이라는 게 그토록 중요한데도, 아니 어쩌면 그토록 중요하기에 돈을 둘러싼 오해와 혼란, 논란이 넘쳐나고 있기 때문이다. 사람들이 돈에 대해 안다고 생각하는 것 중 대부분이 의심스럽거나, 진지한 검증을 필요로 하거나, 완전히 틀린 것일 수 있다. 사람들은 돈에 대해 몇 가지 오해를 하고 있다.

첫째, 돈은 단순하고 모호하지 않은 개념이라는 오해

사실 돈은 놀라울 정도로 확실하게 정의 내리기 힘든 개념이다. 돈을 정의하고 측정하는 손쉬운 방법 같은 것은 없다. 실제로 사람들에게 돈은 서로 다른 의미로 받아들여진다.

둘째, 돈을 만들어내는 것이 중앙은행이라는 오해

돈을 찍어내는 주체가 미국 연방준비제도Fed(연준)나 유럽중앙
은행ECB, 일본은행BOJ과 같은 중앙은행이라는 오해다. 물론 좁은
의미에서는 중앙은행이 돈을 찍어낼 수 있고, 또 그렇게 하기도
한다. 그러나 애초에 돈을 찍어내거나 만들어내는 건 정부와 상업
은행이다.

셋째, 글로벌 금융위기 이후 대규모로 돈을 찍어냈다는 오해

각국의 중앙은행은 글로벌 금융위기 이후 수조 규모의 달러와
유로, 파운드와 엔, 그리고 기타 통화들을 찍어냈고, 코로나19 감
염병이 대유행이었던 팬데믹 이후 경제 충격에 맞서기 위해 또 다
시 대규모로 돈을 찍어냈다는 오해가 있다. 그러나 중앙은행들이
그렇게 엄청난 규모로 돈을 찍어낸 건 아니다. 다만 중앙은행은
하나의 화폐 형태(정부발행채권, 즉 국채)에서 또 다른 형태(중앙은행에
예치한 은행들의 예금)로 전환한 것뿐이다.

넷째, 정부의 국가 부채가 후손들에게 대물림된다는 오해

정부가 막대한 국가 부채를 쌓아둠으로써 후손들에게 엄청난
부담을 지우고 그들의 미래를 저당 잡고 있다는 오해다. 사실 국
채는 그걸 가지고 있는 사람에겐 자산이다. 그런 점에서 국채는

사회가 구매력(돈)을 미래로 이전하는 데 도움을 준다. 정부는 세금을 걷어 시중에 유통되는 돈을 회수할 수도 있지만, 국채를 상환(만기 시 투자자에게 원리금을 되돌려주는 일)할 필요는 없다.

다섯째, 소득과 불평등이 시장경제의 부작용이라는 오해

돈의 불평등한 분배, 즉 소득과 부富의 불평등은 시장경제의 혐오스러운 면이라 피해야만 한다는 오해다. 사실 이건 번영을 창출하는 경제 시스템이 가진 오류가 아니라 기능에 가깝다고 할 수 있다. 아울러 소득과 부의 불평등에는 대개 우리가 걱정하는 것보다 더 많은 이점이 있다.

여섯째, 암호화폐가 기존 법정화폐를 대체할 수 있다는 오해

비트코인과 여타 암호화폐 등 신종 화폐가 현재 우리가 알고 있는 화폐를 대체할 수 있다는 오해도 있다. 그러나 암호화폐가 기존 화폐를 대체할 정도로 커지게 되면 화폐 독점권을 쥔 중앙은행과 정부도 가만히 있지는 않을 것이기에, 대부분은 그 지위에 심각한 영향을 받을 가능성은 없어 보인다.

돈이란 무엇인가

사람들이 돈에 대해 많이 오해하고 있기 때문에 '돈이란 무엇인가'라는 질문에 답하는 건 보기보다 더 까다롭다. 일반적으로 '돈' 은 '금전적 부富'와 동의어로 쓰인다. 누군가가 부유하다면, 그는 '많은 돈'을 가지고 있을 것이라고 생각한다. 다만 이때 얘기하는 '돈'은 경제학자들이 말하는 '돈'과 의미가 다를 수 있다. 부유한 사람들이 가진 금전적 부는 은행 예금과 머니마켓펀드MMF, 뮤추얼펀드, 개별 주식과 채권, 헤지펀드나 사모펀드PEF 따위의 대체투자 등 다양한 금융자산으로 구성돼 있는 게 일반적이다.

반면 경제학자들은 돈을 기능적 정의와 경험적 정의의 두 가지로 분류한다. 19세기 경제학자인 윌리엄 스탠리 제번스William Stanley Jevons 이래로 거의 모든 경제학 교과서는 화폐의 기능을 세 가지로 정의한다. 첫째, 가치 측정의 단위, 둘째, 교환의 수단 또는 매개체, 셋째, 가치 저장의 수단이다.[3] 다만 이런 기능적 정의는 화폐가 무엇인지 알려주기보다는, 화폐로 간주되려면 무엇을 할 수 있어야 하는지를 알려줄 뿐이다.

따라서 경제학자들은 누가 화폐를 발행하는가, 사용하기 얼마나 쉬운가, 가치를 저장하는 데 어떤 기능을 하는가에 따라 경험적으로 돈을 여러 범주로 분류하곤 한다. 윌리엄 스탠리 제번스가세 가지로 정의한 화폐의 기능을 먼저 살펴보자.

첫째, 가치 측정의 단위

화폐가 가치 측정의 단위가 된다는 건, 한 국가 내에서 어떤 것의 가격이 그 화폐의 단위로 표시된다는 뜻이다. 미국에선 달러와 센트로, 일본에선 엔으로, 대부분 유럽 국가에서는 유로와 센트로, 영국에선 파운드와 펜스로 표시하는 식이다. 또한 가치 측정 단위로서 화폐는 한 나라 안에 있는 무수한 재화와 서비스, 자산의 가치를 서로 비교하고 교환을 쉽게 할 수 있도록 해주는 공통된 기준이 된다. 어떤 것의 가격은 그 물건을 사는 데 필요한 화폐 단위의 수數다. 미국에선 달러화로 거의 모든 것의 가치를 나타낼 수 있듯, 가치 측정의 단위로서 화폐는 시장의 모든 재화뿐만 아니라 서비스와 금융상품(자산과 부채)의 가격 또한 측정할 수 있다.[4]

둘째, 교환의 수단 또는 매개체

우리는 어떤 물건을 살 때 화폐를 교환 수단으로 사용한다. 스타벅스 매장에 가서 5달러를 내면, 스타벅스 직원은 나에게 커피 한 잔을 준다. 이제 나는 커피를 가질 수 있고, 스타벅스 측은 5달러를 갖게 된다. 화폐가 교환의 매개체가 되기 때문에 선진화되고 분산된 시장경제가 작동하고 번영할 수 있는 것이다. 상대가 팔려는 물건이 무엇이든, 충분한 돈만 있으면 뭐든 다 가질 수 있다. 나에게 물건을 파는 사람은 내가 어디서 돈을 구했는지 걱정할 필요가 없다. 나 역시 물건을 파는 사람이 그 돈을 가지고 무엇을 할지 걱정하지 않아도 된다. 돈은 양측의 이런 연결고리를 끊어준다.

수천 년에 걸친 문명의 진보와 그에 따른 과학적 발견, 기술과 사회의 혁신 덕에 경제는 놀라울 정도로 많은 재화와 서비스를 생산한다. 이 모든 재화와 서비스는 화폐라고 하는 단순한 공통분모로 거래되고 집계된다. 미국 경제만 해도 2022년 3분기까지 1년 간 25조 달러에 이르는 재화와 서비스를 생산해 냈다. 이처럼 공통의 단위를 쓰기로 합의한 덕에, 우리는 거대한 미국 경제의 거의 모든 경제활동을 간단한 숫자 하나로 요약할 수 있는 것이다.[5]

셋째, 가치 저장의 수단

화폐는 현재의 구매력을 미래로 이전할 수 있는 수단이기도 하다. 내 주머니에 20달러짜리 지폐가 있다면, 나는 그 돈을 지금 쓸 수도 있지만 내일 쓸 수도 있다. 화폐—좀 더 넓은 의미로 금융자산까지 포함한다—를 가지고 우리는 저축이라는 걸 할 수 있다. 저축을 통해 오늘 획득한 구매력 중 일부를 나중으로 이전할 수 있는 것이다. 반대로 미래에 얻게 될 구매력 중 일부를 미리 앞당겨 빌려와 오늘 쓸 수도 있다. 결국 화폐라는 건 경제적 과거와 현재, 미래를 연결해 주는 수단인 셈이다.

화폐가 훌륭한 가치 저장의 수단이라는 건, 시간이 흘러도 그 가치를 적어도 합리적으로 잘 유지할 수 있으리라는 뜻이기도 하다. 만약 내가 오늘 100달러를 가지고 있다면 지금 당장 근사한 한 끼를 사 먹을 수 있는 건 물론이고, 1년 뒤에 사 먹기 위해 저축해 둘 수도 있다. 만약 지금 그 돈을 쓰지 않고 미래에 쓰기 위해 기다리기로 했을 때, 우리는 나중에 그 100달러로 동네 식당에서 파는 저렴한 클럽 샌드위치가 아니라 애초 기대했던 멋진 한 끼를 사 먹을 수 있기를 바랄 것이다. 바로 이 대목에서 인플레이션(물가를 나타내는 대표 지수의 변화율을 뜻하면서, 때로는 그 변화율이 너무 높다고 여겨지는 상황을 뜻하기도 한다)이라는 개념이 끼어든다.

100달러짜리 식사는 가치를 저장하는 화폐의 한 사례이지만, 인플레이션 때문에 정확성이 다소 떨어진다. 시장경제에서 수요와 공급의 변동으로 개별 재화와 서비스의 가격은 오르내리곤 한다. 이는 한 사회 내에서 희소한 자원을 효율적으로 배분하는 데 도움을 주기 때문에 좋은 일이다. 시간이 지나도 화폐가 그 가치를 유지하는 데 중요한 것은 개별 재화와 서비스 가격이 안정적으로 유지되느냐가 아니다. 오히려 경제 내 전반적인 물가 수준이 안정적으로 유지되느냐가 더 중요하다.

전반적인 물가 수준은 소비자가 주로 구매할 것으로 예상되는 대표적인 재화와 서비스를 선별해 구성한 바스켓basket[소비자물가지수(CPI)를 측정할 때 조사 대상이 되는 품목군] 전체의 가치를 평가하는 방식으로 측정된다. 이런 생활비 변화를 CPI나 그와 비슷한 물가지수를 통해 포착하려는 것이다. 현대 사회에서는 이처럼 시간이 지나도 화폐의 구매력이 유지되거나, 적어도 그 구매력이 너무 급격하게 떨어지지 않도록 하는 일차적인 책임을 중앙은행이 맡고 있다. 대부분 국가에서 중앙은행은 CPI가 한 해에 전년 대비 2% 정도 상승하도록 유지하는 것을 목표로 삼고 있다.[6] 이에 대해선 3장에서 보다 상세히 설명할 예정이다.

화폐의 가치 저장이라는 측면은 매우 광범위하다. 시간을 초월해 구매력을 이전할 수 있다는 점에서 모든 금융자산은 가치 저장의 수단으로 작동한다. 그러나 금융자산의 위험성은 다양하며, 각 자산의 신뢰도에 따라 위험도가 달라지기도 한다. 만약 금융자산이 안정적이거나 매우 안정적인 가치 저장 수단이어야만 화폐로 간주될 수 있다면, 후보군은 매우 좁아질 수밖에 없다.

그렇다면 어디까지를 화폐로 봐야 할까? 은행권(지폐)이나 여타 고정된 명목 재산권들의 실질 가치는 인플레이션으로 추락하거나 디플레이션으로 높아질 수 있다. 또 은행이 예금을 고객에게 돌려주지 못하는 채무불이행default이 생길 수도 있어, 이로 인해 가치 저장 수단의 안정성에 의구심이 제기되기도 한다. 이 때문에 정부는 은행 예금에 대한 지급을 보장함으로써 이런 위험에 대응하고 있다. 정부가 보장하는 예금보호한도는 예금주나 은행에 따라 정해지는데, 현재 미국은 25만 달러까지 보장하고 있다. 미국 재무부가 발행하는 증권(국채)은 쿠폰(채권 발행 때 붙어 있는 약정 금리) 지급과 원금 상환에 위험이 없는 것으로 널리 알려져 있지만, 이처럼 매우 안정적인 가치 저장 수단인 미국 국채조차도 전통적으로는 화폐로 분류되지 않는다(물론 개인적으로는 다른 의견을 가지고 있지만 말이다). 길게 보면 주식, 특히 잘 분산된 주식 포트폴리오는 그 가치가 훌륭하게 상승하는 것은 물론이고 아주 탁월한 가치 저장 수단이라는 것도 입증됐다.[7]

두 경제가 얽힌 하나의 세계

경제는 실물경제와 화폐경제로 구성된다. 두 경제는 서로 다르면서도 복잡하게 얽혀 있다. 국내총생산GDP으로 측정되는 실물경제는 기업이 자본설비와 인적 노동력을 활용해 생산하는 것뿐만 아니라 소비자가 일상에서 자주 구입하는 채소나 과일 등의 신선식품, 택시 승차 등의 비내구재 또는 개인용 컴퓨터나 자동차와 같은 내구재처럼 시간을 두고 구매하고 소비하는 재화와 서비스를 포함한다.

화폐경제는 금융 측면에서 실물경제를 비추는 거울이다. 화폐경제는 실물경제를 계속 지켜보면서 그 바퀴가 잘 굴러갈 수 있도록 기름칠을 해주는 역할을 한다. 금융 시스템과 통화 시스템이 컴퓨터, 통신 네트워크, 금융 분야의 관리자와 근로자, 이들이 사용하는 건물과 자본설비 등 실제 자원들을 소비하고 고용한다는 점에서 화폐경제는 실물경제의 일부이기도 하다. 따라서 금융 부문과 그 부문에서의 생산량도 GDP의 일부로 산정하는 것이다. 다만 화폐경제는 대부분 가상으로 설정된 것으로, 온갖 상징과 관습, 믿음으로 가득 찬 세계이기도 하다.

보통 돈은 실재하는 유형有形의 것으로 생각하기 쉽다. 돈은 분명 실재하고 유형의 것들을 얻는 데 쓰이지만, 사회가 채택하고 따르기로 동의한 하나 혹은 그 이상의 관습인 사회적 구조물로 실재하지 않는다. 즉 사회적으로 만들어진 것이다. 역사학자 유발 하라리가 말한 것처럼 돈은 "여러 사람이 공유하는 상상 속에서만 존재하는 상호주관적 현실이 만들어낸 것"[8]이다. 현대 사회에서의 돈은 법정화폐(금이나 다른 실물에 기반해 고정된 비율로 교환할 수 있는 화폐가 아니라, 정부에 대한 신뢰를 바탕으로 사회가 수용함으로써 그 가치가 생겨난 화폐)인데, 이는 법령에 따라 만들어진 화폐라는 뜻이다. 20달러짜리 지폐는 10달러 지폐 두 장만큼의 가치를 지닌다. 20달러와 10달러 지폐를 찍어내는 데 동일한 생산 원가가 들어간다 해도, 우리 사회가 20달러 지폐가 10달러보다 두 배의 가치를 지니는 것으로 정했기 때문이다(특히 은행 컴퓨터의 원장에 기재된 금전 항목들은 더더욱 실제 가치와 무관하게 사회 구성원들 간의 합의로 가치를 정한 것일 뿐이다).

사실 지폐와 동전은 눈으로 볼 수 있고, 손으로 만질 수 있는 실물이다. 하지만 화폐를 만드는 데 투입되는 종이와 금속, 노동력의 가치와 비용을 다 더해도 그 합은 화폐로 구매할 수 있는 실제 가치에 비해 극히 일부에 불과할 것이다. 이처럼 화폐를 만드는 데 들어가는 비용과 실제 화폐가 가지는 가치 사이의 차이를 세뇨리지Seigniorage(화폐주조차익)라고 한다. 발음하기에도 까다로운 화폐 용어인 세뇨리지는 정부에 귀속된다.

더구나 실물화폐는 실제 존재하는 총화폐 중에서 극히 일부에 불과하다. 대부분의 화폐는 디지털 원장에 적혀 있는 숫자로만 존재한다. 만약 당신이 은행 계좌에 1000달러를 가지고 있다면, 은행은 컴퓨터 시스템에 당신의 이름과 계좌번호, 그리고 '1000달

러'라고 적힌 숫자와 같은 정보를 담은 전자 기록을 갖고 있는 것
이다. 은행은 고객으로부터 예금을 받아 대출을 하고, 회사채와 주
식 등 위험자산이나 국채 같은 안전자산 등에 다양하게 투자한다.
그렇다 보니 중앙은행 계좌에 넣어둔 일부 현금과 지급준비금을
빼고 나면 실제 은행이 가지고 있는 돈은 거의 없다.[9] 이런 '부분
지급준비 은행 시스템fractional reserve banking system'에 사기성이 있다
며 문제 삼는 사람도 있지만, 이는 현대 경제 시스템이 가진 특징
으로 어떠한 문제도 없는 바람직한 시스템이다.

화폐는 한 사회가 경제의 산출물과 그것을 생산하는 경제적 기
계economic machinery—문자 그대로 비유적 표현이다—의 소유권을
누가 가지고 있느냐를 집계하는 방식이다. 우리는 화폐를 현재와
미래의 구매력을 나타내는 점수로 생각할 수 있다. 화폐는 매우
강력한 네트워크 효과를 가지고 있는 만큼, 모두가 동일한 플랫폼
에 머물 수 있게끔 한다는 커다란 이점이 있다.

또한 화폐는 협응(협조와 호응) 문제도 해결한다. 내가 재화와 서
비스, 또는 자산을 얻는 대가로 돈을 지불하면 사회의 다른 사람
들이 그 돈을 받아들일 것임을 알고 있는 한, 나 역시 다른 사람으
로부터 돈을 받아들일 준비를 한다. 화폐가 어떤 내재적 가치를
지닐 필요는 없다. 다만 사회 구성원 모두가 그것을 사용하기로
동의하면 가치를 갖는다.

그러나 어떻게 사회 구성원 모두가 가치 측정의 단위, 교환의
매개체, 가치 저장의 수단으로서 동일한 것을 사용하도록 합의할

수 있을까? 정부가 화폐를 창출하고 규제하는 데 개입함으로써 협응 문제를 해결하고, 화폐의 네트워크 효과를 완전하게 누리도록 도울 수 있다. 법정화폐에서 '법정'이라는 핵심 부분은 정부가 어떤 화폐를 세금으로 받아줄 것인지, 즉 개인이 정부에 진 부채를 갚는 데 어떤 화폐를 쓸지를 결정하는 능력이다.

부와 번영을 위한 공조

화폐의 또 다른 핵심적인 측면으로서 부채로 간주되는 화폐가 있다.[10] 20달러짜리 지폐를 보면, 지폐 위에 '이 지폐는 공적이고 사적인 모든 부채에 대한 법정화폐'라고 인쇄돼 있다. 이는 미국 중앙은행인 연준이 발행하는 지폐다. 모든 나라의 지폐에 이런 문구가 있는 건 아니지만, 미국에서는 흑백(아니면 녹색과 흰색 글씨라고 말할 수도 있다)으로 이렇게 쓰여 있다. 그 지폐를 가진 사람이 자기 부채를 갚는 데 사용할 수 있는 자산이라는 뜻이다. 이 지폐에는 또한 '미합중국The United States of America'이라는 단어가 인쇄돼 있고, 미국 재무부 직인도 찍혀 있다. 그리고 미연방의 자산을 관리하는 책임자인 연방 재무관과 미 재무부를 이끌어가는 수장인 재무장관이라는 미국 정부 내 서로 다른 두 직책을 가진 관료들의 서명도 들어가 있다.[11] 연준이 미국 정부기관인 만큼 연준 지폐는 미국 정부 부채의 한 형태다.

기술적으로 은행권은 중앙은행인 연준의 부채이며, 따라서 은행권은 연준 재무상태표의 부채 항목에 표시된다. 여기서 은행권이 부채 항목에 표시된다면, 정확하게 중앙은행은 무엇을 빚지고 있다는 걸까? 현대 법정화폐 시스템에서는 은행권 그 자체를 제외하고는 아무것도 빚진 게 없다. 연준 지폐와 같은 은행권은 부채일 수 있지만, 상환할 필요가 없는 특별한 종류의 부채다.

화폐를 발행한 쪽에 지폐를 제시하면 이를 뒷받침하는 금金이나 은銀을 요구하고 받을 수 있었던 시절은 오래전에 지나갔다. 가정하건대, 당신이 연준에 가서 20달러 지폐를 제시하고서 당신에게 빚진 부채를 갚으라고 요구한다면, 연준이 할 수 있는 유일한 방법은 20달러 지폐를 그대로 되돌려주거나 10달러 지폐 두 장으로 바꿔주는 것뿐이다. 그러나 당신이 정부에 세금으로 내야 할 20달러를 빚지고 있다면, 당신은 은행 계좌에 20달러를 입금한 뒤 이를 제시함으로써 빚을 갚을 수 있다. 은행권이라는 정부 부채는 당신에게는 자산이며, 납세 의무로 정부에 진 빚을 소멸시키는 데 사용할 수 있다.

우리가 일반적으로 화폐라고 생각하는 것에는 재미있는 사실이 있다. 화폐의 일부는 정부를 뜻하는 중앙은행의 부채이며, 사실 대부분 상업은행들의 부채다. 지폐와 동전, 또 상업은행 예금 형태의 화폐는 액면가로, 즉 일대일로 교환할 수 있는데, 대개 이를 당연시하는 게 화폐 시스템의 특징이다.[12] 만약 은행에 당신의 100달러가 입금되어 있다면, 은행은 당신에게 100달러를 빚지고 있는 셈이다. 만약 은행에서 100달러를 인출한다면, 중앙은행(정부)이 대신 당신에게 100달러를 빚지게 된다. 마찬가지로 100달러 지폐를 은행 계좌에 입금하면, 자산이 정부 부채에서 해당 은행의 부채로 바뀌게 된다. 이는 정부와 중앙은행, 상업은행이 화폐 창출에 서로 밀접하게 연관돼 있다는 뜻이다. 또 일반적으로 서로 별개라고 생각하는 것과 달리, 재정 정책과 통화 정책은 서로 구분된 게 아니라는 점에서 이 책의 광범위한 관점과 주제가 잘 나타난다.

화폐의 탄생부터 암호화폐의 미래까지

1장에서는 오늘날 세계에서 화폐가 어떻게 생겨나는지, 전문 용어로는 '유통circulation'되는지를 살펴본다. 우리가 일을 해서 벌거나, 은행에서 빌리거나, 물건을 팔아서 받거나 혹은 정부로부터 나눠 받는 돈은 실제로 누가 만들어내는 것일까? 지폐와 은행 예금 등 좁은 의미에서의 화폐를 만드는 일엔 정부와 중앙은행, 상업은행 모두가 관여하고 있다.

이 모든 화폐(현재 미국에서 20조 달러에 이르는 것으로 추산되는)가 거대한 양동이에 담겨 있다고 생각해 보자. 은행과 정부, 중앙은행은 그 양동이에 화폐를 들이붓는 호스와 화폐를 퍼내는 바가지를 가지고 있다. 앞으로 살펴보겠지만, 이 호스는 복잡한 방식으로 얽혀 있다. 또한 가장 포괄적인 의미에서 금융자산까지도 돈이라고 간주한다면, 금융시장 특히 주식시장과도 연결돼 있는 또 다른 호스와 바가지가 존재하는 것이다.

2장에서는 현재 30조 달러 정도 되는 미국 정부 부채 수준을 둘러싼 많은 오해와 우려를 파헤치고자 한다. 적자예산을 운영한다는 건, 정부가 시중에 돈을 유통시키는 하나의 방법이며 원칙적으로는 좋은 것이다. 정부는 통상 돈을 유통시킬 때 다른 형태의 돈인 국채로 전환한다. 국채는 가계와 기업, 투자자들이 부를 축적하고 구매력을 미래로 이전할 수 있게 해준다.

정부 지출이 너무 많아지거나 정부 부채가 너무 쌓이면 현재와 미래의 경제에 문제를 일으킬 수 있지만, 이는 그 부채를 상환해야 한다거나 미래 세대에 부담을 주기 때문은 아니다. 정부는 재정 정책의 일환으로 소비자의 구매력을 낮추고 인플레이션을 억제하기 위해 세금을 인상해야 할 수도 있지만, 부채를 상환하기 위한 재원을 마련하고자 세금을 인상할 필요는 결코 없다.

3장에서는(그리고 맨 마지막의 기술적 자료에서는) 중앙은행과 상업은행이 화폐 창출에 어떻게 관여하는지, 중앙은행이 실행하는 통화 정책이 어떻게 작동하는지 설명할 것이다. 경제에서 화폐의 대부분은 상업은행이 대출을 실행할 때 생겨난다. 은행이 예금을 받아서 대출해 주는 게 아니라, 대출해 줄 때 예금이 생겨나는 것이다. 중앙은행은 정책금리를 조정하는 통제권을 활용해 필요에 따라 은행 대출을 촉진하거나 억제함으로써 인플레이션을 활성화하거나 억제하는 것이다.

글로벌 금융위기로 촉발된 지난 2007~2009년 대규모 경기 침체Great Recession에 대응하고, 최근에는 코로나19 팬데믹으로 인한 2020년 2~4월의 더욱 강력한 경기 침체에 대응하기 위해 주요국 중앙은행들은 양적완화QE라는 정책으로 자신들의 재무상태표를 늘리면서 통화 정책을 완화했다.[13] 따라서 4장에서는 양적완화란 무엇이며, 어떻게 작동하는지를 설명할 것이다.

양적완화는 대개 중앙은행의 대규모 '돈 찍어내기'로 불리면서 비난을 받기도 했지만, 여기에는 오해의 소지가 있다. 중앙은행이 양적완화로써 자국 정부가 발행하는 국채를 매입하는 건, 과거와 현재의 적자예산으로 발생한 화폐의 형태를 바꾸는 것이 맞다. 하지만 양적완화는 자산(일반적으로 국채)을 빨아들이는 방식으로만 통화 시스템에 돈, 즉 유동성을 공급할 수 있다.

5장에서는 좀 더 넓은 관점에서 화폐를 살펴볼 것이다. 실물경제와 화폐경제는 엄청난 양의 부와 번영을 창출하지만, 그 부는 사회 내부와 전반에 매우 불균등하게 분배된다. 불평등을 줄이는 것은 우리 시대의 분명한 숙제가 됐다. 여기서는 이런 부의 격차, 특히 상대적으로 소수인 초超부유층의 등장과 관련해 부의 격차의 배후에 있는 몇몇 경제적 요인들에 대해 살펴볼 것이다.

극심한 부의 불평등은 상당 부분 번영을 창출하는 시장 과정의 부산물이며, 심지어 순수한 경제적 관점에서 보면 흔히들 주장하거나 가정하는 것에 비해 초부유층이 우리 사회에 끼치는 해로움은 훨씬 더 적다. 사회 전체를 위해 행동할 임무를 가진 정부가 가난한 국민들의 처지를 개선하는 것이 바람직하다고 판단한다면 그렇게 할 수 있다. 다만 이는 '부자들에게 세금을 부과할지 말지, 부과한다면 어떤 방법으로 할지'와는 별개로 실행돼야 한다(또는 적어도 그렇게 하려고 노력해야 한다).

6장에서는 화폐가 경제와 사회를 혼란에 빠트릴 수 있다는 반대 측면을 살펴보려 한다. 금융위기는 다양한 형태나 규모로 나타나며, 현대 경제사에서 반복되는 주제다. 화폐경제는 실물경제가 번영을 창출하는 일을 해낼 수 있도록 도움도 주지만, 때로는 궤도를 벗어나 실물경제까지 함께 탈선시킬 수 있다. 화폐경제가 만들어내는 재정적 부채의 유동성과 실물경제를 구성하는 생산적 자산의 비非유동성 사이에는 본질적인 불일치가 존재한다. 이런 불일치는 은행 시스템에서의 대규모 인출 사태bank run(뱅크런)라는 위험을 초래하고, 결국은 금융위기로 이어진다. 중앙은행은 '최종 대부자lender of last resort' 역할을 통해 금융위기를 예방하고, 실제 위기가 발생할 때 이를 진압할 수 있다. 이 장에서는 지난 2008년 9월 리먼 브라더스 파산 사태 때 최종 대부자로서의 역할을 하지 않았던 미 연준의 실수를 지적할 것이다.

지난 2007~2009년 글로벌 금융위기는 유럽에서 유로존 국가부채 위기로 전이됐다. 이로 인해 2010년에 그리스에서 추가적으로 국지적 부채 위기가 발생했고, 이는 2015년 중반에야 그리스가 유럽연합EU과 국제통화기금IMF으로부터 대규모 구제금융을 받으면서 진정됐다. 따라서 7장에서는 유로존 국가 부채 위기가, 유로존이 가진 심각한 경제 구조적 결함이 드러난 사건이라는 걸 강조하고자 한다. 유로존 회원국들은 단일 통화인 유로화로 통화 동맹을 결성해 통화주권을 공유하고 있지만, 예산 문제를 중앙집권화하고 재정 동맹을 맺어 재정주권을 공유하는 일까지는 하지 않고 있다. 회원국들은 자국 통화주권을 유럽중앙은행에 넘겨줬지만, 재정 문제에 대한 책임은 그대로 가지고 있다. 그 결과 회원국들은 자기 의지대로 찍어낼 수 없는 외화를 빌려야 하는 상황에 처하게 됐다. 더 나쁜 건 유로존 회원국들은 엄격한 재정적 제약을 받아들여야 한다는 것이다.

이런 관점에서 이 책은 개별 국가 또는 유로화처럼 여러 나라들이 동일한 화폐를 공유하는 단일 통화 시스템에 대해 살펴볼 것이다. 8장에서는 다른 방식으로 전 세계의 무수한 화폐와 통화 시스템이 어떻게 서로 결합하고 상호작용하는지 살펴본다. 이 과정에서 변동환율과 글로벌 준비통화, 연준의 막중한 책무 모두가 중요한 역할을 한다.

9장에서는 기어를 디지털로 전환해 수천 년에 걸친 화폐의 역사에서 가장 주목받고 있는 최신의 혁신인 비트코인과 다른 암호화폐를 들여다볼 것이다. 암호화폐는 21세기 파괴적인 과학 혁신의 산물이며, 새로운 화폐의 지평을 열었다. 국가 중심의 화폐 시스템에 대한 불만과 반란적 도전에 의해 개발된 암호화폐는 새로운 블록체인 기술을 활용해 탈脫중앙화된 개인 간P2P 통화 및 결제 시스템을 운영함으로써 중앙의 권위와 중재자를 배제한다.

비트코인과 여타 암호화폐는 대담하고 기술적으로 인상적이지만 기존 화폐 시스템과 완전히 분리돼 있지 않고, 화폐의 세 가지 표준 역할인 가치 측정의 단위와 교환의 매개체, 가치 저장의 수단을 충족하는 데 어려움을 겪을 가능성이 높다. 그러나 암호화폐는 화폐 생태계 내에서 영구적인 틈새 시장을 찾아낼 가능성이 높고, 그 혁신 사이클에서 아직 초기 단계에 있는 만큼 섣불리 예단하는 건 위험할 수 있다.

적어도 암호화폐의 등장은 기존 국가 기반의 통화 시스템을 뒤흔들고 있고, 모든 주요국 중앙은행들도 독자적인 '중앙은행 발행 디지털 화폐CBDC' 도입의 타당성과 바람직한 방향을 적극적으로 모색하고 있다. 그러나 암호화폐와 그 기반 기술인 블록체인은 전통적인 통화 시스템을 대체하는 것은 물론이고 이에 심각하게 도전할 것 같진 않다. 대신 혁신을 촉진함으로써 전통 통화 시스템을 재편하는 데 도움을 줄 가능성이 더 높아 보인다.

끝으로 화폐의 미래를 바라보며, 이 모두를 하나로 묶을 수 있는 결론을 제시하고자 한다.

PART 1

세계의 부를
통제하는 권력

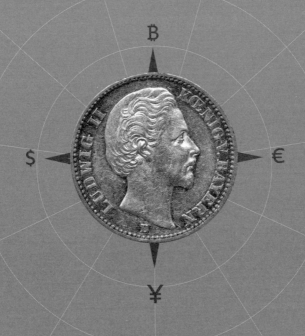

01

화폐를 만드는 세 가지 방법

우리는 국가화폐와 은행화폐, 채무증서를 나란히 두고 있다.
그러나 은행화폐가 더 우세한 중요도를 가지며,
국가화폐는 분명 보조적 지위를 가진다고 보는 경향이 있다.

존 메이너드 케인스(John Maynard Keynes)[1]

화폐는 어디서 오는 걸까? 다시 말해 현대 경제에서 화폐는 어떻게 만들어지고, 어떻게 유통되는 걸까? 그 답은 경제가 어떻게 작동하며, 경제가 정부와 중앙은행의 경제 정책으로부터 어떤 영향을 받는지 이해하는 데 중요하다. 오늘날 경제적 논쟁을 분석하는 데 화폐 창출의 동력은 사실과 허구를 구분 짓는 핵심이 된다.

현재 화폐가 어떻게 만들어지는가에 대한 질문은 애초에 화폐라는 제도가 어떻게 생겨났고 역사를 통해 어떻게 발전돼 왔는지에 대한 질문과는 엄연히 구분된다. 화폐와 관련된 흥미로운 역사가 많다.[2] 그 역사에는 화폐가 생겨나고 수 세기에 걸쳐 서서히 진화해 현대 시장경제의 제도적 기반의 핵심으로 발전해 온 이야기들이 담겨 있다. 화폐는 인간이 가진 독창성을 증명해 주는 것이다.

일반적으로는 화폐가 물물교환 경제에서 거래의 비효율을 극복하기 위해 다양한 형태로 진화해 왔다고 설명하고 있다. 물물교환은 우연히 서로 상대방이 가진 물건을 동시에 갖고 싶어 할 때 거래가 이뤄지는데, 이때 생기는 욕구의 쌍방 간 일치 문제를 화폐가 해결해 준다. 나는 신발을, 상대방은 빵을 가지고 있다고 하자. 나는 상대가 가진 빵을 갖고 싶은데, 상대방은 내가 가진 신발이 아닌 야채를 갖고 싶어 한다. 그럴 때 나는 내가 가진 신발을 원하는 다른 누군가를 찾아 먼저 야채로 바꿔야 한다. 그래야만 야채를 가지고 맨 처음의 상대가 가진 빵과 맞바꿀 수 있기 때문이다.

이보다는 우리 모두가 거래할 수 있도록 하나의 공통된 가치 측정 단위와 교환의 매개체가 있다면 얼마나 더 편하고 효율적일까? 따라서 이런 욕구의 쌍방 간 일치 문제를 해결하기 위해 화폐가 생겨났고, 이 화폐를 통해 거래에 따른 이익을 실현하고 경제적 번영을 촉진하게 됐다는 건 꽤나 설득력 있는 이야기다.[3] 그러나 우리의 선조들이 물물교환을 버리고서 어떤 형태의 화폐나, 누가 누구에게 얼마나 빚지고 있는지를 파악하는 시스템을 찾아내는 데에는 아마 그리 오랜 시간이 걸리지 않았을 것이다. 심지어 원숭이에게도 화폐를 사용하도록 가르칠 수 있음이 밝혀진 만큼,[4] 인류 문명 발전 단계 중에서도 아주 초기에 물물교환이 어떤 형태의 화폐로든 대체됐을 것이다.

화폐 역사의 초기에는 왕이나 황제가 발행한 동전이 두드러지게 나타나는데, 박물관에 소장된 수많은 시대별 동전들을 통해 확인할 수 있다. 그러나 화폐의 역사는 주로 지폐가 어떻게 도입됐고, 그것이 근대 은행 시스템의 탄생에 어떻게 기여했는지를 설명한다. 처음에는 귀금속이나 곡물 등 귀중한 물건을 가진 사람이 창고업자에게 그 물건을 맡기고 받은 영수증이 화폐로 유통되기 시작했다. 이 영수증은 발행한 쪽에서 보면 차용증이고, 건네받은 쪽에서 보면 가치 있는 물건을 요구(청구)할 수 있는, 즉 구매력에 대한 권리증서다. 상품 담보 화폐는 이렇게 해서 생겨났다.

이처럼 무엇인가에 의해 가치가 담보되는 화폐가 주권 정부에 대한 전적인 믿음과 신용 외에는 그 어떤 것에 의해서도 담보되지 않는 법정화폐로 발전하게 된 과정에는 설명이 필요하다. 법정화폐는 정부가 가치 있다고 말하기 때문에 가치를 가지는 것이지만, 그 법정화폐가 실제 가치를 가지는 건 많은 사람이 그것을 사용하기 때문이다.

컴퓨터의 키보드를 누르는 것만으로 생겨나는 현재의 돈

화폐를 연구하면서 개인적으로는 이와 다른 종류의 질문에 관심을 품어왔다. 화폐는 어디서부터 생겨나는 것이고, 현대 경제와 통화 시스템에서 화폐가 어떻게 존재하고 유통되는가다. 이 질문들은 이상하거나 당연하게 느껴질 수 있다. 인간은 대부분 생계를 위해 일을 한다. 그들은 노동을 통해 돈을 벌고, 때때로 그 일부를 투자해 더 많은 돈을 벌기도 한다. 그래서 돈이라는 건 노동과 저축, 투자에서 나오는 것처럼 보인다. 하지만 이 답은 질문에 대한 답은 아니며, 다른 차원으로 답을 비껴간 것일 뿐이다.

고용주가 노동에 대한 대가로 당신의 급여를 은행 계좌로 입금하면 그 급여는 당신의 돈이 된다. 그러나 이것은 고용주가 자신의 은행 계좌에서 당신의 은행 계좌로 돈을 이체한 것일 뿐이다. 애초에 급여로 줄 돈은 어떻게 고용주의 은행 계좌에 들어왔을까? 사업체를 운영하는 고용주는 고객에게 제품을 판매해 수익을 얻을 것이고, 고용주의 은행 계좌에 있는 돈은 고객들의 은행 계좌에서 나온 것이다. 그렇다면 그 고객들이 은행 계좌에 가지고 있는 돈은 어디서 온 것일까?

이런 질문과 답은 마치 개가 자기 꼬리를 쫓아다니듯 제 자리를 빙빙 맴돌게 만든다. 경제 내에서 돈은 사람과 기업 간에 움직이지만, 그 돈은 애초에 어딘가에서부터 시작됐어야 한다. 이제 우리는 이 질문에서 한 걸음 물러나 애초에 돈이 어디서부터 시작돼 유통됐는지를 물어볼 필요가 있다. 돈은 늘 있었던 게 아니었다. 화폐경제가 실물경제를 반영하고 뒷받침하기 때문에 경제는 항상 확장하고 새로운 화폐도 끊임없이 생겨난다. 2022년 12월 현재 지표에 따르면 미국은 25조 달러에 이르는 경제 규모를 가지고 있다. 은행권의 규모가 2조 2000억 달러 수준이고, 상업은행 예금이 17조 8000억 달러에 이른다. 지금으로부터 20년 전만 해도 은행권은 6250억 달러, 상업은행 예금은 4조 2000억 달러로 전체 경제

규모가 10조 7000억 달러에 불과했다. 그렇다면 이 모든 돈은 어디서 온 것일까?

한 가지 답은 사람들이 돈을 은행에 입금하면 예금이 생겨나거나 늘어난다는 것이다. 여기까지는 사실이다. 예를 들어 100달러 지폐 100장을 은행에 입금하면 내 예금계좌 잔고와 전체 경제의 은행 예금이 동시에 1만 달러(=100달러×100장)씩 늘어날 것이다. 하지만 이게 많은 것을 설명해 주진 않는다. 우선 대부분의 경제권에서 은행권이 전체 화폐 공급에서 차지하는 비중은 극히 일부에 불과하다. 실제로 모든 미국인이 현재 자신이 가진 돈 전부를 은행에 예치한다 해도 은행 예치금은 고작 12% 늘어나는 데 그친다. 25조 달러나 되는 전체 미국 경제 규모를 감안하면 판을 바꿀 만한 게임체인저gamechanger가 되긴 어려운 것이다. 연준은 은행권을 직접 발행하지 않고, 은행 예금계좌에서 발행한다. 경제 내에서 유통되는 모든 은행권은 애초에 은행 계좌에서 시작된다. 따라서 우리는 다시 제자리를 빙빙 돌게 된다. 그렇다면 은행 예금은 어디에서 오는 걸까?

이제 본론으로 들어가면, 은행 계좌에 있는 모든 달러는 다음의 세 가지 방법 중 하나로 만들어진다. 첫째, 은행이 대출을 해줄 때, 둘째, 정부가 지출을 하고 나서 세금을 부과하는 것으로 지출한 자금을 다시 빨아들이지 않는 적자예산을 편성했을 때, 셋째, 중앙은행이 민간이 보유한 국채나 기타 자산을 사들일 때다. 은행과 정부, 중앙은행은 상호 간에 연결된 시스템의 일부로, 각자의 방식대로 화폐 창출에 관여한다. 어떤 경우든 돈은 아무것도 없는 무無의 상태에서 만들어지는 것이며, 더 정확하게 말해 컴퓨터의 키보드를 누르는 것만으로 돈은 생겨난다. 이것이 바로 현대 화폐의 미스터리다. 다만 이에 대해 좀 더 알아보기 전에 잠시 돈을 측정하는 기준에 대해 살펴보고자 한다.

돈의 다면적인 스펙트럼

경제학자들은 중앙은행과 상업은행, 여타 금융중개기관이 발행한 부채와 같이 점점 더 광범위하면서도 유동성이 떨어지는 화폐 공급의 형태에 따라 화폐를 분류하는 방법을 개발했다. 통화량은 MB(본원통화)부터 M0, M1, M2, M3와 같이 M의 오름차순으로 표시되며, 화폐와 유사한 금융상품 또는 자산으로 점차 그 범위를 더 넓게 잡아 산출한 것이다(분류는 나라마다 조금씩 다르다). 이를 역逆화폐 피라미드라고도 하는데(그림1.1), 교육적으로 유용한 장치이긴 하지만 혼란을 불러일으키기도 한다.

화폐 피라미드의 맨 아래(실제로는 피라미드가 뒤집어져 있으니 뾰족한 끝부분)엔 '은행 지급준비금' 또는 '준비금'이 있다. 이것은 중앙은행에 맡겨둔 은행들의 예치금이다. 외환보유고foreign exchange reserves와 혼동해선 안 되는 이 준비금reserves[5]은 통화 시스템에서 중요한 역할을 한다. 경제 내에서 일어나는 금융 거래의 최종 결제가 이

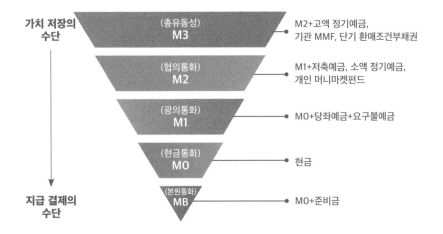

그림1.1 역화폐 피라미드

가치 저장의
수단

(총유동성)
M3 → M2+고액 정기예금,
기관 MMF, 단기 환매조건부채권

(협의통화)
M2 → M1+저축예금, 소액 정기예금,
개인 머니마켓펀드

(광의통화)
M1 → M0+당좌예금+요구불예금

(현금통화)
M0 → 현금

지급 결제의
수단

(본원통화)
MB → M0+준비금

계좌에서 이뤄지며, 준비금은 중앙은행의 통화 정책 수행에서도 중추적인 역할을 한다.

유통되는 지폐와 동전, 즉 대중이 보유한 '현금'은 M0로 표시된다. 여기에 지급준비금이 합쳐져서 본원통화를 구성한다. 본원통화는 대개 중앙은행 재무상태표의 '부채' 항목에 해당된다.[6] 대략적으로 M1은 M0에 당좌예금과 요구불예금을 합친 것이고, M2는 M1에 저축예금과 소액 정기예금, 개인 머니마켓펀드MMF를 합친 것이다. M3는 여기에다 고액 정기예금과 기관 MMF, 단기 환매조건부채권RP까지 합한 것이다. 이 전통적인 분류에서 장기 및 단기 국채 등 정부가 발행한 채권, 즉 국채는 화폐로 간주되지 않으며, 다소 혼란스럽게도 본원통화의 핵심적인 부분인 지급준비금도 M0 이상의 통화량의 일부로 간주되지 않는다.

이런 분류와 협의통화와 광의통화 간 구분에 담겨 있는 핵심적인 메시지는, 화폐가 본원통화에 가까울수록 지급 결제에 더 많이 사용되고 본원통화에서 멀어질수록 가치 저장의 수단 역할을 더 많이 한다는 것이다. 그러나 보유자의 관점에서 화폐가 더 이상 화폐가 아니라 비화폐적 금융자산이 되기 시작하는 시점을 명확하게 구분 짓는 건 쉽지 않다. 또한 다양한 범주의 화폐가 어떤 특징을 갖는지는 해당 국가의 금융이 가지는 혁신과 규제의 정도에 따라 크게 달라지기도 한다. 은행이 어떤 종류의 채무(그에 수반되는 서비스의 종류를 포함한다)를 선택하고, 규제에 의해 발행이 허용되는지에 따라 화폐는 다양한 범주를 가진다는 것이다. 이 범주는 금융규제 완화와 혁신의 정도에 따라 시간을 두고 변화해 왔다. 일례로 한국의 M2는 M1에 만기 2년 미만의 정기예·적금을 비롯한 금융상품을 포함한다.

교환의 매개체라는 화폐의 측면은 경제학자들이 통화량을 분류하는 데 가장 가깝다. 준비금, 지폐와 동전, 당좌예금, 요구불예금은 재화와 서비스, 자산을 구입하는 데 관련된 결제에 가장 널리 쉽게 이용되는 화폐 형태다. 하지만 금융혁신과 규제로 인해 그 경계는 바뀌고 있고, 앞으로도 계속 바뀔 것이다.

이처럼 화폐는 물이나 금金처럼 명확하게 식별할 수 있는 성질의 것이 아니라, 다면적이고 다양한 스펙트럼을 가지고 있다. 가치 측정의 단위로서 화폐는 경제에서 모든 자산과 거래에 이용된다. 마찬가지로 가치 저장 수단으로서의 화폐는 주식이나 채권과 같은 금융자산이나 자동차와 주택과 같은 실물자산 등 모든 자산과 연관된다. 이것은 현재의 구매력을 미래의 구매력으로 바꿔놓거나, 자산이 제공하는 서비스에 대한 통제권을 부여하는 것이다. 여기서 각 자산이 가치 저장 수단으로서 얼마나 좋은지, 특히 그 자산이 얼마나 위험한지에 따라 스펙트럼이 달라진다. 기업이 발행하는 주식이 미래에 얼마나 팔릴지는 매우 불확실하며, 미래를 더 멀리 볼수록 그 불확실성도 더 높아진다. 주가가 오를 수도 있지만, 원칙적으로(그리고 덜 유쾌하게도) 주가는 제로 수준까지도 떨어질 수 있다. 주식은 가치를 저장하는 수단이지만, 위험한 자산이기도 하다.

교환 수단으로서 화폐는 더 제한적이다. 은행들은 준비금 계좌라고 하는 중앙은행 내 자신들의 계좌를 활용해 서로 간의 거래를 결제(정산)한다. 지폐와 동전은 주로 개인이 다양한 소액 거래에서 교환 수단으로 사용한다. 개인과 기업은 주로 당좌예금과 요구불예금 계좌를 사용해 자신들의 거래를 결제한다. 이때 신용카드와 직불카드, 전자지갑, 또는 여타 유사한 결제서비스를 이용한다. 적금이나 정기예금, 국채처럼 기술적 실현 가능성보다 관습이나 약속(스스로 부과한 규칙)에 의해 직접적인 교환 수단으로 쓸 수 없는 화폐 형태도 있는데, 교환 수단이 되는 다른 형태의 화폐로 전환할 수 있다. 이제 화폐가 어떻게 생겨나는지로 다시 돌아가 보자.

당신이 대출받을 때 생기는 일

예금 계좌에 예치된 현금 대부분은 상업은행이 만들어낸다. 은행은 대출을 실행하면서 화폐를 만들어낸다. 은행이 대출이라는 행위를 하는 것은, 동시에 대출받는 대출자의 예금계좌에 돈을 입금해 주는 행위가 된다.

은행이 대출을 해주면서 화폐를 만들어낸다는 사실에 많은 사람들이 놀라곤 한다. 그와 정반대되는 개념에 너무나도 익숙해져 있기 때문이다. 우리는 흔히 은행이 예금을 받아서 그 예금으로 새로운 대출을 해주거나 나중에 대출에 쓸 자금을 미리 조달한다는 식으로 생각한다. 예금은 대출에 따른 필연적인 결과물인데도 오히려 예금이 대출보다 먼저 오는 것처럼 여기는 것이다.

은행이 받은 예금을 대출한다면, 예금은 대출 재원을 조달하는 것일까? 그러나 그렇지 않다. '대부자금loanable funds'(저축과 대출을 동시에 제공하는 가상의 시장으로, 저축하는 사람이 자금을 공급하고 투자하려는 사람이 그 자금을 빌려 쓴다는 개념)이라는 이론이 있을 정도로 이 같은 설명 방식은 우리에게 뿌리 깊이 박혀 있다. 이 이론은 대중은 물론이고 학계의 상상력까지 지배하고 있지만, 실은 완전히 잘못된 것이다. 실제로는 그와 정반대다. 예금이 은행의 대출을 만들어내는 게 아니라, 대출이 예금을 만들어낸다. 대출자의 예금계좌에 은행이 돈을 입금해 주므로 대출은 예금을 만들어내는 것이다. 예금이 대출에 자금을 제공한다는 건, 은행의 재무상태표 양쪽이 균형을 이뤄야 한다는 관점에서만 의미가 있다.

금융권에서 자금을 조달한다는 뜻으로 주로 사용하는 '펀드fund'와 '파이낸스finance'라는 두 단어가 혼란을 야기하기도 한다. 회사가 새로운 장비를 구입하거나 사업을 크게 확장하려 할 때, 현금이 충분치 않아서 은행에서 돈을 빌려야 할 수 있다. 이때 기업이 은행 대출을 받아 '자금을 조달한다'는 뜻으로 '펀드'나 '파이낸스'라고 하는 건 타당하다. 대출이 없었다면 사업 확장은 이뤄지지 않았을 테니 말이다. 은행이 제공하는 신규 대출은 기업이 필요로 하는 자금을 만들어내고, 사업 확장에 필요한 자금을 조달(finance)하는 데 사용된다. 그러나 은행은 예금을 유치한 뒤에 그 예금으로 대출자금을 조달하는 방식으로 작동하지 않는다. 그렇게 보일 수는 있지만 어디까지나 착시일 뿐이다.

이를 더 잘 이해하려면 은행의 재무상태표를 단순화해 살펴보는 것이 유용하다(표 1.1). 재무상태표에는 균형을 맞춰야 하는 양측이 있다. 일반적으로 자산은 재무상태표의 왼쪽에, 부채와 자본은 오른쪽에 기록한다(단순화를 위해 자본은 생략하기로 한다). 자산과 부채, 자본은 회사가 가진 게 무엇인지(자산), 무얼 갚아야 하는지(부채), 자산을 구입하기 위해 어떻게 자금을 조달했는지(자본)를 각각 나타낸다.

지급준비금은 은행이 중앙은행에 예치해 두는 예치금으로, 중앙은행은 은행 또는 은행에 예금계좌를 가진 누군가로부터 자산을 매입하거나 직접 대출함으로써 지급준비금을 공급할 수 있다.

표 1.1 은행의 재무상태표

자산	부채
준비금	중앙은행 대출
은행 간 대출(대부금)	은행 간 대출(차입금)
개인 및 기업 대출	개인 및 기업 예금

은행들끼리는 준비금을 서로 빌려줄 수 있지만, 은행이 아닌 다른 쪽에는 빌려줄 수 없기 때문에 은행 간 대출은 빌려주는 은행(대부금)과 빌리는 은행(차입금)에 따라 자산이 될 수 있고, 부채가 될 수도 있다.

은행이 10달러의 신규 대출을 해준다고 가정해 보자. 이때 은행은 누군가가 맡겨둔 10달러의 예금을 인출해서 대출자에게 빌려주는 것일까? 아니다. 은행은 아무것도 없는 상태에서 대출 10달러와 예금 10달러를 만들어내기만 하면 된다. 그렇게 해서 은행은 자기 재무상태표에 대출이 10달러 늘었다고 기재한 뒤에 대출자의 예금계좌에 이 돈을 입금하면 된다(물론 이 과정에서 법적인 서류 작업은 거쳐야 한다).

10달러를 빌렸을 때는 그만한 이유가 있었을 테니, 대출금을 받은 뒤에 대출자가 가장 먼저 하는 일은 대출받은 목적에 맞게 그 돈을 쓰는 일일 것이다. 이제 몇 가지 따져볼 게 있다. 대출자는 대출받은 10달러를 어딘가에 썼을 텐데, 만약 그에게 10달러를 받은 사람이 동일한 은행에 예금계좌를 갖고 있어서 그 계좌에 10달러를 예치했다고 하자. 그렇다면 예금의 주인만 바뀌었을 뿐 은행은 새로운 예금을 유치할 필요가 없다. 결과적으로 그 대출은 사실상 자체 자금 조달인 셈이다.

반면 대출자가 쓴 10달러를 받은 사람이 다른 은행에 있는 예금계좌에 그 10달러를 예치했다고 하자. 대출자의 은행은 중앙은행 준비금(예치금)에서 10달러를 줄여 빠져나간 예금 10달러를 보충할 것이다. 대신 그 10달러를 받은 은행은 예금이 그만큼 늘어나고, 그에 맞춰 중앙은행에 둔 준비금을 10달러 늘린다. 은행 시스템상에서 보면 예금과 준비금은 은행끼리 이동했을 뿐 전체로는 변한 것이 없다. 신규 대출은 대출한 은행에서 자체적으로 자금 조달을 한 것이 아니며, 전체 은행 시스템에서 자금 조달을 한 것이다.

다만 개별 은행은 그런 방식으로 생각하거나 느끼지 않는다. 갑자기 10달러의 대출이 생기면서 첫 번째 은행은 준비금 10달러가 부족해지고, 다른 은행은 준비금 10달러가 넘치게 된다. 은행은 중앙은행에 계좌가 없는 기관에 준비금을 빌려줄 순 없지만, 은행끼리는 남는 준비금을 빌려주고 모자라는 준비금을 빌릴 수 있다. 이런 시장을 '은행 간 단기자금시장' 또는 '오버나이트 콜시장 overnight call market'이라고 부르는데, 은행들은 이 시장에서 중앙은행이 정한 이자율을 적용해 돈을 빌려주고 빌린다(3장에서 그 이유와 메커니즘에 대해 더 설명하겠다). 따라서 준비금 10달러가 남는 은행이 준비금 10달러가 부족해진 은행에 돈을 빌려주면 된다. 이건 아주 쉬운 일이다.

다만 그렇게 간단치만은 않다. 은행이 대출을 해주려면 세 가지가 필요하다. 우선 은행에 이익이 될 만한 대출 조건으로 은행에서 대출받으려는 사람을 찾는 게 가장 중요하다. 은행에 매력적인 대출자가 없다면, 은행의 신용 창출은 첫발조차 내디딜 수 없다.

둘째, 충분한 자본이다. 은행은 규제 당국이 정해둔 자본 적정성 요건을 맞춰야 하기 때문이다.[7] 자본 적정성 요건을 충족했던 은행이 신규 대출을 하고 난 뒤에 자본이 부족해진다고 가정해 보자. 그럴 때 은행은 추가로 대출할 수 있도록 더 많은 자본을 조달해야 한다. 기존에 했던 대출을 증권화해 투자자에게 판매할 수 있는 증권으로 만들거나, 보유하고 있는 다른 자산을 일부 줄여야 할 것이다. 수익성 있는 대출(채무불이행 위험을 보상하는 것보다 더 많은 순이자로 상환할 가능성이 높은 대출)을 하는 견실한 은행이라면, 대출을 늘리기 위해 필요한 자본을 조달하기가 어렵지 않을 것이다.

셋째, 충분한 준비금이다. 중앙은행은 예금 규모에 따라 최소한의 지급준비금을 쌓아야 한다는 요건을 시중은행에 부과하고 있다. 경기를 부양하기 위해 중앙은행이 재무상태표를 늘리는 양적완화가 수년간 지속되면서 이런 요건은 뒷전으로 밀려나 있긴 하다. 양적완화로 인해 은행들의 지급준비금이 넘쳐나면서 최소 지급준비율 개념이 무의미해졌기 때문이다(4장에서 양적완화에 대해 더 자세히 다루겠다). 최소 지급준비율이란, 중앙은행에 급하게 자금을 요청하지 않고도 고객들의 예금 인출 수요에 맞출 수 있게끔 은행

표 1.2 중앙은행의 재무상태표

자산	부채
정부 채권(국채)	준비금
	정부 예금
	은행권

들이 예금 규모에 비례해 일정 비율로 충분한 유동성 자금을 미리 보유하도록 한 것이다.

은행은 예금(은행 재무상태표의 오른쪽 항목, 즉 부채)의 일정 비율에 해당하는 준비금(재무상태표의 왼쪽 항목, 즉 자산)을 유지해야 한다.[8] 은행이 신규 대출을 하기 전에 필요한 준비율을 최소한으로만 충족했다고 가정할 때, 대출이 늘어나면 예금도 그만큼 더 늘어나기에 이제 은행은 더 많은 준비금을 보유해야 한다.

다만 중앙은행은 전체 은행 시스템이 필요로 하는 준비금을 늘 제공할 것이니 염려할 필요가 없다. 왜 최소 지급준비율 요건이 은행에게 제약이 되지 않는지를 이해하려면 단순화한 중앙은행의 재무상태표를 보면 된다(표 1.2).

재무상태표는 양쪽이 서로 같아야 한다. 재무상태표 개념을 변화의 관점에서 표현하자면, 은행의 지급준비금이 증가하거나 감소하는 것이다. 이를 위해서는 중앙은행이 국채를 매입 또는 매도하거나, 정부가 중앙은행에 예치한 예금을 줄이거나 늘리거나, 대중이 보유한 은행권을 줄이거나 늘리거나 하는 일이 발생해야 한다.

만약 준비금이 너무 많으면 중앙은행은 은행이나 개인에게 국채를 팔아 초과된 준비금을 없앤다. 만약 준비금이 충분치 않다면 중앙은행은 국채를 사들여 그 부족분을 채워준다. 또 중앙은행은 국채를 직접 사거나 파는 대신 단기 환매조건부채권(레포Repo 또는 RP) 계약을 통해 국채를 매매하는 경우도 있다. 레포 거래에서 중앙은행은 단기간(주로 다음 날)에 다시 되팔기로 하고 은행으로부터 채권을 사들인다. 이렇게 채권을 매수하면 중앙은행의 준비금이 그 금액만큼 늘어나게 된다. 나중에 이를 되팔면 준비금은 다시 줄어든다. 역逆레포reverse repo 거래에서 중앙은행은 단기간 내에 다시 매입하기로 약정한 채권을 은행에 매도한다. 이렇게 채권을 팔면 중앙은행의 준비금은 그 금액만큼 줄어들고, 나중에 이를 되사면 준비금은 다시 늘어나 회복된다.

글로벌 금융위기, 그리고 코로나19 팬데믹에 중앙은행들은 정책금리를 제로 수준으로 낮추면서 양적완화를 실시했다. 평상시에 중앙은행은 지급준비금 총액을 최소 지급준비율 수준으로 유지하려 한다. 사실 이런 위기 이전에는 중앙은행이 지급준비금에 이자를 지급하지 않았기 때문에 오버나이트 금리를 목표치(정책금리)에 맞추기 위해 이런 식으로 운영할 수밖에 없었다. 준비금 계좌로 들어오고 나가는 자금 흐름은 예측 가능한 일일 또는 계절적 패턴을 따르기 때문에 중앙은행은 직접 채권을 매수하거나 매도하기보다는 레포를 통해 준비금을 조절하는 걸 더 선호한다.

중앙은행이 공개시장을 어떻게 조작하는지 이해하기 위해선,

수도꼭지에서 흐르는 물이 구멍 난 양동이로 떨어지는 상황을 떠올리면 쉽게 유추해 볼 수 있다. 물은 그 양동이에 불규칙하게 유입되고 유출되지만, 어느 정도는 예측 가능한 방식으로 변한다. 우선 양동이 안에 항상 유지돼야 하는 물의 양을 표시하는 선이 있다고 상상해 보자. 물의 양을 늘 선에 맞춰 유지하는 것이 중앙은행이 할 일이다. 이 일을 하려면 바가지와 호스가 필요하다. 만약 양동이 안팎의 물 흐름상 물의 높이가 선보다 높으면 중앙은행이 바가지를 가지고 물을 퍼내 수위를 낮춘다. 또 물의 높이가 선보다 낮으면 호스를 이용해 양동이에 물을 더 채운다.

전체적으로 은행들은 중앙은행이 부과한 최소 지급준비율 요건에 따라 보유해야 하는 지급준비금이 있기 때문에 중앙은행도 적어도 그만큼의 준비금은 공급해야 한다. 그렇게 하지 않으면 다른 모든 은행들이 충분한 지급준비금을 확보했다 하더라도 일부 은행들은 준비금이 부족할 수 있다. 그 결과 준비금이 부족한 은행들 간에 준비금을 확보하려는 경쟁을 벌이게 되고, 이로 인해 은행 간 오버나이트 금리(미국에서는 이를 연방기금 금리라고 한다)가 중앙은행이 목표로 하는 정책금리보다 높아질 수 있다.

그렇다면 왜 중앙은행은 양동이 내 물의 수위가 선보다 높아지면 바가지로 물을 퍼냄으로써 준비금이 너무 많아지지 않도록 해야 할까? 이유는 비슷하다. 아주 최근까지 연준과 다른 주요국 중앙은행들은 은행이 보유한 준비금에 이자를 지급하지 않았다.[9] 이 때문에 최소 지급준비율 요건에 따라 필요한 만큼의 준비금을 확보한 은행은 대개 더 이상의 준비금을 보유하려 하지 않았다. 만약 중앙은행이 관리하는 큰 양동이를 구성하고 있는 작은 양동이들에서의 유출입으로 인해 준비금이 너무 많이 쌓이게 되면 중앙은행은 은행 간 단기자금 금리를 조정해 그 준비금을 대출하려 한다. 그래야만 중앙은행이 목표로 하는 정책금리를 바가지와 호스를 이용해 유지할 수 있기 때문이다.

연준이 보유한 준비금의 총합계액이 개별 은행들이 보유해야 할 최소 준비율 요건의 합계액을 초과할 경우, 충분한 준비금을 확보한 다른 모든 은행이 그 이상 보유하려 하지 않을 테니 일부 은행은 초과 준비금을 가질 수밖에 없다. 이 경우 초과 준비금을 가진 은행은 다른 은행에 이 자금을 대출로 떠넘기려 할 것이고, 그 과정에서 은행 간 단기자금 금리는 하락 압력을 받게 된다. 그러다 단기자금 금리가 중앙은행 정책금리 아래로 내려갈 수도 있다. 따라서 정책금리 목표를 유지하는 책무를 담당해야 하는 중앙은행으로서는 준비금이 너무 많지도, 너무 적지도 않게 딱 양동이 안에 표시된 만큼의 적정선을 유지해야 하는 것이다.

여기서 개별 은행이 보유하고 있는 준비금 수준과 모든 은행이 보유한 총합으로서의 은행 시스템 내 준비금을 구분하는 게 중요하다. 일반적으로 중앙은행은 개별 은행의 준비금이 아니라 전체 은행 시스템 내 준비금 수준을 관리하고 통제한다. 중앙은행이 전체 준비금을 관리하는 방법은, 중앙은행이 수행하는 통화 정책 방식과 복잡하게 얽혀 있다. 특히 중앙은행이 정상적인 금리체계를 운영하는지, 양적완화를 실행하는지, 양적완화로 인해 재무상태표를 확장해 운영하는지 등의 방식 말이다.

그러나 고객에게 대출을 늘린 어떤 은행이 준비금 부족에 시달린다고 해서 중앙은행이 그 은행에 별도로 준비금을 공급해 줄 필요는 없다. 중앙은행은 개별 은행이 아닌 전체 은행 시스템 내에 준비금이 충분한지만 잘 살펴보면 되기 때문이다. 어쩌다 필요 이상으로 초과 준비금을 갖게 된 은행이 있다면, 그곳은 은행 간 단기자금시장에서 준비금을 빌려야 할 처지에 있는 다른 은행에 자금을 대출해 줄 것이라는 사실만 믿으면 된다.

개별 은행과 은행 시스템의 준비금을 구분하는 건, 대출 재원을 어떻게 '조달하는지financed'를 고려할 때도 유용하다. 여기서 'financed'를 따옴표로 묶은 이유는 은행 시스템 전체로 볼 때 중요한 의미를 지니기 때문이다. 즉 대출은 스스로 자금을 조달하는 것이고, 대출의 결과가 바로 예금을 만들어내는 일이기 때문이다. 다만 개별 은행 차원에서 보면 대출은 유동성이 아주 낮은 반면 예금은 본질적으로 유동성이 높기 때문에 그렇게 느껴지지 않는다. 결국 은행에서 대출을 받은 대출자가 돈을 받자마자 맨 처음 하는 일은 그 돈을 쓰는 것이다. 물론 대출금을 예금계좌로 받은 대출자가 그 돈을 은행 계좌에서 전액 인출한다고 해도 은행 시스템 전체로 보면 그 돈은 다른 은행 예금으로 옮겨 가거나 현금으로 바뀌거나 둘 중 하나일 뿐이다. 그중에서도 대출금이 현금으로 바뀌는 경우는 상대적으로 많지 않은데, 대중이 자기가 가진 대부분의 돈을 은행 예금 형태로 보유하려는 경향이 강하기 때문이다. 그럼에도 대출자가 대출금을 현금으로 인출할 경우엔 중앙은행 재무상태표에서 그만큼 준비금이 줄어든다. 이 경우 은행 시스템 내에 충분한 준비금을 공급할 필요가 있는 중앙은행은 대중이 가진 채권을 매입하거나 은행을 상대로 대출을 실행함으로써 줄어든 준비금을 다시 채울 것이다.

흔히 은행 시스템 내에는 몇몇 지배적인 초대형 은행mega bank이 존재하기 마련이다. 이런 초대형 은행 중 한 곳에서 새로 만들어진 예금이 유통되면서 그중 일부는 해당 은행에 다시 흘러 들어갈 수 있지만 나머지는 또 다른 은행으로 이탈할 수도 있다. 이 경우 준비금이 넘치는 은행들이 준비금이 줄어든 초대형 은행에 남는 준비금을 빌려주는 자금 조달이 자연스럽게 발생할 것이다.

개별 은행 차원에서 보면 대출용 자금을 조달하기 위해 은행들이 예금을 유치하려는 수신 경쟁을 앞다퉈 벌이는 것처럼 느껴질 수 있다. 그리고 많은 이들이 그런 식으로 상황을 설명하려는 경향도 있다. 그러나 은행 시스템 전체로 보면 다르다. 대중의 현금 보유 수요를 충족하기 위해 지급준비금을 조절해주는 중앙은행의 역할 덕에, 은행들은 항상 대출할 수 있을 만큼의 필요한 자금을 공급받을 수 있어 굳이 대출을 위한 예금 유치 경쟁을 할 필요가 없기 때문이다.

그러나 만약 예금자들이 은행 시스템을 신뢰하지 못하는 상황이 벌어져 자신들의 예금을 다른 나라 또는 다른 나라의 통화로 옮기려 하면 어떤 일이 벌어질까? 은행이 보유한 자산가치가 폭락하고, 예금자와 투자자는 자신들이 은행에 맡겨둔 돈을 돌려받지 못할 것을 우려해 돈을 빼내 가는 '자본 유출capital flight'과 같은 금융 공황 사태가 생길 수 있다. 실제로 이런 일은 현실이 될 수 있으며, 그 경제적 결과는 끔찍할 것이다(이에 대해서는 6장에서 더 자세히 살펴보겠다).

하지만 그런 상황에서 어떤 일이 벌어질지는 조심스럽게 따져볼 필요가 있다. 국내 예금자들이 자기 예금을 외화로 바꾸려 할 때, 기본적으로는 반대편에서 외화 예금을 자국 통화 예금으로 전환하려는 거래 상대방을 찾아야 한다. 일반적으로 투자자들이 해당 국가에 대한 신뢰를 잃게 되는 일이 발생하면, 자본을 유출하려는 자국 통화 예금 보유자들이 생기는 반면, 그 나라 통화가치가 충분히 하락한 것으로 보고 오히려 자국 예금으로 갈아타려는 외화 예금 보유자도 나올 수 있다. 이런 외화 예금 보유자는 자국 예금 보유자들과의 교환이 매력적이라고 생각할 수도 있다. 또 자국의 통화가치가 하락하는 동안 자국 예금자들에게 외화 예금이 점점 비싸게 느껴짐으로써 외화 예금의 매력이 떨어질 수도 있다. 다만 이 과정에서 자국 통화가치가 붕괴하면 온갖 금융 및 경제적 피해가 생겨날 순 있다.

많은 경제 상황에서 '구성의 오류fallacy of composition' 효과가 나타나는데, 이것은 시스템의 일부에는 적용될 수 있지만 전체적으로 보면 오히려 타당하지 않을 수 있다는 뜻이다. 이와 마찬가지로 예금은 일단 생겨나면 본질적으로 은행 시스템에 갇히지만, 개별 예금자들은 그렇게 느끼지 않을 것이다. 금융 공황 사태에서 예금자들이 개인의 자유에 따라 행동하려고 하면 시스템 전체에 혼란을 야기할 수 있다.

엄청난 지출이 오히려 돈을 만든다

화폐가 만들어지는 두 번째 방법은 정부가 적자예산을 운영할 때다. 정부가 적자예산을 운영한다는 건, 정부가 과세를 통해 회수하는 돈(세수)의 양보다 재화와 서비스에 대한 지출과 보조금, 사회복지수당 등 이전 지출을 통해 경제에 투입하는 돈(세출)의 양이 더 많다는 뜻이다. 이런 적자예산은 은행 시스템과 경제에서 은행 예금과 준비금, 즉 화폐의 증가로 이어진다.

적자예산은 화폐를 만들어낸다. 이 말은 직관에 반하는 얘기처럼 들릴 수 있다. 정부가 너무 많은 지출을 할 때 적자예산이 생기지 않는가? 그렇다. 그러나 이게 바로 요지다. 너무 많이 지출하면 돈이 만들어지고, 적어도 정부가 만들어낸 돈은 정부가 발행한 차입증서IOU가 된다. 앞서 20달러짜리 지폐를 예로 들어 설명한 부분을 다시 떠올려 보자.

정부의 재정을 개인의 재정과 비슷한 방식으로 생각하는 우리에게 정부가 적자예산을 통해 화폐를 만들어낸다는 개념은 이해하기 어려울 수 있다. 만약 우리가 일정 기간 동안 버는 돈보다 더 많은 돈을 쓴다면, 적자를 메우기 위해 돈을 빌리거나 저축을 줄여야 한다. 그렇다면 왜 개인들의 거대한 집합체인 정부에는 이런 논리가 적용되지 않는 걸까?

그 이유는 정부의 기능 중 하나가 바로 화폐를 공급하는 일이기 때문이다. 화폐는 실재하거나 공급량이 고정돼 있거나 부족하게 존재하는 것이 아니다. 화폐는 경제가 실재하는 것들을 생산하는데 도움이 되고자 개념적이고도 집합적으로 상상해 낸 것임을 기억해야 한다. 화폐는 경제가 현재와 미래에 만들어내는 생산물이 누구의 소유인지를 집계하는 데 도움을 준다. 또한 가격 시스템을 통해 경제가 현재와 미래에 효율적이고 분산된 방식으로 작동할 수 있도록 도와주는 역할도 한다. 화폐를 찍어내는 건 우리를 대신하는 정부의 역할 중 큰 부분을 차지한다(3장에서 살펴보겠지만, 과거 역사는 인플레이션이라는 교훈을 통해 우리에게 너무 많은 화폐를 찍어서는 안 된다는 점을 알려준다).

정부가 적자예산을 집행하기 위해 화폐를 찍는 게 아니라 적자예산을 실행함으로써 화폐를 찍어낸다는 생각을 쉽게 받아들이기 힘든 또 다른 이유는, 대개 우리는 정부가 적자예산을 충당하기 위해 채권이나 국채를 발행한다고 생각하기 때문이다.[10] 정부는 적자예산을 운영할 때 그에 상응하는 규모의 채권을 발행한다. 이 채권은 투자자들에게 팔리는데, 채권을 매입하는 투자자는 자기가 가진 현금을 정부에 지불해야 한다. 정부가 재정 지출을 위해 돈을 빌리는 것처럼 보이지만, 사실 정부는 이미 발행해 둔 돈을 빌리는 것이다! 또는 채권 발행과 정부 지출이라는 둘의 순서에 따라서는 정부가 빌린 돈을 다 쓰고 나서 화폐를 발행하는 것일 수도 있다.

통화의 에덴동산

정부가 적자예산을 운영할 때 화폐를 창출하게 된다는 사실을 가장 손쉽게 이해하기 위해 이런 상상을 해보자. 중앙은행은 정부의 한 부처일 뿐이고 국채 시장도 없다고, 즉 통화 정책과 재정 정책이 따로 분리돼 있지 않아서 재무부가 중앙은행만큼 두 배로 커진다고 말이다.

통화 정책과 재정 정책이 따로 분리되고 질적으로 다른 기능으로 존재하기 이전의 원시적 자연상태를 '통화의 에덴동산Monetary Garden of Eden'이라 부르고자 한다.[11] 정부는 일상적으로 적자예산을 운영하면서 경제에 더 많은 구매력을 투입하는데, 이것은 세수에서 이전 지출을 뺀 순純세수를 통해 시중 자금을 회수하기보다는 국내총생산GDP에 기반한 정부 지출을 통해 경제에 더 많은 자금을 공급한다는 뜻이다. 은행은 정부에 계좌를 가지고 있고 누적된 적자예산에서 유통되는 은행권을 뺀 금액에 해당하는 '통화신용monetary credits'을 축적한다. 이 세계에선 중앙은행과 재무부, 통화 정책과 재정 정책 간의 구분이 없다.

정부가 사회보장 프로그램 수급자들과 정부를 상대로 하는 사업자, 공무원에게 수표를 발행해 총 200달러를 지출하고 100달러의 세금을 걷어 100달러만큼의 적자예산을 냈다고 가정해 보자. 수표 수령과 현금 정산, 세금 징수 등의 순효과는 은행 시스템 내에 100달러만큼의 예금과 준비금 증가를 가져온다. 100달러만큼 새로운 화폐가 창출되는 것이다.

그러나 이 통화의 에덴동산에는 하나의 위험이 있다. 정부가 컴퓨터 자판을 두드리는 식으로 화폐 창출 능력을 남용해 너무 많은 돈을 찍어낼 경우 그에 상응하는 재화는 적어질 수 있다. 이런 경우 인플레이션이 나타날 수 있기에, 이를 극복하기 위해서는 실물경제의 고통스러운 노력이 수반된다. 유혹에 굴복할 경우 경제에는 통제 불가능한 인플레이션이 반드시 나타날 수밖에 없다.

아담과 이브가 선악과를 따 먹은 죄로 에덴동산에서 추방된 것처럼, 이제 재정과 통화 기능을 분리하는 것이 필요해지고 가능한 한 이 둘을 구분해야 할 상황이 온다. 그렇게 되면 정부는 임의로 대규모 적자예산을 운영해 원하는 만큼 돈을 찍어내는 일을 하지 못하게 될 것이다. 재정과 통화 기능이 분리되고 나면, 정부는 세출과 세수 사이의 차이를 메우기 위해 국채를 찍어 민간 부문(시장)에 팔아야만 한다. 앞서 중앙은행 재무상태표에서 정부가 국채를 발행하면 중앙은행에 예치하는 달러(또는 유로화나 엔화)가 늘어 준비금이 줄어든다는 걸 떠올려보자. 현대통화이론MMT(정부가 지출할 때 돈이 만들어지고, 세금을 부과할 때 돈을 없애기 때문에 돈은 바닥날 수 없다는 근본적 인식에서 통화 정책과 재정 정책에 접근하는 이론) 방식대로

라면, 정부는 지출을 위한 자금을 조달하기 위해 국채를 발행하는 게 아니다. 애초에 너무 많은 화폐를 창출하지 못하도록 스스로 족쇄를 채우는 것이다.[12] 재정 기능은 화폐 통제를 용이하게 하는 데 그 목적이 있다.[13]

정부가 중앙은행에 가지고 있는 예금계좌에서 한도 없이 자동으로 초과 인출을 할 수 있다고 가정해 보자. 그러면 정부 지출은 은행 시스템에 예금과 준비금을 만들어낸다. 정부가 예금계좌에서 초과 인출하게 되면, 그와 일대일로 부합되는 규모로 준비금이 만들어져 중앙은행의 재무상태표상에 부채 항목으로 쌓이게 될 것이다. 다만 이것은 전자원장에 장부상 숫자로 기재되는 것에 불과하며, '통합정부consolidated government'의 재무상태표상에서는 서로 상쇄되기 때문에 적자예산을 운영하는 한 정부가 중앙은행 계좌에서 대규모로 초과 인출을 한다 해도 그 누구도 우려할 이유가 없을 것이다(여기서 '통합정부'란 정부의 중앙은행과 같이 정부가 소유한 기관을 합친 것을 뜻한다[14]).

그러나 이런 일은 현실적으로 일어나지 않는다. 현대 사회에선 중앙은행을 재무부로부터 분리 운영하거나 통화 정책을 재정 정책으로부터 독립시키고 있기 때문이다. 일반적으로 정부가 중앙은행 계좌에서 초과 인출하는 것은 법으로 금지돼 있다. 대신 정부가 적자예산을 운영할 경우, 정부는 그 자금을 조달하기 위해 채권을 발행해 민간에 팔아야만 한다. 그렇게 해야 적자예산으로 인해 늘어난 준비금을 소진할 수 있고, 채권을 누가 사들이느냐에

따라 예금 역시 소진할 수도 있을 것이다.[15]

법률이나 운영 관행에 따라 정부가 일시적으로 중앙은행 계좌에서 초과 인출을 할 수 있다면, 이것이 어떤 순서로 일어나는지는 중요하지 않다. 정부가 중앙은행 계좌 잔액이 제로인 상태에서 시작한다고 가정해 보자. 우선 정부가 특정 기간 내에 적자예산을 운영한 뒤 국채를 찍어 이를 메운다고 보는 것이다. 이 경우 적자예산을 위해 정부가 중앙은행 계좌에서 초과 인출한 돈만큼 동일한 규모로 준비금이 생기게 된다. 이후 국채를 발행하면 준비금이 소멸돼 계좌 잔액이 다시 제로로 돌아간다.

반면 정부가 적자예산을 운영하기 전에 미리 국채를 찍는다고 가정해 보자. 이때는 예상된 적자 규모와 같은 준비금을 인출해 계좌에 비축해 둔 다음, 적자예산을 집행하면서 계좌 잔액을 제로로 줄여 해당 준비금을 보충하게 된다. 어느 쪽이든 간에 순효과로 보면 중앙은행의 재무상태표에는 변화가 없고, 민간 부문이 보유한 국채의 양은 적자 규모와 동일해진다.

국채는 일반적으로 통화량의 일부로 계산되지 않지만, 본질적으로 국채와 통화가 다르기 때문이라기보다는 관례적으로 그렇게 한다고 봐야 한다. 정부 지출이 세수보다 많으면 은행 예금과 은행권, 국채 등 어떤 형태로든지 순純명목 구매력이 생겨나게 된다. 그런 점에서 재정 정책은 매우 화폐적인 사안인 셈이다.

돈을 만드는 또 하나의 시스템

화폐가 만들어지는 세 번째 방법은 중앙은행이 비非은행 시스템에 있는 민간으로부터 채권이나 여타 자산을 매입하는 것이다. 중앙은행은 준비금을 생성해 이 자산 매입의 대가를 치르는데, 이때 중앙은행 재무상태표에는 부채 항목에 대응하는 예금으로 표시된다. 앞서 설명한 대로 평상시 중앙은행은 은행 시스템의 초과 지급준비금을 제로로 유지하기 위해 통화 정책을 운용하기 때문에 민간으로부터 채권을 매입하는 것은 은행 예금이 만들어지는 방식 중 중요도가 가장 낮다. 지난 2008년 글로벌 금융위기 이전에 지급준비금 총액은 460억 달러 정도에 그쳤지만, 이 글을 쓰고 있는 2022년 12월 현재 준비금 총액은 약 3조 1700억 달러에 이르고 있다. 특히 한창때는 4조 2700억 달러로 정점을 찍기도 했다. 중앙은행이 양적완화 정책을 써 비은행 시스템인 민간에서 국채나 다른 자산을 사들이면 은행 시스템 내에 예금이 생겨난다.

일반적인 교과서는 화폐가 어떻게 생성되는지를 설명할 때 이 세 번째 방법에 초점을 맞춘다. 즉 '공개시장 조작'을 통해 중앙은행이 국채를 매입해 화폐 공급을 확대하는(또는 화폐 공급을 줄이고 싶을 때 국채를 매도하는) 방법 말이다. 이 통화승수 모델은 은행들이 예금의 일정 비율에 해당하는 준비금을 보유하려 한다고 가정함으로써 은행이 화폐 창출에 적극적인 역할을 한다고 본다. 그러면 중앙은행이 통화 공급을 늘리기 위해 해야 할 일은 지급준비금 규모를 늘리는 것뿐이다. 은행은 일정 비율이 회복될 때까지 대출과 예금 규모를 늘리기 시작할 것이다. 다만 교과서들은 국채를 화폐로 취급하지 않기 때문에 이런 화폐 생성 방법을 경시하거나 무시하곤 한다.

그러나 통화 시스템은 이런 식으로 작동하지 않는다. 통상 기계적으로 작동하는 건 은행이 아니라 중앙은행이다. 근원을 따지고 들어가면 은행 시스템 내 모든 예금은 은행이 대출하거나, 정부가 적자예산 정책을 펴거나, 중앙은행이 자산을 매입했기 때문에 생겨난 것이다.[16] 은행과 정부, 중앙은행은 '통화 정책'과 '재정 정책'을 운영하는 데 서로 긴밀하게 협력하고 있다.

돈이 돈을 낳는다

이 논의는 현대 경제를 구성하는 기본적인 원료가 되는 화폐가 어떻게 생겨나느냐는 질문에 초점을 맞추고 있다. 그 이야기는 꽤나 복잡하다. 그렇다면 다른 모든 화폐는 어디에서 오는 걸까? 현재 미국 내 광의의 통화M2는 약 21조 달러에 이르지만, 금융자산 형태의 모든 화폐에 비하면 일부에 불과하다. 모든 상장기업의 가치를 합산한 미국 주식시장의 시가총액은 약 46조 달러, 가계 및 비영리단체의 금융자산 가치는 2022년 2분기 기준으로 약 109조 달러에 이른다. 이런 화폐는 어떻게 생겨나는 걸까? 그건 상업은행, 정부, 중앙은행이 만들어낸 은행 예치금이 중추적 역할을 하는 것으로 밝혀졌다. 이런 화폐가 없으면 경제 세계와 그 작동을 돕는 주식시장은 돌아가지 않을 것이다.

주식시장에 있는 시가총액 46조 달러에 이르는 돈에 집중해 보자. 기업이 주식을 발행할 때 어떤 일이 일어날까? 한 회사가 10달러어치 신주를 발행한다고 해보자. 당신이 은행 계좌에 있는 10달러를 지불하고 그 주식을 받으면, 기업은 이제 회사 은행 계좌에 10달러를 더 보유하게 된다. 10달러어치 신주는 기업 재무상태표의 오른편에 부채로, 왼편에 자산으로 각각 기재된다. 이때 은행 예금자산은 당신의 재무상태표에서 회사의 공식 재무상태표로 이동한 것이다. 지금까지는 은행 예금 형태의 돈이 한 재무상태표에서 다른 재무상태표로 이동하는 과정을 설명했다.

한 기업의 주식은 해당 기업이 사업을 영위하거나 배당을 받아 미래에 벌어들일 이익 또는 향후에 보유할 것으로 예상되는 이익에 대한 권리 청구권을 나타낸다. 주식 시가총액은 기업이 발행한 주식 총수에 현재의 주가를 곱한 값이다. 이것은 주식시장이나 전체 투자자들이 해당 기업에 부여하거나 주식시장이 평가하는 가치를 금액으로 나타낸 것이다. 예를 들어 아마존의 시가총액은 2022년 10월 현재 9602억 8000만 달러 수준이다. 2022년 9월까지 1년간 아마존이 벌어들인 순이익은 113억 2000만 달러니, 이익 대비 주가 수준을 보여주는 주가수익비율PER은 약 85배에 이른다.[17] 현재 손실을 내고 있는 기업이 주식시장에선 견실한 가치를 가진 기업으로 평가받을 수 있는 건, 투자자들이 불확실한 미래의 예상 이익 흐름을 기대하면서 현재 손실을 할인해서 평가하고 있기 때문이다. 그런 점에서 주식시장은 현재와 미래를 연결하고, 그것을 숫자로 표시함으로써 미래의 돈과 현재를 연결하는 것이다.

주가는 수요와 공급에 따라 오르내린다. 주식의 잠재적인 공급량은 고정돼 있지만, 잠재적 매수자에게 제공되는 실제 공급량(주식 수)은 현 주가에 따라 달라진다. 어느 시점에 주가가 10달러라면, 주식을 소유하고 있으면서 현재의 매도자 다음으로 주식을 팔 가능성이 가장 높은 투자자(한계 매도자)는 10달러보다 조금 더 높은 가격을 제시하면 주식을 매도할 것이고, 이미 회사 주식을 소유하고 있으면서 현재의 매수자 다음으로 주식을 살 가능성이 가장 높은 투자자(한계 매수자)는 10달러보다 조금 더 낮은 가격을 제시하면 주식을 매수할 것이기 때문이다. 현 주가가 10달러인 이유는 바로 그 시점에 수요와 공급이 일치하는 가격이기 때문이다. 이런 수요와 공급은 경제학 입문용 교과서에서 접하는 것과는 조금 다르다. 증시에서 거래되는 건 아직 존재하지도 않는 어떤 것에 대한 청구권이기 때문이다. 아직 태어나지도 않았을지 모르는 미래 소비자들이 주도하는 미래의 경제활동으로 인한 미래 이익에 대한 청구권 말이다.

주가는 변동성이 크기로 악명 높다. 세상에 대한 새로운 정보가 들어오고, 트레이더와 투자자들이 수많은 주식과 투자 가능한 금융자산들에 대해 가지는 생각을 수정함에 따라 주가는 시시각각 무작위로 오르내린다. 한 회사의 주가는 현재 주식을 보유한 사람, 특히 이미 매도 직전이지만 아직 매도를 실행하지 않은 사람보다 그 주식을 매수하려는 사람이 더 강한 매수 의사를 느낄 때 상승하기 마련이다. 마찬가지로 현재 주식을 보유한 사람, 특히 이미 매도 직전인 사람이 주식을 매수하려는 사람보다 더 강한 매도 의사를 보일 때 그 주가는 하락한다.

간단한 예시를 들어 추가로 설명하자면, 다음 날 투자자들이 일어나 어떤 이유로 한 회사의 향후 전망에 대해 더 낙관적으로 느끼게 됐다고 가정하자. 그렇다면 이 회사의 주가는 오를 것이다. 어제 10달러에 주식을 사려고 했던 사람은 오늘 더 높은 금액을 지불하고 싶어 할 것이고, 어제 10달러에 주식을 매도하려 했던 사람은 주식을 팔지 않고 계속 보유하려 할 것이기 때문이다. 수요와 공급 간의 균형이 회복될 때까지 주가는 계속 올라갈 것이다. 이런 상황을 거쳐 주가가 11달러로 올라갔다고 해보자. 주가 11달러 아래에서 팔고 싶지 않던 사람은 이제서야 팔고자 할 것이고, 마지막으로 주식을 사려던 사람들은 주가가 너무 비싸다고 느껴 매수하지 않을 것이다.

무슨 일이 일어났는지 보자. 이 예시에선 어떤 은행 예치금도 생겨나지 않았고, 시스템 내에서만 돈이 이동했다. 내 은행 예치금 10달러는 기업으로 이체됐고, 그 회사는 이 돈을 생산 공정에 투입하면서 임직원이나 공급업체 등 다른 누군가에게 이체한다. 은행 예금 자금이 이동하면서 경제활동을 촉진시키는 것이다. 따라서 더 넓은 의미의 금융상 부富라는 화폐를 창출한 셈이다.

두 개의 수도꼭지

주로 두 가지 유입 경로를 통해 경제에 돈이 유입된다고 생각해 보자. 은행 시스템의 신용 창출에서 비롯되어 중앙은행의 통화 정책에 의해 조절되는 게 하나이고, 다른 하나는 정부의 적자예산에서 만들어지는 것이다.

경제 내 생산량은 시간이 지나고 인구가 증가함에 따라 늘어나는 경향이 있다.[18] 또한 선행 투자 덕에 자본스톡(일정 시점에 고정된 자본량)이 늘어나기도 하고, 기술 혁신으로 인해 같은 양의 자본과 노동력으로도 더 많은 것을 생산할 수 있게 된다. 이렇게 경제가 확장하면서 이를 뒷받침하기 위해 더 많은 돈이 필요해지기 때문에 경제로 돈이 유입되는 경로는 열려 있어야 한다. 다만 필요한 양보다 너무 많은 돈이 유입되지 않도록 계속 조절하는 것도 필요하다(그림 1.2).

은행 시스템에 의해 공급되는 자금은 결국엔 상환될 것이라는 전제가 있다. 그러나 경제와 그 경제를 뒷받침하는 자본스톡이 늘어나고 있기 때문에 은행의 신규 대출은 기존 대출을 상환하는 것보다 더 빠르게 늘어난다. 그 때문에 은행 대출로 창출된 자금 잔액은 시간이 지나면서 더 늘어나는 경향이 있다.

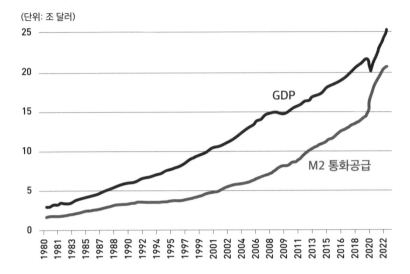

그림 1.2 미국 명목 국내총생산(GDP)과 M2 통화공급(1980~2022년)

(단위: 조 달러)

GDP

M2 통화공급

자료 출처: 미국 상무부 경제분석국(GDP), 미국 연방준비제도 이사회(통화공급), 세인트루이스 연방준비은행의 FRED: 계절조정

또한 일반적으로 정부는 적자예산을 운영하기 때문에 이로부터 공급되는 통화량은 시간이 지날수록 늘어난다. 정부가 적자예산을 운영할 때 화폐는 만들어진다. 화폐는 구매력이며, 정부가 화폐를 가지고 있는 이에게 세금을 부과함으로써 화폐를 빨아들일 수 있지만 상환해야 할 재정적 의무를 진다는 의미에서의 '부채'는 아니다. 정부가 창출하는 화폐는 '정부 채권'(미국에서는 미 국채)이라는 또 다른 형태로 전환되는데, 그럴 때만 부채로 여겨진다. 국채를 흔히 부채로 바라보는 것이 왜 오해의 소지가 있는지, 그것이 왜 불필요한 혼란과 불안을 야기하는지가 다음 장의 주제다.

02

막대한 정부 부채에 대한
오해와 진실

국채는 미합중국이 미래에 만들어내는 생산물을
공유할 수 있는 권리를 나타낸다.

프랭크 뉴먼(Frank Newman) 전 미국 재무부 차관[1]

미국 정부는 매달 미국의 공공 부채 현황을 발표한다. 현시점에
미국 정부가 가진 총 공공 부채는 31조 2400만 달러에 이른다. 이
부채에 대해 많은 이들이 믿고 있는 몇 가지 사실이 있다.

1. 미국의 부채는 정말 엄청난 금액이다.

2. 부채는 정부가 지고 있는 빚의 규모이며, 미래 어느 시점에 갚
아야 할 돈이다.

3. 부채는 미래 세대에 부담이 된다. 우리의 손자들, 그리고 아마도 그 손자의 손자들의 미래까지 저당 잡히고 있는 셈이다.

4. 정부가 해마다 막대한 적자예산을 내면서 엄청난 부채를 쌓아가는 건 무책임한 행동이며, 정부는 균형예산을 목표로 해야 한다.

5. 산더미 같은 부채와 계속되는 대규모 적자가 지금 당장 문제 되진 않더라도, '채권 자경단bond vigilantes'이 들이닥칠 땐 이내 문제가 될 것이다.

6. 외국인들이 미 연방정부 국채의 상당 부분(2022년 3분기 현재 7조 3000억 달러)을 보유하고 있는데, 이들이 언젠가는 부채를 회수할 날이 올 것이다.

그러나 이런 주장들은 모두 틀렸거나 적어도 오해의 소지가 있다. 다음과 같은 사실이 진실에 더 가깝다.

1. 정부 부채 규모는 지난해 3분기에 25조 달러의 생산량을 기록한 미국 경제 규모에 비하면 그다지 높은 게 아니다. 어떤 사람의 연봉이 2만 5000달러인데, 그의 빚이 3만 1240달러라면 충분히 감당할 수 있는 수준이다. 정부가 아닌데도 말이다.

2. 31조 달러의 정부 부채가 있다는 건 정부가 창출한 돈이 그만큼이라는 얘기다. 정부가 발행한 20달러 지폐를 상환하는 것 이상으로 부채를 상환할 필요는 없다.

3. 정부 부채는 그를 보유한 사람에게는 자산이지만, 이를 물려받은 세대에겐 부채와 자산이 상쇄된다. 미래 세대는 막대한 생산성 자본과 축적된 과학적, 기술적, 사회적 노하우를 물려받는다.

4. 적자예산은 정책 목표가 아니라 정책 수단으로 봐야 한다. 정부는 가계가 아니며, 가계에 비유해서도 안 된다. 정부는 사회적 집단행동을 위한 수단이다. 정부의 임무는 장부상 균형을 맞추는 게 아니라 국민에게 봉사하는 것이다.

5. 정부의 적자예산으로 창출된 돈(부채)은 국민이 보유하는 것이며, 이 돈은 달리 갈 곳이 없다.

6. 외국인들은 달러를 미국 경제 내에서 미국 재화와 서비스에만 사용할 수 있다. 이것은 재화와 서비스를 공급하는 미래 노동자에게 고용과 소득을 제공한다. 달러를 보유한 외국인은 다른 외국인에게만 그 달러를 팔 수 있다. 미래의 노동자들은 자신이 생산에 기여한 대가로 받는 생산물을 다른 미국인이 소비하든, 외국인이 소비하든 크게 신경 쓰지 않을 것이다.

그렇다고 해서 정부의 재정적자나 부채가 '중요하지 않다'거나 정부가 그 결과에 대해 걱정할 필요 없이 무턱대고 지출할 수 있다는 뜻은 아니다. 정부가 그렇게 할 경우 예상되는 결과 중 하나는 인플레이션이다. 특히 중앙은행이 통화 정책을 긴축적으로 펴서 높은 인플레이션에 대응할 수 있는 독립성을 갖지 못할 경우에는 인플레이션이 발생할 가능성이 더 높아진다.

재정 정책 논쟁을 이해하려면 근본적 수준과 제도적 수준이라는 두 가지 수준에서의 분석을 구분하는 것이 중요하다. 근본적 수준은 원칙적으로나 추상적으로 정책이 어떻게 작동하는가를 의미하며, 제도적 수준은 법이나 규정과 같은 제도적 규칙이 마련돼 있는 현실 세계에서 실제로 정책이 어떻게 작동하는가를 의미한다. 가정하는 수준에 따라 무엇이 사실이고 사실이 아닌지는 달라질 수 있다. 서로 다른 수준을 고려한다면 주장과 결론, 정책적 권고에 대해 상호 간에 딴소리만 늘어놓거나, 더 심하게는 서로 대립하기 쉽다. 더구나 근본적 수준에서는 사실인 것이, 제도적 수준에서는 사실이 아닌 것이 되는 제도적 장치들도 개발돼 있어 문제가 더 복잡해지기도 한다.

근본적 수준에서 보면 정부는 적자예산을 운영하며 돈을 만들어낸다. 반면 제도적 수준에서는 정부가 적자예산을 펴기 위해 돈을 빌려야 하는 것처럼 보인다. 근본적 수준에서 정부 부채는 상환할 필요가 없다. 반면 제도적 수준에서는 국채에 2년이나 5년, 10년, 30년과 같이 만기가 정해져 있으니 만기가 되면 정부가 부

표 2.1 근본적 수준과 제도적 수준의 차이

근본적 수준	제도적 수준
정부는 적자예산을 운영하며 돈을 만들어낸다.	정부가 적자예산을 펴기 위해 돈을 빌려야 하는 것처럼 보인다.
정부 부채는 상환할 필요가 없다.	만기가 되면 정부가 부채를 상환해야 하는 것처럼 보인다.
재무부나 중앙은행은 동일한 주체의 두 부분일 뿐이다.	재무부와 중앙은행 사이에 장벽이 세워져 있다.
정부가 발행하는 화폐의 양을 통제할 수 있기에 발행되는 화폐의 이자율을 설정할 수 있다.	정부는 화폐와 채권시장에서의 거래를 통해 대부분의 이자율이 정해질 수 있도록 하고 있다.

채를 상환해야 하는 것처럼 보인다. 근본적 수준에서 재무부나 중앙은행은 동일한 주체의 두 부분일 뿐이다. 제도적 수준에서는 재무부와 중앙은행 사이에 장벽이 세워져 있다. 근본적 수준에서는 정부가 발행하는 화폐의 양을 통제할 수 있기에 발행되는 화폐의 이자율을 설정할 수 있다. 그러나 제도적 수준에서 정부는 화폐와 채권시장에서의 거래를 통해 대부분의 이자율이 정해질 수 있도록 하고 있다(표 2.1).

정부의 엄청난 빚을 걱정하는 사람들

정부 부채를 둘러싼 대부분의 오해와 신화는 정부가 마치 가계와 기업처럼 기능한다고 생각하는 오류에서 비롯된다. 정부는 가계나 기업처럼 기능하지 않는다. 정부는 사회 전체의 집단적 행동을 담아내는 주체라는 점에서 엄청난 차이가 있다. 한 개인은 자신의 예산을 균형 수준으로 맞춰야 한다. 즉 자기가 버는 것 이상을 무기한으로 쓸 순 없다는 얘기다. 물론 향후 예상되는 소득을 근거로 돈을 빌릴 순 있지만, 그렇게 생긴 부채는 상환해야 하며, 신용카드를 쓰더라도 한도 없이 마음대로 쓸 수 없다. 경제는 자선이 아니라 자기 이익에 의해 운영되는 것이다.

기업도 비슷하게 작동한다. 기업은 투자하기 위해 차입을 하되, 이자와 함께 대출(원금)을 상환하고 그 대출을 통해 수익을 낼 수 있다는 전제하에 차입을 한다. 기업 역시 부채를 상환할 수 있을지 고려하지 않은 채로 아무 제한 없이 돈을 빌릴 수 없다. 다른 건 몰라도 돈을 빌려주는 금융회사가 먼저 확실히 해둘 것이다.

하지만 국가 정부는 다르다. 정부는 돈을 빌리는 게 아니라 만들어낸다. 정부는 지출할 때 돈을 만들어내고, 세금을 부과해 돈을 '없앤다destroy'. 정부는 마음껏 돈을 만들 수 있기에 돈이 모자랄 수도 없고 그걸 되갚을 필요도 없다. 화폐는 무언가 되갚겠다는 약속이 아니라, 현재의 경제적 교환을 촉진하고 구매력과 자산에 대한 청구권을 미래로 이전해 주는 수단이다.

정부가 돈을 '없앤다'는 게 이상하게 들릴 수 있지만, 실제로 그렇게 한다.[2] 한 사람이 100달러를 벌었는데, 정부가 그 사람에게 소득세로 20달러를 떼 간다고 생각해 보자. 이 20달러는 어디로 가는 걸까? 정부가 이 20달러를 20달러어치의 지출을 충당하는 데 사용할 것이라고 생각할 수 있다. 그러나 정부는 지출 행위를 통해 화폐를 만들어기 때문에 20달러를 필요로 하지 않는다. 납세자는 20달러의 세금을 내기 위해 정부에 20달러짜리 수표를 보내는데, 이 수표가 결제되고 나면 은행 예금에서 20달러만큼이 사라진다. 이렇게 되면 은행 재무상태표의 자산 항목과 중앙은행 재무상태표의 부채 항목에서 20달러만큼의 준비금이 사라진다. 동시에 정부가 중앙은행에 가지고 있는 예금이 20달러 늘어난다. 중앙은행 재무상태표의 부채 항목과 정부 재무상태표의 자산 항목이 동시에 20달러씩 늘어나면, 전체 또는 연결된 정부 재무상태표에선 서로 상쇄되고 만다. 정부가 20달러의 세금을 부과하는 것이 경제의 재무상태표에 미치는 순純효과는 예금과 준비금이 20달러씩 줄어드는 것이다. 이렇게 보면 '없앤다'는 표현이 너무 가혹한 것은 아니다.

정부가 부채를 너무 많이 늘리는 게 정부의 상환능력을 압도하거나 미래 세대에 너무 많은 빚 부담을 물려준다고 해서 걱정할 필요는 없다. 오히려 다른 걸 걱정하거나 토론해야 한다. 정부의 적절한 규모와 역할은 무엇인가, 그것이 너무 크거나 작지는 않은가, 거시경제를 어떻게 관리해야 하는가, 경제활동을 조정하고 소득을 재분배하기 위해 정부가 얼마나 적극적인 역할을 해야 하는가, 과도한 인플레이션을 유발하지 않으면서 연관된 구매력을 흡수하기 위해 현재와 미래의 경제 능력에 비해 너무 많은 돈을 만들고 있진 않은가, 인플레이션이 너무 낮거나 너무 높지 않도록 보장하는 올바른 제도적 틀은 마련하고 있는가, 사회가 스스로에게 한 약속을 실행할 수 있도록 경제의 생산 잠재력이 빠르게 성장하고 있는가 등을 말이다.

적자예산이 경제에서 어떤 역할을 하는지, 그 규모가 얼마나 큰지 이해하는 것은 부채와 관련된 문제들을 분류하는 데 핵심이다. 정부 부채 잔액은 과거 적자예산과 흑자예산의 누적 합계에 불과하다. 정부 부채는 전년도 적자금액만큼 매년 증가하며, 흑자예산이 생기면 그 금액만큼 줄어들게 된다. 정부 부채 잔액은 현재까지 정부가 창출해 낸 화폐의 순純규모를 나타낸다. 화폐는 현재 사용할 수 있거나 미래로 이월할 수 있는 (실질이 아닌) 명목 구매력을 말한다.

거시경제 정책 관점에서 보면 이와 관련해 던질 질문은 '정부가 너무 많은 돈을 빌렸나'가 아니라 '정부가 너무 많은 구매력을 창출했나'여야 한다. 정부가 돈을 빌린 것처럼 보일 뿐 실제 빌린 게 아닌 만큼 '정부가 너무 많은 돈을 빌렸나'라는 질문은 논리적이지 않다. '정부가 너무 많은 구매력을 창출했나'라는 질문에 대한 답은, 인플레이션을 일으키지 않고 구매력을 흡수할 수 있는 경제 능력과 비교해 특정 시점에 얼마나 많은 구매력이 경제 안에 풀렸

느지에 달려 있다.

정부가 화폐를 만들어낼 수 있다는 게 반드시 만들어내야 한다는 뜻은 아니다. 사실 정부는 화폐가 존재하기를 원하는 것만으로 화폐를 만들어낼 수 있기 때문에— 이것은 법정화폐의 의미다— 사회는 그런 정부의 능력을 제한하는 제도적 장치들을 개발해 왔다. 이런 차원에서 '통화'와 '재정' 기능을 분리시키고, 재정당국으로부터 독립된 중앙은행에서 통화 정책을 수행할 수 있게 하는 데 중점을 뒀고, 또 이를 통해 재정 정책을 제약하도록 했다.

여기서 나는 '통화'와 '재정'을 따옴표로 묶었는데, 통화와 재정이라는 게 신이 부여한 원초적인 범주가 아니기 때문이다. 오히려 정부의 화폐 창출 능력을 제한하기 위해 시간을 두고 진화한 특정 제도적 장치다. 이 장치는 유용한 목적을 달성하는 데 기여하지만, 그로 인해 통화와 재정 기능이 결국 정부의 화폐 창출이라는 동일한 두 측면이 아니라 원래 분리돼 있었던 것처럼 오해하도록 만들기도 한다.

정부가 적자예산을 운영할 때 화폐를 만들어내고, 흑자예산을 집행할 때 그 화폐를 없앤다는 개념을 조금 더 살펴보자. 적자예산은 정부가 재화와 서비스에 대해 지출한 규모에서 징수한 순純 세금을 뺀 것이다. 또 순 세금은 전체 세금에서 이전 지출을 뺀 값이다. 간단한 예를 들어보자. ①정부가 교량을 짓거나 미사일 같은 재화를 구매하거나 공공 부문 근로자들을 고용하는데 100달러를 지출했다. ②정부가 소득세와 법인세, 기타 세금으로 80달러를 징수했다. ③정부가 사회복지와 다른 이전 지출로 20달러를 지급했다. 이때 정부는 총 40달러(=100달러-80달러+20달러)의 적자예산을 집행한 셈이다. 즉, 누군가의 은행 계좌에 40달러가 더 늘었고, 은행 시스템 내 준비금도 40달러 늘었다는 것이다.

이때 아직 부채에 대한 언급이 나오지 않았다. 화폐가 부채라고 할 때, 우리가 흔히 생각하는 부채보다는 주로 정부가 발행하는 채무증권(국채)을 의미한다. 정부 발행 국채에는 단기 국채, 중기 국채, 장기 국채가 있다. 미국에서는 주로 만기 1년 이하이면 단기 국채, 만기가 2년에서 10년이면 중기 국채, 만기가 20년 혹은 30년이면 장기 국채라고 한다. 이 책에서 나는 편의상 이들을 국채 또는 재무부 채권, 그냥 채권 등으로 부르려고 한다.

국채는 어디서, 어떻게 생겨나는 걸까? 이를 이해하는 가장 간단한 방법은 정부가 준비금 형태로 40달러어치의 새 화폐를 찍어낸 뒤에 40달러 규모의 국채를 발행한다고 상상해 보는 것이다. 이 행위가 경제의 재무상태표에 미치는 영향은 그 국채를 은행이 샀는지, 아니면 비非은행─개인은 물론 뮤추얼펀드, 헤지펀드와 같은 전문 투자자들을 통칭하는─이 샀는지에 따라 달라진다. 어떤 경우든 정부가 40달러 국채를 발행하면 적자예산으로 인해 생겨난 준비금이 소멸돼 40달러만큼의 준비금이 줄어드는 효과가 있다. 단, 누가 그 국채를 샀는가에 따라 은행 예치금이 어떻게 되는지는 달라진다. 만약 은행이 국채를 사면 예치금은 그대로 남지만, 비은행권이 사면 예치금은 사라지고 예금자는 예금이 줄어드는 대신 국채를 소유하게 된다.

국채가 어떻게 생겨나는지 이해하는 또 다른 방법은 정부가 우선 40달러어치 국채를 발행한 뒤 지출과 이전 지출, 과세의 결과로 40달러 적자예산을 집행한다고 가정하는 것이다. 이를 추적해 보자. 역시나 정부가 40달러 국채를 발행할 때 어떤 일이 일어나는지는 그 국채를 구입하는 주체가 은행인지, 비은행인지에 따라 달라진다. 두 경우 모두 준비금은 40달러씩 줄어든다. 만약 은행이 국채를 산다면 준비금이 40달러 줄어드는 대신에 은행 시스템 재무상태표의 자산 항목에서 그 40달러만큼을 대체한다. 비은행권이 국채를 사면 은행 시스템 재무상태표의 부채 항목에서 40달러만큼의 예금이 지급준비금과 함께 소멸된다. 이런 경우 정부가 적자예산을 내고 같은 규모의 국채를 발행하는 것의 순효과는 준비금과 은행 예치금의 양을 변화시키지 않는다는 것이다. 따라서 전통적으로 정의된 통화량 ―좁은 의미에서든 넓은 의미에서든― 도 변화하지 않는 것이다.

불행히도 기저에 깔려 있는 이런 현실을 사람들이 오도하지 않는 방식으로 명확하고 적절하게 설명할 언어는 존재하지 않는다. 일반적으로 표현하기로는 정부가 국채를 발행해 적자예산 편성을 위한 지출을 '조달한다financed'고 한다. 정부가 적자예산을 운영하기 위해서는 자금을 조달하는 것이 필요하다는 뜻이다. 그러나 이 말은 오해를 낳을 수 있다. 적자예산을 운영하면 돈이 생기는 것이지, 그 반대가 되는 것은 아니기 때문이다.

은행이 아닌 비은행권에서 국채를 매입할 경우엔 예치금이 생겨나지 않는다. 이 역시 오해의 소지가 있다. 국채는 교환 수단으로 사용되지 않기 때문에 경제학자들은 전통적으로 국채를 화폐로 여기지 않는다. 경제학자들은 간단한 거시 모델에 따라 역사적으로 화폐와 국채를 분명하게 구분해 왔는데, 국채는 가치 저장의 수단이 되는 자산일 뿐이며 화폐, 즉 교환의 매개체는 아니라고 여겨왔다. 국채가 교환의 매개체로 기능한다고 인정하려면 국채 매각이라는 작은 단계를 밟아야 하지만, 국채를 화폐의 한 형태로 간주하는 게 더 논리적이고 직관적이긴 하다.

법적으로 중앙은행에 있는 정부 예금계좌는 초과 인출이 허용되지 않는다. 현대 세계에서 중앙은행은 정부의 일부이며 정부가 업무를 처리하는 은행이기도 하다. 경제적 관점에서 볼 때 정부의 중앙은행 예금계좌는 전반적으로 정부 내에서 사라지거나 상쇄되며, 재무부의 자산인 동시에 중앙은행의 부채가 된다. 이런 관점에서 정부가 적자예산을 운영하면서 중앙은행 계좌 잔액이 마이너스가 된다고 하더라도 아무런 문제가 없다고 생각할 수 있다. 정부가 중앙은행 예금에서 1달러를 초과 인출할 때마다 준비금과 은행 예금이 1달러씩 생겨나기 때문이다. 정부가 은행이나 비은행을 상대로 국채를 발행하면 정부의 예금 잔액이 늘어나 초과 인출 잔액이 줄고 준비금도 발행한 금액만큼 줄어들게 된다.

국채를 발행하는 목적

정부가 적자 예산을 충당하기 위해 국채를 발행할 필요가 없고, 국채를 또 다른 형태의 화폐로 생각한다면 국채는 어떤 목적으로 발행되는 걸까? 그 답은 두 가지다. 우선 국채는 중앙은행이 통화 정책을 수행하는 데 도움을 준다. 또한 국채는 중앙은행의 운영상 독립성을 확보하는 것도 돕는다. 즉 너무 많은 돈을 찍어내지 않겠다는 정부의 약속을 대중이 신뢰할 수 있도록 하는 데 도움을 준다.

정부가 적자예산을 운영하면 그만큼 준비금이 늘어나고 국채를 발행하면 그만큼 준비금이 줄어든다. 국채 매각은 준비금을 줄이는 정책 수단이며, 달리 말해 중앙은행의 통화 정책 운영을 지원하는 일이 된다. 정부는 대체로 적자예산을 운영하기 때문에 이 과정에서 주로 준비금을 만들어낸다. 국채를 발행하면 중앙은행이 준비금 수준을 조절하는 데 도움이 된다. 이런 관점에서 정부의 국채 발행은 우리가 일반적으로 생각하는 자금 차입과는 전혀 관련이 없으며, 오히려 중앙은행이 업무를 수행하도록 돕는 것과 관련이 있다.

정부가 적자예산을 운영해 화폐를 만드는 과정에는 어떠한 기술적인, 또는 운영상의 제약이 없다. 다만 경제적으로는 두 가지 제약이 있는데, 하나는 명백하고, 다른 하나는 덜 명백하다.

우선 하나는 명백한 제약인데, 정부가 적자예산을 운영하고 경제에 새로운 구매력을 주입할 수 있는 능력은 경제의 실질적인 자원의 규모에 의해 제약을 받는다. 정부가 재정지출을 너무 많이 늘리거나 국민에게 과도한 화폐를 쥐어주면 어느 시점에 너무 많은 돈이 훨씬 적은 재화를 좇게 될 수 있어, 결국 높은 인플레이션을 유발하게 된다. 정부 지출에 실질적인 제약을 가하는 것은 돈이 아니라 실제 자원의 가용성이다. 물론 이런 제약이 생길 때까지 정부가 지출을 확대해선 안 된다는 것은 아니다. 정부가 통제하는 자원은 민간 부문에서 그 목적에 맞게 사용할 수 없다. 사회는 정치적 과정을 통해 정부 지출이 경제의 실제 자원 제약에 부딪히기 전에 미리 정부를 제한하길 원할 것이다.

정확히 이 지점에서 '작은 정부'와 '큰 정부'라는 개념을 두고 정치적 공방이 벌어지게 된다. 경제학자들은 둘 중 하나를 선택하는 데 있어 경제적 자원의 제약이 자연스럽게 따라붙는다고 지적한다. 정부가 너무 커져서 시장경제를 침범하면 비효율이 생기고 혁신이 저하되는 현상이 나타난다는 것이다. 정부가 경제의 파이를 두고 어떻게 할지를 관리하려 들거나 어떻게 분배할지 지나치게 간섭하려 들면 그러지 않을 때에 비해 전체 파이가 줄어들 수 있다.

정부의 화폐 창출에 대한 보다 덜 명백한 제약은 화폐 자체의 본성과 관련이 있다. 화폐는 그 화폐를 건네받는 사람이 교환의 매개체로 받아들여야 한다는 것이다. 화폐가 가치 측정의 단위이자 교환의 매개체가 되기 위해서는 정부와 개인의 뜻이 서로 맞아 떨어져야 하는데, 더 정확하게 말해 국민의 협조가 있어야 한다는 것이다. 정부가 재화와 서비스(정부에 고용된 사람들이 공급하는 것까지 포함)에 지출함으로써 화폐를 만들어낸다는 건, 재화와 서비스의 공급자가 정부가 발행하는 화폐를 교환의 대가로 받아들인다는 걸 전제한다. 대부분의 사람들은 정부가 법정화폐로 발행하는 돈을 사람들이 받아들이게 할 수 있다는 점을 쉬이 수긍한다. 결국 정부는 배후에서 국가의 모든 강제력을 가지고 있기 때문이다.

다만 이런 명제는 단순히 가정이나 주장에 그치지 않고 사실로 입증될 필요가 있다. 정부가 발행하는 화폐의 수요를 창출하기 위해 해당 화폐로 세금을 납부하도록 요구한다는 게 하나의 견해다. 이 관점대로라면 정부가 국민에게 세금을 매기는 핵심 목적은 정부가 공급하는 화폐 수요를 창출하기 위함이다.[3] 이렇게 해서 법정화폐에 대한 수요가 만들어지고 나면 정부는 이를 활용해 사회의 자원에 대한 보편적인 지휘권을 행사할 수 있게 된다. 흥미로운 주장이긴 하지만 오컴의 면도날 테스트(철학자인 윌리엄 오컴이 한 말로, 여러 가설 중 가정의 개수가 가장 적은 것을 채택하기 위해 논리적이지 않은 것을 면도날로 다 잘라내야 한다는 뜻)를 통과하지 못할 수 있다. 국가가 시민에게 법을 준수하고 문명화된 사회에서 선량한 시민으로 여겨지는 모든 일을 행하도록 강요할 수 있다면, 정부 또는 정부 승인을 받은 은행이 만든 화폐 역시 받아들이고 사용하도록 할 수 있다고 믿는 것은 지나친 억측은 아닐 것이다. 다른 각도에서 보면 정부가 시민들이 주권통화를 받아들이도록 하는 데 어려움을 겪고 있다면, 기본적인 법과 질서를 유지하는 것처럼 훨씬 더 큰 문제를 안고 있을 가능성이 높다.

과연 우리의 자손들은 가난할까?

정부 부채가 미래 세대들에게 일종의 부담으로 작용한다는 주장은 널리 퍼져 있다. 재정에 대해 보수적인 견해를 가진 정치인이나 평론가들은 정부가 미래 세대에 부채를 떠넘기고 '미래를 저당 잡고 있다'는 이유를 들어 대규모 적자예산을 기록한 정부를 비난하곤 한다. 특히 대규모의 지속적인 적자예산은 나쁜 것이고 적어도 일시적으로는 필요악이며, 시간이 지남에 따라 정부가 균형 잡힌 예산을 운영하기 위해 힘써야 한다는 견해가 널리 퍼져 있다.

정부 부채와 적자예산에 대한 이러한 관점은 논리학자들이 '범주 오류category error'라고 부르는 잘못된 사고에 기반하고 있다. 여기서 범주 오류란, 정부를 마치 하나의 가계처럼 여기는 것인데, 실제 정부는 해당 국가의 모든 가계를 다 합친 것에 더 가깝다. 정부가 항상 균형예산을 갖춰야 할 이유는 없고, 일반적으로 그렇게 하지 않아도 된다.

정부 부채와 미래 세대의 부담을 연관 지어 생각할 때, 현재 또는 미래에 동시대를 살아가는 사람들에게 영향을 미치는 '세대

내' 문제와 한 시기에 태어난 사람들과 미래에 태어나 살아갈 사람들에게 영향을 미치는 '세대 간' 문제를 구분하는 것이 중요하다. 정부 부채를 '우리 손자들에게 지우는 부담'이라고 하는 주장은 명시적으로나 암묵적으로 세대 간 문제에 해당한다. 이를 검토할 때 같은 시기에 태어나 살아가는 사람들 중 누가 이기고 누가 지는지와 같은 세대 내 문제와 혼동하는 함정을 피해야 한다.[4]

예를 들어 정부가 10년에 걸쳐 대형 댐을 건설한다면 오늘날 세대 내 효과는 일부가 댐 건설에 필요한 시간과 노력, 자원을 제공해야 하고 더 많은 사람이 알지 못하는 사이에 이런 자원을 사용할 수 없게 된다는 것이다. 미래의 세대 내 효과는 거주 지역에 따라 어떤 이들은 댐의 물을 사용해 많은 혜택을 얻지만 다른 이들은 훨씬 적은 혜택만 받는다는 것이다. 그러나 세대 간 효과는 한 세대가 희생이나 투자를 하고, 그 혜택은 다음 세대가 본다는 것이다.

정부 부채에 대해 간과되는 측면 중 하나는 정부 부채가 금융자산인 동시에 금융 부채라는 점이다. 재무상태표에서 자산과 부채 항목 양쪽에서 동일한 내역이 총액으로 상쇄되기 때문에 놀랍게도 미래 세대가 순純재무 측면에서 물려받는 건 항상 제로다. 순부채가 제로가 되면, 이를 물려받는 세대에게는 어떤 부담도 되지 않는다.

정부 부채가 미래 세대에 부담이 되지 않는 이유를 매우 직관적으로 설명할 필요가 있겠다. 현세대가 미래 세대에 부담을 주는 행동을 하는지 알아보기 위해 겹치지 않는 두 세대를 간단한 모델로 상상해 보자(이때 다른 문제만큼 중요하고 복잡한 세대 내 문제는 배제한다). 1세대는 일하고 소비하고 저축하고 투자한다. 2세대는 1세대가 남긴 자본과 금융자산, 부채를 물려받는다. 간단하게 2세대는 일하고 소비하지만, 저축이나 투자는 하지 않는다고 해보자. 두 시기가 지나고 나면 이 단순한 도식적 세계는 끝이 난다.

이제 어떤 의미에서 1세대가 적자예산을 운영하고 관련된 정부 부채를 2세대에 떠넘겨 그들에게 부담을 줄 수 있을까? 정부 부채가 미래 세대에 부담을 준다고 걱정하는 사람들은 정부 부채는 부채이기 때문에 언젠가는 정부가 세금을 부과해 상환해야 한다고 생각한다. 이들은 이전 세대가 정부 지출과 금전적 이전 지출에 지나치게 관대함으로써 혜택을 누린 탓에 이후 세대가 그 대가를 치러야 한다고 주장한다. 이보다 더 불공평한 일이 또 있을까?

하지만 앞의 간단한 예에서 2세대는 1세대가 실행한 투자로부터 자본을 물려받고, 2세대에 대한 순가치 또는 부담이 전혀 없는 국채를 물려받는다. 국채는 정부, 즉 사회의 부채이면서 그걸 소유한 사람들의 자산이다. 여기서는 세대 간 문제에만 초점을 맞추고 세대 내에서 벌어지는 일은 단순화해 무시하기로 한 만큼, 2세대는 국채를 자산과 부채로 소유하고 있으며 이 둘은 서로 분명히 상쇄된다.

또 다른 관점에서 보기 위해 화성인이 지구 상공을 돌면서 이 단순한 경제를 관찰한다고 상상해 보자. 화성인은 1세대가 일하고, 인프라를 구축하고(투자), 그들이 생산한 재화와 서비스를 소비하는 걸 볼 수 있다. 그리고 나중에 화성인은 1세대가 남기고 간 인프라를 사용하는 2세대를 볼 수 있을 것이다. 그 화성인은 2세대에게서 정부 부채로 인한 부담은 전혀 찾아볼 수 없을 것이다.

세대 간에 서로 연결되고 영향을 미치는 방식은 한 방향으로 움직이는 시간의 화살에 의해 좌우된다. 이전 세대는 후세대에게 무언가를 물려줄 순 있지만, 노동의 결실을 빼앗거나 그들에게 세금을 부과할 순 없다. 현세대는 이전 세대로부터 물려받은 자본과 지식 축적, 그리고 자신의 노동력에서 나오는 피와 땀, 눈물을 이용해 산출물을 생산해 낸다. 미래 세대는 아직 존재하지 않기 때문에 현세대는 미래 세대가 축적할 노력이나 자본을 사용할 수 없다. 현세대는 미래 세대로부터 무엇인가를 가져오거나 받을 수 없으며, 미래 세대에게 무언가를 남겨줄 수 있을 뿐이다. 현세대가 미래 세대에 남겨줄 수 있는 건 자신들의 투자로 인해 늘어난 자본(이전 세대로부터 물려받아 사용해서 다소 줄긴 했지만)과 본질적으로 그 세대 사람들에게 분배적 영향을 미치지만 세대 전체로 보면 상쇄되는 금융자산이다.

현세대는 자기 세대에게만 빌릴 수 있고, 미래 세대에게는 빌릴 수 없다. 미래 세대는 아직 존재하지 않으며 아무것도 생산하지 않았기에 현세대에 빌려줄 것이 없다. 모든 세대는 이전 세대로부터 물려받은 것보다 더 크고 좋은 자본을 물려준다. 자본스톡은 다리나 도로, 공항, 공장, 통신 네트워크와 같은 물리적 생산 자본

만이 아니라 과학적, 문화적, 기술적, 지적, 제도적 지식이나 사회적 자본을 포괄하는 넓은 의미로 생각할 수 있다. 이것이 바로 경제적, 기술적, 문명적 발전의 핵심이다. 각 세대는 이 지구를 지키는 파수꾼이며, 문명화된 사회에서 이들은 지구와 사회를 물려받은 것보다 더 나은 상태로 넘겨줘야 할 도덕적 책임을 지고 있다. 하지만 이것은 늘어나는 정부 부채가 미래 세대에 부담이 되는지에 대한 질문과 무관하다. 이 세상에는 걱정해야 할 것이 많지만, 미래 세대에 너무 많은 정부 부채를 남기는 건 그다지 걱정할 만한 일이 아니다. 만약 어느 시점인가에 정부 부채가 너무 많아지면 통화 정책과 긴축재정 같은 거시경제 정책으로 그 문제를 해결하면 된다.

적자예산의 본질

정부 부채 총액은 이전의 적자예산과 상쇄되는 투자의 누적 효과를 나타낸다. 세금을 통해 걷는 수입보다 지출이 더 많아질 때 적자예산이 발생한다. 이에 대해 좀 더 자세히 살펴보자.

국내총생산GDP의 두 가지 항목과 동일시되는 국가 회계 항등식은 여기서 유용하게 쓰인다. 정의상 항상 참인 이 항등식은 경제에서 생산된 재화와 서비스에 대한 모든 지출(사실상 GDP)이 누군가에게는 소득이 된다는 사실을 이용한 것이다.

경제학자들은 GDP를 일반적으로 해당 기간 중 통용되는 현재 물가를 이용한 명목 기준보다 인플레이션을 조정한 실질 기준으로 본다. 실질 GDP는 생산량의 척도를 제공하지만 이는 인플레이션을 조정한 것이다. 실질 GDP의 변화는 생산·소비되는 재화와 서비스의 양적 변화를 포착하려 한다. 명목 GDP는 실질 GDP의 변화를 포함하지만, 물가 수준 변화의 효과도 반영한다. 따로 적시하지 않는 한, GDP와 그 구성 요소들을 말할 때는 통상 명목 개념이 아닌 실질 개념을 의미한다.

국가의 생산물은 주요 지출 범주로 구분할 수 있는데, 가계가 주택에 투자하고 재화와 서비스를 구매해 소비하고, 기업이 자본 설비에 투자하며, 정부가 재화와 서비스를 소비하고(공공서비스 제공) 민간과 군사 인프라에 투자하며, 내국인이 국가 생산의 일부를 구매하는 일 등이다. 반면 소비와 투자에 대한 지출 일부는 수입 재화와 서비스에 사용되기 때문에 고려해야 한다. 생산 항목을 항등식으로 나타내면 다음과 같다.

$$생산량 = 소비 + 투자 + 정부\ 지출 + 수출 - 수입$$

이것은 경제에 대한 예산상의 제약과 같다. 경제가 소비, 투자, 수출할 수 있는 총액은 그 경제가 생산하고 수입할 수 있는 금액에 의해 제한된다.

GDP는 또한 관련된 소득을 받는 사람들이 그 소득으로 무엇을 하는가로 나눠볼 수 있다. 조금 더 간단하다. 국민 소득은 정부가 소비하고 저축하고 과세할 수 있다. 여기서 세수는 사회보장지출이나 복지지출, 보조금 등과 같이 정부가 국민에게 지급하는 모든 이전 지출을 뺀 순금액이다. 만약 정부가 세금을 100달러 걷는 대신에 25달러를 이전 지출로 쓴다면, 순세금은 75달러가 된다. 이전 지출은 사람들 간에 구매력을 단기적으로 이동시킬 뿐 GDP에는 직접적인 영향을 주지 않는다. 물론 사람들마다 소비성향이 다르고 경제학자들이 '한계소비성향'이라 부르는 것처럼, 부자에게 1달러를 받아서 가난한 사람에게 주면 부자의 소비는 줄지 않지만 가난한 사람의 소비는 늘어날 가능성이 높기 때문에 이런 이전 지출은 간접적으로 GDP에 영향을 미치긴 한다. 국민 소득을 구성하는 항목들을 항등식으로 나타내면 다음과 같다.

소득 = 소비 + 저축 + 세금

위에서 언급한 GDP 항등식을 이에 적용하면, 다음과 같은 항등식이 만들어진다.

소비 + 투자 + 정부 지출 + 수출 − 수입 = 소비 + 저축 + 세금

여기서 중복되는 항목을 제외하고 재배열하면 매우 유용한 항등식이 생겨나는데, 이것은 항상 유지되는 수학적 관계다.

$$저축 - 투자 + 세금 - 정부\ 지출 = 수출 - 수입$$

즉, 다음과 같다.

$$민간\ 부문\ 순저축(저축-투자) + 흑자예산(세금-정부\ 지출이\ 양수인\ 경우)$$
$$또는\ 적자예산(세금-정부\ 지출이\ 음수인\ 경우) = 경상수지(수출 - 수입)$$

이런 수학적 항등식을 활용하면 일부 구성 항목에 기초해 다른 구성 항목에 대한 지식을 추출할 수 있다. 예를 들어 경상수지가 흑자이면서 적자예산일 경우, 경상수지 흑자가 적자예산을 초과하는 만큼 민간 부문의 저축이 투자보다 많아야 한다. 다만 예산이 적자이고 민간투자가 저축보다 많기 때문에 경상수지가 적자라는 식의 인과관계를 추출하는 데에는 이 항등식을 사용할 수 없다. 경제학자들이 얘기하듯이, 항등식은 경제의 균형을 설명할 순 있어도 경제가 어떻게, 그리고 왜 거기에 도달했는지에 대해서는 아무것도 말해주지 않는다.

하나의 큰 세계

적자예산을 운영하는 정부가 경제에서 어떤 역할을 하는지 이해하기 위해 세계 전체에 초점을 맞춰보자. 전 세계 규모에서는 한 나라의 수출이 다른 나라의 수입이며, 이들이 서로 상쇄될 수 있기에 개별 경제 간 재화와 서비스 교역은 잠시 무시할 수 있다.

만약 정부 분야가 없다고 하면 '저축=투자'로 항등식은 매우 단순해진다. 놀랍지만 생각해 보면 당연한 것이다. 자기 소득 중 얼마를 저축할지 결정하는 무수히 많은 경제주체들은 대체로 얼마나 많은 투자를 할지 결정하는 무수히 많은 경제주체들과 다르기 때문에 이런 항등식은 놀랍다. 두 경제주체들 모두 서로 조율하지 않고 고도로 분산된 방식으로 의사결정을 내리는데도 저축과 투자가 동일하게 합산되기 때문이다.

그러나 민간 부문의 총저축은 결국 민간 부문의 총투자와 동일하지 않다. 누구나 그렇게 계획하기 때문이며, 탈脫중앙화된 시장 경제에서 이 둘이 동일해지는 건 불가능하다. 사실 계획이라는 관점에서 경제주체들이 계획한 모든 저축의 합이 경제주체들이 계획한 투자의 총합과 같을 거라 기대할 이유가 없다. 또 일반적으로 그리되지도 않을 것이다. 오히려 세계 경제가 폐쇄된 시스템이고 한 경제주체의 지출이 다른 주체의 소득이라는 세계 경제의 작동 방식 덕에 저축과 투자가 결국 동일해지는 것이다.

저축은 무엇이고 어떻게 생겨나는지 생각해 보면 '저축=투자'라는 단순한 세계 경제의 항등식이 분명해진다. 일반적으로 쓰이는 많은 경제용어들처럼, 경제학자들이 사용하는 '저축'과 '투자'는 조금 더 정확하고 구체적인 의미를 가진다. 여기서는 이 용어들을 국가 회계에서의 의미로 사용하고자 한다.

1. 저축은 소비에 쓰이거나 정부에 의해 과세되지 않고, 미래 소비

를 위해 유보되는 소득이다.

2. 투자는 당장 소비되지 않고 미래에 더 많은 산출물을 생산하기 위해 경제의 생산 능력을 높이는 데 사용되는 산출물의 일부다.

내가 은행 계좌에서 100달러를 인출해 상장 기업 주식을 매입하는 데 사용하는 것은 국가 회계의 의미에서는 저축도, 투자도 아니다. 단순히 예전에 가지고 있던 저축의 재무적 형태만 바뀐 것이기 때문이다.

세계 경제가 저축할 수 있는, 즉 현재 소비에 대한 청구권을 내일의 소비에 대한 청구권으로 이전시킬 수 있는 유일한 방법은 나중에 산출물을 생산할 수 있도록 경제의 생산 능력을 추가하는 투자뿐이다. 앞서 화성인의 관점에서 관찰한 예시를 떠올려보면, 화성이나 다른 곳에서 보기에는 경상수지 흑자를 운영하거나 나중으로 구매력을 이전하기 위해 재무적 청구권을 축적할 수 있는 외부 세계가 존재하지 않는다(언젠간 상황이 바뀔 수도 있지만 말이다).

정부를 끌어들인다면

다시 정부를 산식에 집어넣으면 국가 회계 항등식은 다음과 같이 된다.

$$저축 - 투자 = 정부 지출 - 세금$$

전 세계적으로 보면 민간 부문의 순저축은 적자예산과 같아야 한다(세계 전체에 대해 얘기하고 있기 때문에 기술적으로 말해 일부 국가가 흑자예산을 쓸 수 있으므로, 모든 국가 예산수지를 합산한 결과 발생하는 적자예산이라 할 수 있다). 전 세계 모든 가계와 기업들, 즉 민간 부문이 투자할 수 있는 금액보다 더 많이 저축할 수 있는 유일한 방법은 정부가 전체적으로 적자예산을 운영하는 것이다.

정부는 적자예산을 얼마나 많이, 또는 적게 운영할지 선택할 수 없다. 정부는 재화와 서비스를 구매하고 인프라에 투자하며 공무원을 고용함으로써 지출 규모를 선택할 수 있다. 또한 조세 시스템과 사회복지, 각종 복지 프로그램의 한도를 선택할 수도 있다. 그러나 분산된 시장경제가 어떻게 작동하고 반응하는지에 관계없이 이런 정책 선택의 순결과를 선택할 수는 없다. 예를 들어 정부가 예산을 균형적으로 맞추려면 민간 저축과 투자가 같아야 하지만, 정부는 이 두 가지 (고도로 결부돼 있는) 변수에 영향을 미칠 수는 있어도 이를 통제할 방법은 없다. 세계 전체의 항등식을 표현하는 또 다른 방법은 다음과 같다.

$$저축 = 투자 + 적자예산$$

민간 부문이 미래를 위해 저축하는 방법은 두 가지다. 기업(공장, 구조물, 시설장비)과 정부(공공 인프라), 가계(주택)가 투자를 실행하는 것, 정부가 적자예산을 집행하는 것이다. 이것은 일반적인 재정 매파fiscal hawk나 종말론적 경제수사에서 제시하는 것과는 다르게 적자예산을 바라보는 것이다. 적자예산은 미래 세대의 부담을 늘리기 위한 재원이 되기보단 현세대가 후대를 위해 저축할 수 있는 추가적인 수단으로 보인다. 이것이 훨씬 더 칭찬받을 만한 목표로 들린다.

수학적 항등식처럼 생산량과 소득 간의 관계는 항상 유지된다. 유일한 의문점은 생산량이 어느 정도 수준일 때 이런 관계가 유지되느냐는 것이다. 완전고용 수준이나 그보다 낮은(아마 훨씬 더 낮은) 수준 중 어느 수준일까 하는 것이다. 케인스의 공로 위에서 구축된 20세기 경제학자 아바 러너Abba Lerner의 통찰력 있지만 과소평가된 '기능적 재정functional finance' 관점은, 적자예산을 정책 목표로 취급해선 안 되며[5] 오히려 완전고용과 낮고 안정적인 인플레이션과 같은 사회적으로 바람직한 결과를 달성하기 위한 정책 도구로 봐야 한다는 것이다.

그러나 적자예산을 정책 도구로 사용하는 데에도 한계가 있다. 재정 정책 또는 적자예산 규모를 기계적인 정책 수단으로 사용할 수 없다. 적자예산이 100달러이고 민간 순저축이 100달러, 저축이 200달러, 투자가 100달러라고 가정해 보자. 만약 적자예산이 50달러라면 저축과 투자의 격차가 50달러로 축소돼야 한다는 뜻이 된다. 이것은 경제적 논리의 문제다. 그러나 정부가 지출을 25달러 줄이고 25달러만큼 세금을 높인다고 해서 저축과 투자의 격차가 반드시 50달러가 된다는 뜻은 아니다. 긴축재정은 경제 전반에 영향을 미쳐서 소비와 투자, 저축의 결정에 영향을 주고 결국 세수와 정부 지출 프로그램의 실행력에도 영향을 준다. 정부는 세율을 쉽사리 설정할 수 있지만, 민간 부문의 다양한 의사결정에 크게 좌우되는 세수를 통제할 순 없다.

완전고용 상태에서 민간 부문의 저축이 민간 부문의 투자를 크게 초과한다고 가정해 보자. 1930년대 경제학자 앨빈 한센Alvin Hansen과 최근 경제학자 로런스 서머스Lawrence Summers는 이런 상황을 '구조적 장기 침체secular stagnation'라 불렀다.[6] 이때 정부가 그에 상응하는 대규모 적자예산을 운영하는 건 타당한 일이다. 투자보다는 저축을 선호하는 민간 부문의 욕구를 충족시킬 수 있기 때문이다. 이에 따라 대규모 적자예산이 지속되거나 민간 투자 대비 잉여저축이 크게 줄어들 수 있지만, 생산 수준은 훨씬 더 낮아지게 될 가능성이 높다.

이 같은 논리는 정반대로도 마찬가지다. (기대되고 실제 실행된) 민간 투자가 저축을 훨씬 넘어선다고 가정해 보자. 그럴 때 당연히 정부는 그에 맞춰 투자 예산을 집행할 것이고 이때 정부 부문은 순저축을 하게 될 것이고, 그 저축은 민간 부문 저축의 적자를 상쇄하는 역할을 할 것이다. 정부는 부채를 줄이고 민간 부문은 금융자산을 줄이면서 상대적으로 높은 수준의 민간 투자에 자금을 조달하게 된다.

이런 관점은 정부 부채를 매우 다른 시각으로 바라보게 한다. 민간 부문 순저축이 대규모 흑자를 내게 되면 정부는 완전고용을 유지하기 위해 지속적으로 대규모 적자예산을 운영해야 한다. 이때 정부가 발행하는 관련 채권은 민간 부문이 보유하고자 하는 금융자산의 공급을 나타낸다. 정부의 예금 인출은 민간 부문의 저축을 촉진한다. 그 반대의 경우가 옳다면 정부 저축은 민간 부문의 예금 인출을 상쇄할 것이다.

국제무역을 끌어들인다면

개별 국가경제 수준으로 돌아가 국제무역을 다시 살펴보자. 국가 회계 항등식은 다음과 같이 쓸 수 있다.

$$저축 = 투자 + 적자예산 + 경상수지 흑자$$

이때 민간 부문은 세 가지 방법으로 시간 경과에 따라 소비력을 이전할 수 있다. ①실물경제에 투자하기 ②정부가 적자예산 집행하기 ③국가가 경상수지 흑자 운영하기다. 이 세 가지는 직관적으로 이해된다. 한 국가가 수입보다 더 많은 수출을 한다면 그 국가는 해외에 지불하는 것보다 더 많은 돈을 받고 있을 것이다. 이것은 전 세계 교역 상대국들에 대해 재무적 청구권을 획득하는 것이며, 국가는 순저축, 즉 자국 경제에 투자해 달성할 수 있는 것 이상의 저축을 쌓게 된다.

적자예산과 정부 부채가 시간이 지남에 따라 얼마나 누적되느냐는 문제는 민간 부문의 저축과 투자 욕구, 완전고용을 유지해야 하는 공공 정책의 필요성과 복잡하게 관련돼 있다. 또한 적자예산과 정부 부채 수준은 목적 달성을 위한 수단의 일부일 뿐 그 자체로 목적은 아니다.

정부 부채의 함정

'높은' 정부 부채가 미래 세대에게 부담을 지우기 때문에 문제가 된다는 생각이 매력적이고 그럴듯해 보이는 건, 정부 부채는 반드시 상환해야 한다는 근본적인 오해와 관련이 있다. 실은 그렇지 않다.

이렇게 중요한 점을 이해하기 위해서는 금융 부채와 정부 부채를 구분하여 부채가 무엇인지 좀 더 자세히 들여다볼 필요가 있다. 금융 부채는 한 사람이 다른 사람으로부터 돈을 빌리면서 미래에 어떤 날짜에 이자와 함께 원금 전액을 갚겠다고 합의하는 계약이다. 이때 돈을 빌려주는 쪽은 개인 소비자나 기업을 대상으로 상업대출을 하는 은행이거나 회사채를 매입하는 투자회사일 수 있다. 금융 부채에서 가장 중요한 특징은 전액 상환해야 한다는 것이다.

정부 부채는 기업이나 가계 부채와 비슷해 보이지만 근본적으로 다르다. 여기서 정부란 자체 통화를 발행할 수 있는 국가를 말한다. 정부는 돈을 지출하기 위해 누군가로부터 돈을 빌릴 필요가 없다. 오히려 지출을 통해 돈을 만들어낸다. 정부가 지출하기 위해 돈을 빌려야 하고 빌린 돈을 갚아야 하는 것처럼 보일 순 있다. 현대 경제에서 통화 기능과 재정 기능이 광범위하게 분리돼 있고, 중앙은행에 운영상 독립성을 부여함으로써 정부 스스로에 재정적 족쇄를 채우고 있기 때문이다. 다만 인위적으로 구축된 시스템일 뿐 근본적인 현실은 아니다.

이를 분명히 하려면 1장에서 소개한 신화 속 에덴동산의 삶을 상상해 보는 게 유용하다. 중앙은행과 재무부가 분리돼 있지 않고 하나의 동일한 정부부처라고 상상해 보자. 이 정부부처를 정부재정은행이라 부른다면, 정부는 이 재정은행에서 수표를 인출해 지출하고 수표는 은행 시스템 내 예금을 만들고 재정은행의 은행계좌에 플러스 잔액(준비금)을 만든다. 정부가 국민에게 세금을 부과하면 그만큼 은행 예금과 준비금이 줄어든다. 만약 정부가 세금으로 받은 것보다 더 많은 수표를 발행하면, 즉 적자예산을 집행하면 은행의 예금계좌와 준비금 계좌에 순플러스 잔액이 생긴다. 정부재정은행은 우리가 일반적으로 '화폐'라 부르는 본원통화(준비금)와 M1(은행 요구불예금)을 만들어낸다.

1장에서 살펴본 대로 화폐는 은행 대출, 정부의 적자예산 집행, 중앙은행의 자산 매입 또는 은행으로의 대출 등 세 가지 방식으로 만들어진다. 정부의 적자예산 집행으로 만들어진 화폐를 문헌에서는 '외부 통화outside money'라고 하고, 반대로 은행 대출을 통해 만들어진 화폐를 '내부 통화inside money'라고 한다. 외부 통화의 주목할 만한 특징은 재무상태표의 반대편에 대응하는 것이 없는 자산이라는, 말하자면 단지 존재하는 자산이라는 점이다.

정부가 적자예산을 집행하기 때문에 가계는 은행 예금을 늘릴 수 있고, 그로 인해 은행들은 은행 시스템 내 재무상태표에서 자산 측 대응물과 준비금(중앙은행에 있는 은행들의 예금 잔액)을 가진다. 가계 재무상태표에서 무엇이 균형 항목인지에 대해서는 의문이 있다. 나는 여기서 비非리카도식 견해(리카도는 '정부가 발행하는 국채는 자산이 아닌 부채'라고 봤다. 또 '정부가 어떤 방식으로 재정지출을 늘린다 해도, 합리적이고 미래지향적인 소비자들은 앞으로 세금을 더 내야 할 것을 예측하고 그에 대비해 현재 소비를 줄이기 때문에 재정지출 확대가 민간 소비를 자극하지 못한다'고 본다)에 따라, 민간 부문에 대한 정부 지출을 수령하는 것은 순자산으로 간주한다.[7]

이 간단한 예시를 통해 전하려는 핵심은 정부의 적자예산으로 만들어진 준비금(본원통화)은 상환할 필요가 없다는 것이다. 단지 은행권과 같은 것이다. 정부의 적자예산 집행으로 가계가 받은 돈의 절반을 현금으로 보유하기로 했다고 가정해 보자. 적자예산으로 만들어진 정부재정은행의 재무상태표상 100달러 부채의 절반은 이제 준비금이 되고 나머지 절반은 은행권이 된다. 정부는 50달러 은행권을 상환할 필요가 없음은 물론이고 50달러 준비금에 대해서도 미래 어느 시점에 상환할 필요가 없다(앞서 연준에 20달러 지폐를 가지고 가서 10달러 지폐 두 장을 돌려받은 예를 떠올려 보자). 또는 가계가 정부 지출로 인해 받은 돈 100%를 현금으로 보유한다고 가정해 보자. 이때 정부가 아무것도 상환할 필요가 없다는 건 더욱 분명해진다.

물론 현대 사회에서 상황이 이렇게만 작동하는 건 아니다. 오히려 재정은행의 은행 부문은 재정 부문과 분리돼 있다. 중앙은행은 재무부와 재정당국으로부터 독립돼 있다. 중앙은행은 통화 정책에 대한 책임을 지고, 재무부와 정부 내 일부 정치적 조직은 재정 정책에 대한 책임을 맡는 식이다. 이런 현대적 설정에선 일반적으로 중앙은행이 정부가 발행한 채권을 직접 매입하거나 중앙은행의 정부 계좌에 무제한 초과 인출을 허용하는 방식으로 적자예산을 직접 조달하는 것을 금지하는 법률과 규정이 제정돼 있다.

독립적이고 기술적인 중앙은행제도는 20세기에 걸쳐 발전해 왔다. 특히 20세기 후반에 인플레이션을 야기할 정도의 적자예산 운영을 제한하는 제도적 진전이 있었다. 이런 제도적 혁신으로 정부 부채는 반드시 상환해야 하는 것이고 따라서 늘어나는 정부 부채는 미래 세대에 점점 더 큰 부담이 되고 있다는 믿음이 생겨나게 된 것이다.

정부가 더 이상 중앙은행을 이용해 화폐를 찍어낼 수 없다면 상황은 어떻게 달라질까? 적자예산을 집행하는 정부는 미리 국채를 발행해야 한다. 이로 인해 처음엔 예금과 준비금이 줄어들지만, 적자예산을 운영하는 정부는 이를 다시 채워야 한다. 통화 정책 목적으로 중앙은행이 100달러 규모의 양적완화를 실시하기로 결정했다고 해보자. 정부 통합 재무상태표 관점에서 보면 재무상태표에 미치는 영향은 앞의 재정은행 사례와 정확히 동일하다.

이것은 통합정부가 적자예산을 집행할 때 발생하는 부채의 두 가지 형태가 준비금과 국채라는 4장에서의 설명을 강조하는 것이다. 물론 하나는 상환할 필요가 없고, 다른 하나는 상환해야 하는 것처럼 보이는 형태를 띤다. 하지만 이것은 본질적인 게 아니라 제도적으로 설정한 인공물이다. 최근 수년간 중앙은행들이 광범위하게 대규모 양적완화를 시행한 것은, 정부의 일부인 중앙은행이 정부 부채를 상환할 필요가 없는 무엇인가(준비금 또는 본원통화)로 마음껏 전환할 수 있는 권한을 가지고 있다는 걸 보여준다.

독립적인 중앙은행제도는 매우 유용한 역할을 해왔다. 정부가 화폐와 구매력을 마음대로 창출해 낼 수 있는 능력—흔히 말하는 화폐 인쇄기에 대한 접근 권한—을 남용하지 않겠다는 약속을 신뢰할 수 있도록 하는 역할 말이다. 그러나 적자예산이 미래 세대에 잠재적이거나 실질적인 상환 부담을 부과하는 부채의 축적으로 이어진다는 허구를 깨버리면서도 중앙은행이 정부 지출에 대한 규율을 계속 행사할 수 있는 방법은 다음과 같다.

현재 대부분 주요 선진국처럼 중앙은행이 준비금에 대한 이자를 지급할 수 있다는 것이다. 그렇게 준비금에 대해 이자를 지급함으로써 정부 부채와 관련된 채무불이행 위험default risk을 제거하면서도 통화 여건에 대한 통제력을 유지할 수 있다.

채권시장에서의 표면적 사실들 때문에 정부가 실제로 돈을 빌리는 것이 아니라는 주장은 모순되는 것처럼 보일 수 있다. 정부는 대개 특정한 만기, 즉 채권을 언제 상환하겠다는 기한을 명시한 국채를 발행한다. 미국 재무부가 만기 10년짜리 국채 100달러어치를 발행하고, 이 국채를 가진 투자자가 돈을 돌려받길 원한다고 하자. 투자자는 그 100달러로 다른 금융자산에 투자하길 원한다. 이럴 때 재무부는 그 투자자에게 100달러를 돌려줘야 하며, 그렇기에 이 국채는 부채인 것처럼 보인다.

실제로는 다음과 같은 일이 일어날 것이다. 재무부는 비은행 일반 투자자에게 또 다른 100달러어치 국채를 추가로 발행한다. 그러면 은행 예금은 100달러 줄어들고 은행 지급준비금도 100달러 줄어든다. 반면 연준에 예치된 재무부의 예금은 100달러 늘어난다. 재무부는 이 100달러로 첫 번째 국채 보유자에게 원금을 상환해주고, 그 결과 은행 예금과 지급준비금이 다시 100달러씩 증가하게 된다. 이 모든 것의 순효과는 총액 측면에서 모든 걸 동일하게 유지하도록 한다. 국채는 만기가 도래했지만, 재무부는 단순히 새 국채를 찍는 식으로 재차 자금을 조달한다. 채권 보유자는 바뀌지만, 경제의 재무상태표는 바뀌지 않는다.

이런 일은 국채시장에서 지속적으로 발생하며 국채시장이 운영되는 방식이기도 하다. 만기가 도래하면 해당 국채는 만기이월rollover(롤오버)되거나 차환refinancing(리파이낸싱)된다. 국채는 상환할 필요도 없고 실제로 상환되는 일도 없다. 물론 절대 그런 일이 벌어지지 않는다는 뜻은 아니다. 한 가지 예외가 있을 수 있다. 정부가 비정상적으로 흑자예산을 운영하면서 민간 부문에 지출하는 것보다 더 많은 돈을 세금으로 걷는다고 해보자. 그러면 은행 시스템의 예금과 준비금은 흑자예산만큼 줄어들고, 중앙은행의 정부 예금은 그만큼 늘어난다. 정부가 재화와 서비스 지출과 사회복지 이전 지출로 민간에 쓰는 돈보다 세금으로 가져가는 돈이 더 많은 것으로 해석된다. 정부는 만기 도래하는 국채를 차환하지 않고, 흑자예산으로 국채를 상환해 버리는 것이다. 이럴 때 정부 재무상태표에 미치는 순효과는 흑자예산만큼의 정부 발행 국채가 시스템에서 사라질 뿐 준비금과 정부 예금, 은행 예금 등 다른 모든 것은 달라지지 않는다.

만약 정부가 흑자예산을 부채 상환에 쓰지 않을 땐 어떤 일이 일어날까? 은행 예금과 준비금은 흑자예산만큼 줄어들고, 중앙은행에 예치된 정부 예금은 그만큼 늘어난다. 그러나 국채 발행 잔액은 동일하게 유지된다. 사실상 '마이너스 캐리 트레이드'(즉, 손실을 보는 상황)가 되기 때문에 정부로서는 이상한 일이 된다. 정부는 이자를 받지 않는 자산(중앙은행 예금)을 줄임으로써 이자 부채를 줄일 수 있는 기회를 포기하는 것이다. 이런 상황에서 중앙은행이 취할 수 있는 조치는 구속력 있는 최소 지급준비금제도를 운영하고 있는지에 따라 달라진다. 글로벌 금융위기 이전에 연준과 대부분 다른 선진국 중앙은행들이 그랬던 것처럼 중앙은행이 (1장에서 언급했던 은행 간 단기자금 대출의) 하루 만기 금리를 플러스로 유지하는 걸 목표로 하고 최소 지급준비금 요건에 맞게 지급준비금을 유지한다면 정부가 흑자예산으로 인해 줄어든 지급준비금을 다시 채워 넣어야 한다. 이를 위해 정부는 민간으로부터 국채를 매입할 가능성이 높다.

이 상황에서의 순효과는 민간이 동일한 예금을 보유하지만 흑자예산만큼 국채 금액이 줄고 중앙은행의 재무상태표는 자산 항목에서 국채가, 부채 항목에서 정부 예금이 각각 같은 금액만큼 늘어나게 된다. 민간 부문의 관점에서 보면 정부가 흑자예산을 부채를 줄이는 데 사용한 것과 같은 상황이 되는 셈이다. 정부 전체의 관점에서 보면 흑자예산과 같은 규모인 국채와 정부 예금은 중앙은행과 재무부의 재무상태표에 모두 존재하지만, 서로 다른 쪽에 있게 된다. 따라서 이 둘은 실질적인 경제적 관점에서는 존재하지만, 전체 정부 내에서는 서로 상쇄돼 버릴 것이다.

민간 부문이 파업에 들어가 만기 도래하는 국채에 대한 차환 발행이나 만기상환 연장을 모두 거부하면 어떻게 될까? 중앙은행이 충분한 예금을 가지고 있거나, 정부가 그 계좌에서 초과 인출할 수 있도록 중앙은행이 허용하는 법적 제도가 있다고 하면 중앙은행의 정부 예금과 국채는 줄어들고 은행 예금과 준비금은 만기 도래하는 국채의 금액만큼 늘어나게 된다. 만기 도래하는 국채의 차환이나 만기 연장을 거부한 민간 부문은 대신 은행 예금을 갖게 될 것이다.

그러나 그럴 가능성은 거의 없어 보인다. 국채는 일반적으로 한 경제 내에서 가장 안정적인 자산으로 여겨지기 때문에 금융권에선 국채에 붙는 수익률을 '무위험 수익률risk-free rate'이라고 한다.

정부가 이전에 발행된 국채를 상환하기 위해 새로운 국채를 발행할 수 있는 상황에서, 은행 예금을 국채와 교환할 의향이 있는 사람을 찾지 못한다고 상상하는 게 과연 합리적일까? 모든 투자자가 정부 국채를 은행 예금보다 더 위험하다고 생각할까? 그건 말이 안 되는 억측이다.

투자자들의 국채에 대한 파업 시나리오를 가정하고 전체 정부의 재무상태표 관점에서 보면 국채가 중앙은행 준비금으로 교환될 것이다. 설령 민간 부문이 국채 보유를 거부한다고 해도 중앙은행 준비금을 직접적으로(은행이 만기 국채를 보유한 경우) 또는 간접적으로(비은행이 만기 국채를 보유한 경우) 보유하길 거부할 순 없다. 전체 정부가 국채를 유지하기 위해 직간접적으로 준비금을 지급하기 때문이다. 정부가 일단 발행한 돈은 흑자예산 운용을 통해 소멸시키지 않는 한 통화 시스템 내에 갇혀 있다.

투자자들이 국채에 대해 파업하는 가운데 정부가 중앙은행 예금에서 초과 인출을 못 하고 중앙은행이 정부로부터 직접 채권을 매입하지 못 하게 될 땐 어떻게 되나? 정부 스스로 그런 제약을 가할 수 있고 입법을 통해 사회가 그렇게 할 수도 있다. 그럴 때 정부는 자신의 부채를 상환할 수 없게 된다. 운영상 정부는 중앙은행에 있는 은행계좌에 인출(만기 국채 보유자의 은행 계좌로 돈을 송금하는 방식)을 통해 만기 부채를 상환한다. 여기서 가정한 대로 정부의 중앙은행 예금계좌 잔고가 제로가 되고, 계좌가 초과 인출되거나 민간이나 중앙은행이 새로운 국채를 찍어 계좌 잔액을 채워 넣는 두 가지 상황이 되지 않을 경우 정부는 부채를 상환할 수 없게 된다. 정부가 기존 국채를 만기 연장하거나 차환할 수 없는 유일한 시나리오는 대중이 덜 위험한 국채보다 은행 예금을 더 선호하고, 정부 또는 사회가 이를 인위적으로 만들어내기 위해 제도적인 장치를 마련했다고 가정하는 경우뿐이다.

정부가 세금을 부과하는 3가지 이유

그렇다면 이 경우에 정부는 왜 국민들을 상대로 세금을 걷어 자금을 조달할까? 사실 정부의 과세는 재정자금 조달과는 아무런 관련이 없다. 정부 과세에는 세 가지 뚜렷한 목적이 있다. 부정적인 외부효과를 완화하고, 소득이나 구매력을 재분배하며, 총수요를 조절하기 위함이다.

우선 정부가 세금을 부과하는 전통적인 이유는 부정적인 외부효과를 완화하는 것인데, 반대로 특정한 활동을 독려하기 위해 보조금을 지급하기도 한다. 부정적인 외부효과는 어떤 활동이 참여하는 사람 이외의 타인들에게 미치는 해악을 시장가격이 충분히 반영하지 못할 때 생겨난다. 이런 의미에서 소비된 자원은 다른 용도로 쓰일 수 없다는 점에서 모든 경제활동은 부정적 영향이나 기회비용을 가질 수밖에 없다. 경제학의 핵심 원리는 시장 메커니즘의 가격 시스템이 대체로 그런 비용을 내재화하는 데 효과적이라는 것이다. 하지만 때로는 그렇지 않을 수도 있다. 환경을 오염시키거나 악화시키며, 기후변화로 인한 피해와 격변 위험을 높이고, 타인의 신체적 안전에 위협을 주고, 의료 시스템에 높은 비용을 부과하는 활동들에 대해 정부는 세금을 부과할 수 있다. 이것은 세수 자체를 늘리기 위함이 아니다. 특정한 경제활동을 촉진하거나 억제하는 방식으로 상대적 가격을 변화시킴으로써 사회 복지를 향상시키는 데 그 목적이 있다.

정부가 세금을 매기는 두 번째 이유는 표면적으로 필요 이상으로 많이 가진 사람에게서 너무 적게 가진 사람에게 구매력이나 소득을 재분배하기 위해서다. 시장경제는 재화와 서비스를 생산하고 기술적 혁신을 장려하는 데 매우 효율적이지만, 형평성과 공정성 이슈에는 대체로 무관심하다. 내가 여기서 굳이 '대체로'라는 표현을 쓴 이유는 시장 메커니즘이 소득과 부의 불평성이 너무 극심해지는 걸 방지하는 안정화 메커니즘을 가지고 있는 것처럼 보이기 때문이다. 헨리 포드가 밝힌 통찰을 떠올려보면 가계는 기업이 생산하는 생산물을 구매할 수 있을 만큼 노동서비스를 제공한 대가로 충분한 보수를 받아야만 한다.

가장 잘 알려져 있지 않은 세 번째 과세의 이유는 총수요를 조절하기 위함이다. 세금을 올리면 가계의 구매력이 줄어들고, 그 반대의 경우도 마찬가지다. 경제가 너무 과열됐거나 과열될 위험이 있을 때 정부는 세금을 부과함으로써 경제를 냉각시킬 수 있다. 반면 경제활동이 정체됐거나 정체될 것 같으면 정부는 세금을 낮취 가계의 구매력을 높여주고 경제를 부양할 수 있다. 이 점에서 세금은 통화 정책에서 금리가 맡는 역할을 하는 재정 정책의 수단이다. 즉, 경제 당국이 총수요와 총공급의 균형을 맞춰 경제를 완전고용 상태로 유지하거나 인플레이션을 낮고 안정적으로 유지하게 해주는 조작 버튼과 같다고 할 수 있다.

정부 지출과 과세에 대한 대중적인 논의는 주로 정부가 새로운 지출을 위해 자금을 조달해야 한다는 관점에서 비롯된다. 원칙적으로 정부는 필요할 때마다 원하는 돈을 만들 수 있기에, 이는 옳지 않다. 정부는 새로운 지출을 부담하기 위해 세금을 인상할 필요가 없다. 다만 인플레이션 압력을 유발하지 않으면서 새로운 지출을 흡수하기 위해 경제 자원을 확보하고자 과세하는 것이다. 사회가 새로운 정부 지출에 대한 비용을 지불하는 방식은 그렇게 하지 않았다면 생겼을 다른 지출을 포기하는 것이다. 이 상황에서 세금을 부과하는 목적은 정부가 돈이 필요하거나 다시 사용하기 위해 돈을 모으는 것이 아니라 필요한 자원을 확보하기 위해 구매력을 회수하는 것이다.

외국인이 국채의 대부분을 보유할 때 생기는 일

지금까지는 정부가 발행한 국채를 해당 국가의 국민들이 보유하고 있다고 암묵적으로 가정해 왔다. 국채를 자산으로 보유하고 있는 국민(전형적인 부유층)과 부채로 책임지고 있는 국민(일반적인 납세자)이 서로 다르다는 분배의 이슈는 세대 간 문제가 아니라 세대 내 문제가 될 것이다. 그러나 한 나라가 지속적으로 적자예산을 집행하고 있고 경상수지도 적자 상태라면, 그 나라가 발행한 국채의 상당액은 외국인들이 축적하고 있을 것이다. 한 나라의 국채 대부분을 외국인이 보유한다면 그 나라의 미래 세대에게 부담이 될 수 있을까?

여기서 '부담'이라는 단어는 이 상황을 설명하는 데 적절치 않을 것 같다. 미국만 해도 수년간 대규모 재정적자와 경상수지 적자를 기록해 왔고, 미 국채의 상당량을 일본과 중국 같은 나라들이 보유하고 있다. 중국이 가진 미 국채는 미국 재화와 서비스에 대한 미래의 청구권을 부여하며, 이것은 중국이 과거 미국으로부터 구입한 것보다 더 많은 것을 미국에 팔아 얻은 청구권이다. 미 국채를 가진 중국인이 미국 재화와 서비스를 더 많이 소비하기 위해 미래에 이 국채를 팔기로 결정했다고 생각해 보자. 중국 소비자는 여전히 자신이 소비하는 생산물에 대한 대가를 지불해야 한다. 이런 재화와 서비스를 만든 생산자와 노동자는 중국 소비자의 수요와 미국 소비자의 수요를 구분할 수 없을 것이다.

미국 기업들의 생산물이 미국 내 수요가 아닌 해외 수요를 충족시키게 되면 경상수지와 환율, 미국 내 생산과 투자, 소비 패턴에 미묘한 영향을 줄 수 있다. 그러나 이를 한 세대가 자신의 소비와 저축, 투자 결정으로 인해 다른 세대에게 물려주는 부담으로 생각할 필요는 없다. 오히려 분권화되고 세계화된 시장경제의 복잡한 작동 방식의 일부분으로 보는 게 낫다.

1과 100의 심리적 거리

한 국가 정부의 부채 수준이 지속 가능한지를 논할 때 가장 널리 활용하는 지표는 GDP 대비 국가 부채비율이다. 이 지표는 매우 큰 오해를 낳을 수 있다. GDP 대비 부채비율이 높을수록 재정의 지속 가능성에 대한 우려는 더 커진다. GDP 대비 부채비율을 일정 수준 이하로 유지하는 것이 거시경제 정책의 명시적 또는 암묵적 목표가 되는 경우가 많다. 유럽연합EU이 마련한 재정 준칙의 근간이 되는 안정 및 성장 협약에 따르면 EU에 속해 있는 각 국가는 GDP 대비 국가 부채비율을 60% 미만으로 유지해야 한다. 이 비율이 100%에 가까워질수록 대개 위험 신호로 간주되곤 한다. 일본과 같이 이 비율이 240%나 되는 국가에서는 재정 매파들 사이에 절망감이 감돌거나, 왜 아직까지 재정 위기가 발생하지 않았는지 의구심이 퍼지고 있다. 다만 일본의 GDP 대비 순부채비율은 약 130%로, 여전히 이를 걱정하는 사람이 많지만 (전체 국가 부채비율에 비해서는) 훨씬 덜 무섭게 느껴진다.

GDP 대비 부채비율의 가장 큰 문제는 그 단위가 섞여 있다는 점이다. 방금 언급한 대로 GDP 대비 부채비율은 백분율로 표시되는 게 일반적이다. 그러나 올바른 단위는 'GDP의 연도 수number of years of GDP'여야 한다. GDP 대비 부채비율은 저량stock을 유량flow 으로 나눈 값, 즉 (연말 특정 시기에) 달러로 측정한 값(부채비율)을 연간 달러로 측정한 값GDP으로 나눈 것이다. 분자가 달러로 측정되고 분모가 연간 달러로 측정된 값의 비율을 올바로 표시하는 단위는 분모에 측정된 항목의 연도 수다. 연도 수를 써야 올바른 비율을 나타낼 수 있다. 단순히 GDP 대비 부채비율로만 쓰면 불필요한 경보로 혼란을 일으킬 수 있다.

GDP 대비 부채비율이 100%라고 할 때, 이 수치는 맥락상 경제학자들이 흔히 사용하는 '초점 숫자focal number'라는 뜻을 가진다. 본질적인 의미 그 이상으로 관심을 끄는 숫자를 말하는 것이다. 백분율이 올바른 단위로 쓰였을 때, 가령 시험 성적이나 규칙 준수 비율, 초대된 인원 또는 행사장 수용 인원 대비 행사 참석률 등을 말할 때 100%는 가능한 최대치를 뜻하는 경우가 많다. 그 이상은 말할 것도 없고 100%라는 숫자가 가지는 가치는 자연적 한계에 도달하거나 그 한계를 넘어섰다는 느낌을 불러일으켜 지속 불가능하다는 느낌이 미묘하게 강조된다.

앞서 언급했듯이 GDP 대비 부채비율 예시에서 올바른 단위는 '1년'이다. GDP 대비 부채비율이 1이라는 것은, 정부 부채를 완전히 상환해야 하는 경우 1년 치 GDP를 그 목적에 쏟아부어야 한다는 의미로 받아들여질 수 있다. '1년'은 '100%'에 비해 훨씬 더 긍정적인 전망으로 보인다. 특히 원칙적으로 무기한 존속하는 국가

정부에 대해서는 더욱 그렇다. 그럼에도 한 국가의 국민들이 1년 내내 애쓰고 노동한 결과를 모두 국가 부채를 갚는 데 쓴다는 이미지가 연상되는 건 어쩔 수 없다.

이렇게 정부 부채에 대한 사람들의 인식에는 오해의 소지가 있다. 정부 부채는 반드시 상환해야 하는 것이 아니다. 오히려 정부 부채는 구매력으로 전환할 수 있는 자산이다. 진짜 문제는 그 자산(정부 부채 또는 국채)을 가진 보유자들이 소비하려 하는 재화와 서비스를 해당 경제가 생산할 수 있느냐는 것이다. 경제가 그렇게 재화와 서비스를 생산하지 못하면 어느 시기에 경제 전반에 걸쳐 물가 상승 압력이 생기고 전반적인 물가 수준이나 생활비가 수용 가능한 속도로 상승하기 시작할 것이다. 이것을 우리는 인플레이션이라 부른다. 인플레이션과 이를 통제하기 위한 통화 정책의 역할은 다음 장에서 다룰 주제다.

03

인플레이션의 시대

**인플레이션은 생산량보다 통화량이
더 빠르게 증가할 때만 생겨난다. 그런 점에서 인플레이션은
언제나, 그리고 어디에서나 화폐적 현상이라는 명제를 따른다.**

밀턴 프리드먼(Milton Friedman)[1]

인플레이션의 원인이 무엇이고, 정책당국자들이 인플레이션을
통제하기 위해 활용할 수 있는 정책 수단은 무엇일까? 이 질문은
화폐에 관한 핵심 질문이다. 밀턴 프리드먼의 유명한 말처럼 '너
무 적은 재화를 좇는 너무 많은 돈'이 인플레이션을 일으키고,[2] 이
렇게 높아진 인플레이션은 화폐의 가치를 떨어뜨린다. 인플레이
션을 통제하는 정책의 핵심은 적절한 양의 화폐가 만들어지게 하
는 것이다. 화폐가 너무 많으면 너무 높은 인플레이션이 발생하고,
화폐의 양이 너무 적으면 디플레이션이 생긴다. 이 장에서는 인플
레이션이란 무엇이며, 통화 정책은 무엇이고, 중앙은행은 인플레

이션을 통제하기 위해 어떤 정책을 사용하는지 살펴볼 것이다. 또한 사회가 인플레이션을 통제하는 일차적인 책임을 왜 예산당국이나 재정당국이 아닌 중앙은행과 중앙은행의 통화 정책에 부여하고 있는지도 살펴보겠다.

중앙은행은 수 세기에 걸쳐 진화해 왔다. 초기 중앙은행은 민간이 소유하면서 정부가 공인한 은행으로 시작했는데, 이후 어떻게 변해왔는지에 관해서는 (1장에서 설명했듯) 흥미로운 역사가 많다. 현대 중앙은행은 정부의 일부지만 정부 내에서 특별한 위치를 차지하고 있다. 중앙은행은 대개 정부 내에서 독립적으로 행동하며, 정부에 대해 책임은 지지만 정부로부터 통제는 받지 않는다. 연준은 스스로 '정부로부터 독립적'이라기보다는 '정부 내에서 독립적'이라고 표현하고 있다. 중앙은행의 독립성이라는 개념은 현대 경제 시스템에서 가장 중요하기 때문에 중앙은행은 다른 정부기관보다 금융시장과 더 가까운 것처럼 보인다. 중앙은행은 금융시장과 경제에서 매우 중요하고도 눈에 띄는 행위자이며 그 독립성을 아주 소중하게 여기기 때문에 실제로는 정부의 일부가 아닌데도 마치 그 일부인 것처럼 이야기하는 언어적 트릭이 존재한다.

경제를 돌아가게 하는 힘

인플레이션은 위험한 단어다. 사람마다 다른 의미로 사용하며,

심지어 같은 사람조차 다른 의미로 사용하는 경우가 있기 때문이다. 많은 것이 달려 있는 단어에 문제가 있는 셈이다. 인플레이션은 종종 '높은 인플레이션'과 동의어로 쓰인다. 따라서 인플레이션은 모든 이들에게 일상에서 매일 구입하는 제품의 가격이 오른다는 것을 의미한다. 그래서 인플레이션이 나쁜 것이다.

그러나 중앙은행 관료들이나 경제학자들에게 인플레이션은 꼭 나쁜 것만은 아니다. 그들은 약간의 계산된 인플레이션은 인플레이션이 없는 것 못지않게 좋은 것이며, 경제의 수레바퀴에 기름칠을 하는 데 도움이 되는 힘이라고 생각한다. 중앙은행은 '안정적 물가' 또는 '물가 안정'을 유지하는 임무를 맡고 있다. 개별 물가의 안정을 의미하는 것이 아니라 오히려 정반대의 의미다. 중앙은행들은 '워싱턴 합의Washington Consensus'(미국과 국제 금융자본이 미국식 시장경제체제를 개발도상국들의 발전 모델로 삼기로 한 합의)의 정식 회원으로, 그들은 수요와 공급이 자유롭게 변화하고 그에 따라 시장가격이 바뀌는 자유시장을 지지한다. 중앙은행이 안정시키고자 하는 건 개별적인 재화의 가격이 아니라 평균적 물가 수준—전반적 물가 수준을 가늠하기 위해 신중하게 만든 지표—이며, 대개 +2% 정도의 상승률 수준에서 물가를 안정시키려 하고 있다. 대부분 중앙은행들에 '제로 인플레이션'이라는 건 사실상 +2% 수준의 계산된 인플레이션을 의미하며, 실제 0% 인플레이션은 물가 수준이 하락하고 있다는 것을 의미한다.

구매하는 제품 가격이 내려가는 걸 선호하느냐고 묻는다면 대부분의 사람들은 '그렇다'라고 답할 것이다. 물가가 하락한다는 건 생활 수준이 높아진다는 뜻이기 때문이다. 그러나 중앙은행 관료들이나 경제학자들에겐 그렇지 않다. 물가 수준이 하락(또는 마이너스 물가 상승률)하는 건 물가가 너무 빠르게 상승하는 것만큼이나, 아니 그보다 더 나쁘다고 생각한다. 여기엔 몇 가지 이유가 있다.

첫 번째 이유는 중앙은행이 명확하게 원하는 것이 물가 안정이기 때문이다. 그들이 원하는 물가 안정이란 물가가 목표치에 비해 너무 빠르게 상승하지도, 너무 빠르게 하락하지도 않는 물가 수준을 뜻하는 것이다.

두 번째 이유는 경제학자들이 '일반 균형general equilibrium'(단일 시장의 수요공급 균형이 아닌 전체 경제에 존재하는 모든 시장 균형이 동시에 달성되는 것) 관점에서 물가를 생각하기 때문이다. 경제학자들은 하나의 변화가 다른 것에 미치는 영향, 즉 부분 균형 관점에서만 보지 않는다. 한 가지의 변화가 다른 모든 것에 미치는 상호작용과 영향, 그리고 이런 변화가 원래의 것이나 변화한 것에 미치는 영향까지도 추정하고자 노력한다(더 엄밀히 말해 경제의 새로운 균형과 그 이전 균형을 비교하고, 모든 것이 조정된 후 무엇이 변했는지 살피고자 한다). 한 사람의 지출이 다른 사람에겐 소득이 되기 때문에 경제학자들은 한 사람에게 좋은 것(가격 하락)이 다른 사람에겐 나쁜 것(소득 감소)이 될 수 있다고 인식한다. 또 가격 하락으로 득을 본다고 생각한 소비자 역시도 나중에 문제가 될 수 있다. 어느 시점이 되면 경제가 약화돼 가격 하락으로 혜택을 봤다고 생각하는 사람도 더 이상

일자리가 없음을 알게 될 것이다. 대공황 당시에도 디플레이션이 발생했지만, 이를 기뻐하는 사람은 거의 없었다.

세 번째 이유는 중앙은행과 경제학자들은 대개 인플레이션이 너무 높아 이를 낮추는 일이 인플레이션이 너무 낮아 이를 끌어올리는 일보다 더 쉽다는 걸 인식하고 있기 때문이다. 물가 하락에 대처해야 하는 건 중앙은행 관료들이 좋아하는 일이 아니다. 오히려 중앙은행의 손에서 벗어나 있는 재정 정책이 대처하는 것이 더 낫다.

인플레이션을 측정할 때는 네 가지 영역으로 구분할 수 있다.

1. 목표 인플레이션: 플러스·마이너스 및 베이시스 포인트bp(1 베이시스 포인트는 100분의 1퍼센트)
2. 목표 이상의 인플레이션
3. 목표 이하이지만 제로 또는 그 이상의 인플레이션
4. 마이너스 영역의 인플레이션(명백한 디플레이션)

세 번째 영역의 인플레이션은 디플레이션과 구분하기 위해 '디스인플레이션disinflation'이라고 부르기도 하지만, 디스인플레이션이라는 용어는 '디플레이션적인 힘'으로 인해 높은 인플레이션이 하락하는 경우처럼 방향성을 뜻하는 의미로 사용하는 경우가 많다(중앙은행 관찰자는 그런 점에서 탁월한 언어학자여야 한다).

왜 2% 인플레이션인가?

중앙은행들은 왜 0%가 아니라 2%(또는 다른 플러스 값이나 범위)를 목표치로 정했을까? 중앙은행이 인플레이션 목표치를 0%로 정하고 그보다 조금 높거나 낮게 약간의 여유를 뒀다면 이런 복잡함이나 애매모호함은 피할 수 있었을 것이다. 물가 안정 목표는 0%일 것이고, 그보다 높으면 인플레이션, 그보다 낮으면 디플레이션이 되는 셈이다. 중앙은행 관료들은 그에 맞춰 인플레이션이나 디플레이션을 모두 피하는 일을 할 것이고, 삶은 단순했을 것이다. 그러나 경제학자들은 중앙은행이 인플레이션 목표를 약간의 플러스 수준으로 삼도록 권장하고 있는데, 여기서 통화 정책 상황이 복잡해진다. 그 이유는 세 가지로 들 수 있다.

첫째, 물가지수로 산출된 인플레이션이 실제 인플레이션율을 과장하는 것으로 여겨지기 때문이다. 이에 대한 논증은 상당히 기술적이고 빠르게 진행될 수 있다. 인플레이션은 소비자물가지수 CPI에 편입된 구성 항목들의 가격을 지수의 변화율로 측정한 것이다. CPI는 일반적으로 지수 내에 포함된 다양한 재화와 서비스의 가중치가 고정된 기준연도를 가진다. 소비자는 가격 변동에 기회주의적으로 반응해 가격이 하락한 제품은 더 많이 구입하는 반면 가격이 상승한 제품은 덜 구입한다. 여기서 우리는 소비자가 가격 변동에 반응하지 않는다고 암묵적으로 가정하기 때문에 CPI는 실제 생활비용 상승을 다소 과장하게 된다. 또한 통계학자들은 CPI

에 제품의 품질 개선을 반영하고자 하는데, 가격은 변하지 않더라도 품질이 개선된 제품은 가격이 하락한 것으로 적용하기 위해서다. 이런 품질 개선도 과소평가될 가능성이 있는 만큼 CPI는 상승 편향성을 갖는다고 말할 수 있다.

둘째, 인간의 심리와 경제학자들이 '임금 경직성'이라고 부르는 것 때문에 목표 인플레이션을 양수(+)로 설정하는 것이다. 대개 사람들은 임금이 오르는 걸 원하지, 떨어지는 걸 좋아하지 않는다. 근로자들에게 중요한 건 명목임금이 아니라 인플레이션율을 감안한 실질임금이 어떻게 되느냐는 것이다. 만약 내 임금이 한 해 동안 2% 올랐지만 인플레이션도 마찬가지로 2% 올랐다면 실질임금에는 변화가 없는 것이다.

그러나 내 고용주가 사업을 계속 유지할 만큼 경쟁력을 가지고 나 역시 일자리를 유지하려면 실질임금이 1% 하락해야 한다고 가정해 보자. 중앙은행이 2%의 목표 인플레이션을 성공적으로 유지한다면, 고용주는 (실질임금 -1%를 맞추기 위해) 1% 인상으로 내 임금을 제한할 것이고 나는 크게 불만스럽지 않을 것이다. 그러나 만약 중앙은행이 인플레이션율 0%를 목표로 하고 내 고용주가 임금을 1% 깎겠다고 한다면 나는 그 제안에 반대할 수도 있다. 우리는 호모 에코노미쿠스(경제적 인간)지만, 그렇게 비합리적일 수도 있다.

그렇다면 물가 목표치는 왜 3~4%가 아니라 2%일까? 그다지 과학적인 근거는 없지만, 전설적인 중앙은행 관료인 앨런 그린스펀은 다음과 같이 유명한 말을 남겼다. "물가 안정이란 일반적인 물가 수준의 예상된 변화가 기업과 가계의 의사결정을 효과적으로 바꾸지 않는 상태를 말한다."[3] 즉 2%는 이보다는 높지만, 사람들이 눈치채거나 분노할 만큼 높진 않다고 받아들일 수 있는 적당한 숫자다.

셋째, 다소 기술적이긴 한데 경제학자들이 금리의 '제로 하한선zero lower bound'(중앙은행이 정책금리를 아무리 낮추더라도 0% 이하로 낮출 수 없기 때문에 '제로'가 하한선이 된다는 뜻, 그러나 엄밀히 말하면 마이너스 금리도 등장하고 있기 때문에 이는 사실이 아니다)이라고 부르는 것과 관련이 있다. 중앙은행이 경제를 부양하고 물가 상승률이 목표치보다 아래로 내려가는 걸 막고자 할 때 주로 사용하는 수단이 오버나이트 금리(만기 하루짜리 금리로, 정책금리 또는 기준금리)다. 경제활동을 억제하고 인플레이션 압력을 낮추기 위해 중앙은행들은 정책금리를 인상할 수 있다. 그리고 그 인상 능력에는 상한선이 없다. 그러나 반대 방향으로는 그렇지 않다. 중앙은행은 오버나이트 금리를 제로 또는 그에 근접한 수준으로만 인하할 수 있는데, 이것이 제로 하한선이다.

다만 '제로'에 대해서는 특정 조건이 있다. 최근 경험에 따르면 중앙은행들이 정책금리를 제한적으로나마 마이너스 영역까지 낮추고 있고, 심지어 일부 시장금리도 이를 따라 마이너스권으로 내려갈 수도 있다. 그러나 정치적, 대중적 수용성은 말할 것도 없고 기술적으로나 운영상으로도 마이너스 금리에는 여전히 한계가 있다. 따라서 제로 하한선은 마이너스 영역까지 아래쪽으로 굴곡을 가질 수 있는 '실효 하한선effective lower bound'이 된다.

　2% 수준의 인플레이션 목표는 실효금리 하한에 대한 제약을 완화하는 데 도움이 된다. 인플레이션율이 2%이고 중앙은행이 설정한 정책금리를 3%라고 가정하면, 실질금리는 1%(=3%-2%)가 된다. 이제 경제가 침체에 빠지면서 인플레이션율이 0.5%p 내려가 1.5%로 낮아졌다고 가정해 보자. 경제를 부양하고 인플레이션율을 다시 끌어올리려는 중앙은행은 정책금리를 2%p 내려 1%까지 인하한다. 명목금리는 여전히 플러스 영역이지만, 실질금리는 이제 마이너스 영역(-0.5%=1%-1.5%)으로 내려간다. 이 정도면 경제를 살리는 데 효과가 있을 수 있다.

　이와 달리 애초에 중앙은행이 인플레이션율 목표치를 0%로 두고 다른 조건은 유사하다고 가정해 보자. 정책금리가 1%라면 실질금리도 1%(=1%-0%)다. 여기서 인플레이션율이 0.5%p 하락한다고 치자. 단순하게 실효 하한도 0%라고 하자. 이때 문제가 발생한다. 중앙은행은 제로 하한에 도달하기 때문에 이전 사례처럼 정책금리를 3%에서 1%로 2%p씩 인하할 수 없다. 중앙은행이 경제를 부양하기 위해 조절할 수 있는 가장 낮은 실질금리는 1.5%다. 제로 하한은 2% 인플레이션 목표가 중앙은행에 실질금리를 인하하고 경제를 부양하는 데 더 큰 여지를 준다는 것을 의미한다.

　이 논리는 인플레이션 목표가 3~4%일 때 더욱 잘 들어맞는다. 일부 경제학자들은 인플레이션 목표가 높을수록 더 많은 여지를 갖게 된다며, 더 높은 인플레이션 목표치를 주장하기도 한다. 그러나 공짜는 없는 법이다. 인플레이션 목표가 높을수록 중앙은행이 화폐의 구매력을 보전하기 위해 행동한다는 주장은 더 모호해지고, 중앙은행이 정치적이고 대중적인 지지를 유지할 가능성도 더 낮아진다.

인플레이션을 통제하는 자

통화 정책은 3단계 과정으로 작동한다.

1. 중앙은행이 통화 정책을 설정한다.
2. 금융시장이 반응해 통화 정책을 실물경제로 전달해 준다.
3. 실물경제가 반응한다.

통화 정책은 매우 간접적이거나 우회적인 방식으로 작동한다. 통화 정책에 변화를 주면 금융 여건은 꽤나 빠르게 변하지만, 금융 여건 변화가 경제활동에 영향을 미치기까지는 상당한 시간이 걸릴 수 있다. 따라서 통화 정책은 길고 다양한 시차를 두고 작동한다고 할 수 있다.

중앙은행은 금융 여건에 영향을 미치기 위해 통화 정책을 설정하는데, 이는 경제활동과 인플레이션 압력을 억제할 것인지, 아니면 부양할 것인지에 대한 판단에 따라 달라진다. 개념적으로 통화 정책은 매우 간단하다. 중앙은행은 통화 정책을 설정하는 손잡이를 쥐고 있는데, 경제를 부양할 필요가 있을 때는 손잡이를 아래로 돌리고, 경제를 억제할 필요가 있을 때는 손잡이를 위로 돌리는 식이다.

통화 정책이 우회적으로 작동한다는 말은 중앙은행이 경제활동에 직접 영향을 미칠 수 있는 어떠한 수단도 가지고 있지 않다는 것을 뜻한다. 중앙은행은 경제주체들을 달래고 설득하고, 때론 위협하기도 하지만 경제 결과를 지시하거나 통제할 순 없다. 통화 정책의 가장 큰 강점인 탈중앙화된 시장경제에 최대한 의존한다는 사실은 통화 정책이 지니는 가장 큰 한계이기도 하다.

통화 정책은 또한 불확실성에 시달리고 있다. 중앙은행은 매우 역동적이고 복잡한 경제 상황을 정확하게 평가해야 한다. 경제가 어떻게 움직이고 통화 정책 변화에 어떻게 반응하는지를 시시각각 잘 이해해야만 한다. 또한 환자를 정확하게 진단하고 그에 맞는 올바른 약을 처방하거나 투여하는 일을 계속 해야 한다. 중앙은행이 해야 하는 이런 일들은 통화 정책이 경제에 영향을 미치는 시차와 중앙은행이 입수하는 데이터의 시차 등 두 가지 시차가 서로 복합적으로 작용하기 때문에 복잡해지는 것이다. 통화 정책은 미래지향적이어야 하지만, 대부분의 데이터는 과거지향적이다.

지난 2008년 글로벌 금융위기 전까지만 해도 선진국 중앙은행들의 통화 정책은 매우 단순하게 운영돼 왔다. 일본은행 정도가 예외였는데, 1980년대 대규모 자산 버블 붕괴 이후 일본은행은 연

준이나 다른 주요 선진국 중앙은행들에 비해 10년이나 일찍 정책
금리를 제로 하한까지 내려야 했다. 평상시 중앙은행은 정책금리
라는 하나의 손잡이를 가지고 있는데, 경제에 어떤 미세조정이 필
요하다고 판단하는지에 따라 그 손잡이를 한 방향, 또는 다른 방
향으로 돌린다. 이후 글로벌 금융위기와 최근 코로나19 팬데믹으
로 인해 통화 정책 결정은 훨씬 더 복잡해졌다(다음 장에서 더욱 자세
히 설명할 것이다).

유혹을 뿌리치기 위한 약속

금융위기 바로 직전 시기는 '인플레이션 타기팅inflation targeting'의
전성기였다. 인플레이션 타기팅은 이전 20년간 발전해 왔고 그 이
후에도 계속 진화하고 있는 통화 정책의 접근 방식이다.[4] 인플레
이션 타기팅이라는 틀에서 중앙은행은 명시적인 인플레이션 목표
를 발표하고, 대중이 그를 신뢰할 수 있도록 함으로써 인플레이션
을 통제하려 노력한다. 여기서 '대중'이라는 용어는 금융시장 참
가자들, 특히 트레이더와 자금을 운용하는 매니저, 투자자를 포함
한다. 인플레이션 목표치에 대한 신뢰를 확보한다는 것은 중앙은
행이 인플레이션 목표를 달성할 능력과 의지가 있음을 대중이 믿
는다는 뜻이다. 즉 중앙은행이 통화 정책을 펴는 데 필요한 정책
수단, 이를 사용하는 데 필요한 운영상의 독립성, 그리고 이를 달

성하려는 의지가 있음을 믿는 것이다.

인플레이션 타기팅의 틀이 작동한다고 가정하려면 중앙은행이 통화 정책 수단을 사용해 인플레이션을 통제할 수 있어야 하고, 따라서 중앙은행에 그 역할을 부여하는 것이 합리적이어야 한다. 중앙은행의 통화 정책으로 인플레이션을 통제할 수 있어야 한다는 건, 경제학자들과 중앙은행 관료들 사이에서 거의 신앙처럼 여겨져 왔다. 또 거시경제를 안정시키는 수단으로서 재정 정책은 불필요하거나 비효율적이며, 심지어 일부에서는 비생산적이라는 인식이 널리 퍼져 있었다. 그러나 글로벌 금융위기와 이후 코로나19 팬데믹을 겪으면서 재정 정책도 인플레이션을 통제하는 데 중요한 역할을 하며, 때로는 통화 정책보다 앞장서야 한다는 인식까지 확산하고 있다. 문제는 거시경제 정책의 틀이 중앙은행의 독립성과 통화 정책의 우위에 의존하고 있어서, 통화 정책과 재정 정책을 함께 동원하는 것은 물론이고 정책의 공조를 최적으로 수행하는 데도 도움이 되지 않는다는 것이다.

거시경제 정책의 목표는 완전고용과 물가 안정을 경제 내에서 달성하는 것이다. 경제학자들과 정책 당국자들에게 완전고용은 일하기를 원하는 모든 사람들이 일자리를 찾을 수 있는(충분한 수요가 있는) 개념적인 경제 상태다. 다만 완전고용은 실업률이 제로거나 제로에 가까운 상태를 의미하는 것은 아니다. 왜냐하면 노동력을 가진 누군가는 항상 이직하거나 직장을 구하는 과정에 있기 때문이다.

거시경제 정책에선 인플레이션을 억제해 대개 2% 정도의 목표치에 부합하도록 유지하는 것이 완전고용이라는 또 다른 목표를 달성하는 가장 좋은 방법이라는 게 정설로 받아들여지고 있다. 거시경제학자들에게 물어보면 '필립스 곡선Phillips Curve'을 얘기할 것이다. 장기 필립스 곡선은 수직으로 유지되는데, X축인 실업률과 Y축인 인플레이션 사이에 상충 관계가 없다는 뜻이다. 고용을 자연스러운 한계치보다 높이거나 실업률을 자연스러운 수준(자연실업률)보다 낮추려는 시도는 궁극적으로 같은 수준의 실업률에서 더 높은 인플레이션을 초래할 뿐이라는 얘기다.

그러나 정치인들은 다음 선거를 염두에 두고 단기적으로 정책을 운용하기 때문에, 장기적인 실업률이 더 내려가지 않고 인플레이션만 높아진다 해도 경제를 부양하고 싶은 유혹을 느낄 수 있다. 그래서 중앙은행이 통화 정책을 운용할 때 정치적 영향력으로부터 독립해야 한다는 것은 현대 거시경제 정책에서 핵심 원칙이된다. 정부가 중앙은행에 운영상의 독립성을 부여하는 것은 통화 정책 의사결정에 간여하지 않겠다는 신뢰성 있는 약속을 하는 것으로, 역효과를 낳을 수도 있다. 정부는 중앙은행에 인플레이션을 억제하고 경제를 완전고용 상태로 유지하는 임무를 부여하고 이를 실행할 수 있는 정책 수단을 제공한다. 그러면서도 중앙은행이 이런 수단을 활용해 임무를 수행하는 데 간섭하지 않겠다고 약속까지 하는 것이다.

이런 임무를 수행하면서 중앙은행은 대중의 인플레이션 기대를 관리하거나 인플레이션을 자신의 목표에 고정시키기 위해 노력한다. 인플레이션에 대한 기대가 실제 인플레이션 결과를 크게 좌우하는 만큼 대중의 인플레이션 기대를 관리하는 것은 중앙은행이 목표를 달성하는 데 중요한 역할을 한다. 적어도 중기적으로 보면 인플레이션 목표치 설정은 상당한 자기실현적 예언이란 측면이 있다. 만약 중앙은행이 인플레이션 목표를 달성할 의지와 능력을 갖고 있다고 대중을 설득할 수 있다면, 대중은 자연히 중앙은행의 인플레이션 목표를 향후 인플레이션에 대한 자신의 기대치로 채택할 것이며, 결국 목표 달성에 성공하게 된다. 이것이 사실이라면 좋겠지만 대부분의 상황에서는 아마도 그렇지 않을 것이다.

중앙은행이 인플레이션 기대를 관리하는 핵심은 소통과 투명성이다. 중앙은행은 명시적인 인플레이션 목표를 공표할 뿐 아니라 지금과 앞으로의 경제 상황이나 통화 정책 의사결정 과정, 향후 상황에 어떻게 대응할 것인지에 대한 정보(반응함수)를 전달함으로써 대중과 투명하게 소통한다. 중앙은행은 거의 모든 방식을 동원해 끊임없이 소통한다. 통화 정책 결정을 공식적으로 발표하고, 향후 통화 정책 결정에 관한 예상을 포함한 경제 전망을 상세하게 설명하는 경기 보고서를 발간하고, 통화 정책 회의 의사록은 물론, 몇 년 뒤엔 전체 회의 속기록까지도 공개한다. 또 중앙은행 내 핵심 책임자가 강연이나 인터뷰를 하거나 연구진의 분석 결과를 공개하기도 한다. 인플레이션 타기팅은 지나친 과장 없이 소통하고, 소통하고, 또 소통하는 것이 거의 전부라고 할 수 있다.

중앙은행이 사용하는 연금술

그렇다면 중앙은행은 이런 통화 정책의 틀 내에서 어떻게 정확하게 정책을 실행할 수 있을까? 중앙은행은 경제활동을 억제할지, 부양할지를 판단해 그에 맞춰 정책금리(오버나이트 금리)를 올리거나 내리기만 하면 된다. 그 방식은 간단하다.

다음은 연준이 글로벌 금융위기의 첫 여파를 느끼기 시작하면서 정책금리를 인하하기 직전이던 2007년 9월 12일 기준 연준의 재무상태표를 단순화한 것이다(표 3.1). 정상적일 때 연준과 같은 중앙은행들은 통화 정책의 주된 수단으로 경제 내에서 만기가 가장 짧은 오버나이트 금리를 사용한다. 이 금리는 국가마다 다른 명칭으로 불리고 있지만, 상업은행이 중앙은행에 예치해 둔 예금을 하루 동안(빌린 날 다음 날까지) 빌려주는 대가로 다른 은행으로부터 받은 이자율을 말한다. 이 모든 것이 어떻게 작동하는지 이해하기 위해서는 더 자세히 살펴볼 필요가 있다.

앞서 언급한 대로 중앙은행은 은행들의 은행이다. 은행들이 중앙은행에 예금계좌를 가지고 있고 그 계좌를 통해 은행 간 거래가 결제된다. 매일 수억 건에 이르는 비非현금 금융거래가 일어나는데, 그중 상당수가 은행 간 결제로 이뤄진다. 내가 동네 식당에서 식사를 한 뒤에 신용카드나 직불카드로 음식값 50달러를 결제했고, 나와 식당이 서로 다른 은행에 예금계좌를 가지고 있다고 해보자. 내 은행 계좌의 50달러가 식당의 은행 계좌로 이동하면 내

표 3.1 단순화한 연준의 재무상태표(2007년 9월 12일 기준)

자산(10억 달러)		부채 및 자본(10억 달러)	
미 국채	779.6	은행권	775.4
RP계약	45.0	준비금	31.7
금(金) 증서	11.0	미 국채 예치금	5.2
대출	7.4	기타 항목	43.3
기타 항목	47.2	자본	34.6
총합	890.2	총합	890.2

자료 출처: 연준 통계자료, H.4.1, federalreserve.gov/release/h41/20070913/

은행은 내 계좌에서 50달러를 인출하고(재무상태표의 부채 항목) 연준의 준비금 중 50달러를 식당 은행의 준비금(예금)계좌로 이체하는 방식을 쓴다. 이때 은행 시스템 내에 있는 전체 예금 총액이나 연준의 전체 준비금 총액은 변하지 않고 은행 간에만 자금 이동이 있을 뿐이다. 상대적으로 적은 수의 은행 간에 많은 거래가 이뤄지기 때문에 은행 간 거래 대부분은 서로 상쇄되며, 준비금 계좌 간에 이동해야 하는 것은 기간별 은행 간 순純잔액뿐이다.[5]

중앙은행에 있는 은행들의 준비금 계좌는 현대 경제가 작동하는 데 필수적인 전체 결제 시스템을 뒷받침한다. 또한 통화 정책 결정에도 중요한 역할을 한다. 오늘날 지급준비금 운용 방식은 글로벌 금융위기 이후 진화해 온 것인데, 그 과정을 이해하려면 금융위기 이전에 운용되던 시스템부터 살펴볼 필요가 있다. 이를 '금융위기 이전' 시스템이라고 부르겠다.

금융 여건

통화 정책의 기본 개념은 중앙은행이 하나의 금융 변수(오버나이트 금리)를 통제함으로써 전체 금리들과 자산들의 가격, 즉 전체 경제의 금융 여건에 간접적으로 영향을 미칠 수 있다는 것이다. 여기서 '금융 여건'은 통화 정책 당국자와 경제학자들 사이에서 금융시장의 상황이 경제활동에 도움을 주거나 주지 않는 정도를 나타내는 광범위한 개념의 용어다.

시장금리가 낮거나 하락할 때, 은행들이 대출을 늘리려 할 때, 주식이나 여타 위험자산 가격이 높거나 올라갈 때, '신용 스프레드'(위험도가 높은 회사채와 위험도가 낮은 국채 간 금리 차이)가 좁혀질 때, 자국의 통화가치가 낮거나 하락할 때, 우리는 금융 여건이 '완화된다' 혹은 '느슨하다'고 한다. 그 반대의 경우에 금융 여건이 '타이트하다'고 한다. 시장금리가 오르고, 은행들이 대출을 꺼리고, 위험자산 가격이 떨어지고, 신용 스프레드가 벌어지고, 자국 통화가치가 상승(절상)할 때를 말한다.

모든 가격을 연결하는 차익거래

중앙은행은 대체 어떤 연금술을 사용하기에 정책금리 하나만 움직여 이렇게 다양한 금리와 자산 가격, 대출 여건 등에 두루 영향을 미칠 수 있을까? 그 답은 바로 차익거래arbitrage에 있다. 모든 금리와 자산 가격은 더 나은 금융 수익을 추구하는 트레이더와 투자자가 주도하는 '금융 차익거래'라는 과정에 의해 간접적으로 연결된다. 각각의 전망이나 펀더멘털을 고려할 때 한 자산의 가격이 비싸 보이는 다른 자산에 비해 낮아 보이기 시작하면 투자자는 더 비싼 자산을 팔아 가격 하락 압력을 가하고 대신 더 싼 자산을 사서 가격에 상승 압력을 가하기 시작한다. 이런 차익거래의 과정은 첫 번째 자산이 두 번째 자산에 비해 더 이상 싸 보이지 않을 때까지 계속된다. 차익거래는 하루 중 매 순간 금융시장의 거래 활동을 주도한다. 중앙은행도 마찬가지로 자신의 목적, 즉 사회의 공동 이익을 위해 이런 차익거래를 활용할 수 있다.

통화 정책의 영향이 전달되는 경로를 보면 무엇보다도 수익률 곡선을 따라 작동한다(그림 3.1). 이 수익률 곡선은 오버나이트 금리부터 만기가 가장 긴 30년과 그 이상 되는 국채까지의 금리(수익률)를 선으로 연결해 배열한 것이다. 특정 만기 채권의 수익률은 시장 금리로 불리는데, 트레이더들이 국채를 사고팔면서 지속적으로 변한다(이때의 수익률은 채권에 붙어 있는 쿠폰, 즉 원금 대비 약속된 이자 또는 채권 발행 시 처음 모금한 금액에 의해 제공되는 이자율과는 다르다). 채권 가격과 수익률은 서로 반대인데, 채권 가격이 올라가면 수익률은 떨어지고, 반대로 채권 가격이 떨어지면 수익률은 올라간다. 만기가 가장 짧은 오버나이트 금리는 채권 수익률 곡선의 첫 번째 지점인 '고정점anchor point'이다. 수익률 곡선 위에 있는 만기가 다른 모든 금리는 이로부터 출발해 미래 경로에 대한 시장의 기대치를 반영하기 때문에 오버나이트 금리에 간접적인 영향을 받는다.

이때 차익거래가 다시 작동하는데 그 방식은 미묘하다. 중앙은

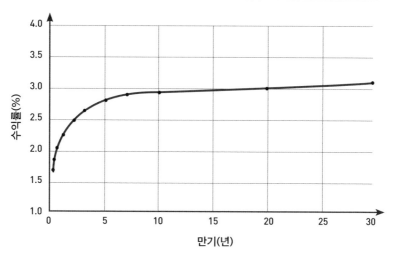

그림 3.1 수익률 곡선

만기가 가장 짧은 것부터 가장 긴 채권까지의 각 수익률(금리)을 하나의 곡선으로 연결한 선. 만기가 길수록 수익률이 높아지기 때문에 통상 수익률 곡선은 우상향곡선을 그린다.

행은 오버나이트 금리를 다음과 같은 방식으로 통제할 수 있다. 중앙은행은 흔히 '정책금리policy rate'라고 부르는 오버나이트 금리의 목표치를 발표한다. 그리고 은행 시스템 내에 있는 지급준비금 규모를 조정함으로써 은행 간 준비금 시장에서 주고받은 실제 오버나이트 금리를 목표치에 맞추려고 한다. 미국에선 이런 정책금리 또는 오버나이트 금리 목표치를 '목표 연방기금 금리'라고 하고, 실제 오버나이트 금리를 '실질 연방기금 금리'라고 부른다. 금융위기 이전에 연준을 비롯한 중앙은행 대부분은 준비금에 대해 이자를 지급하지 않았다. 중앙은행이 은행권에 대해 이자를 지급하지 않는 것과 같은 식이다. 즉 중앙은행이 해야 할 일은 각 개별 은행들의 최소 지급준비금 총합에 맞춰 은행 시스템의 지급준비금 규모를 조정하는 게 전부였다. 전체 지급준비금이 은행들의 최소 준비금 총합보다 훨씬 많으면 은행들은 남아도는 초과 지급준비금을 다른 은행에 빌려주려 할 것이고, 이 때문에 오버나이트 금리는 하방 압력을 받게 된다. 반면 전체 지급준비금이 은행들의 최소 준비금 합계보다 훨씬 적으면 일부 은행들이 최소 준비금 요건에 맞추기 위해 다른 은행에서 준비금을 빌리려 할 것이고 이 때문에 오버나이트 금리는 상승 압력을 받는다. 중앙은행은 이처럼 지급준비금 총액을 조절함으로써 단기시장 금리를 통제할 수 있고, 목표 오버나이트 금리를 맞추려는 필요에 따라 금리를 높이거나 떨어뜨릴 수 있다.

중앙은행이 오늘 오버나이트 금리를 통제할 수 있다면 내일도, 그다음 날도, 그리고 앞으로도 매일 그럴 수 있다. 시장 참가자들도 이를 알고 있다. 중앙은행이 오버나이트 금리를 통제할 수 있고 투자자들이 그런 사실을 알고 있다는 두 가지 요인이 전체 수익률 곡선에서 차익거래를 유발하는 것이다. 이 차익거래 덕분에 수익률 곡선 위에 있는 모든 만기의 금리에 향후 정책금리의 경로에 대한 시장 기대가 반영된다.

이제 그렇지 않다고 가정해 보자. 간단한 예로, 은행이 이틀간 다른 은행으로부터 지급준비금을 빌리려 한다고 치자. 은행이 만기 하루인 오버나이트 금리로 하루간 준비금을 빌린 뒤 다음 날에도 중앙은행의 정책금리에 따라 결정될 것으로 예상되는 오버나이트 금리로 하루를 더 빌리고자 한다. 이때 하루짜리 금리로 이틀간 준비금을 빌리는 것이 한 번에 이틀간 준비금을 빌리는 것보다 더 싸다고 하자. 하루 금리로 각각 하루씩 이틀간 빌리는 금리가 한 번에 이틀 금리(2일물)로 빌리는 것보다 낮다면, 하루 금리로 두 번 빌리는 게 더 합리적이다. 이럴 때 상대적으로 더 비싼 2일물 금리는 하락 압력을, 더 싼 오버나이트 금리는 상승 압력을 받게 된다(물론 이때 중앙은행이 이런 상승 압력을 상쇄시킬 것이다). 이익을 얻고자 하는 동기에 의한 차익거래는 2일물 금리가 현재의 정책금리와 내일의 정책금리에 대한 시장의 기대를 모두 반영하도록 할 것이다. 이런 2일물 금리에 미치는 영향은 3일물 금리에도, 수익률 곡선 위에 있는 다른 만기의 금리에도 동일하게 적용된다.

이것은 중앙은행이 금리를 정하는 미묘한 대목인데, 오버나이트 금리는 경제활동에서 가장 중요한 신용대출과 주택담보대출, 투자를 위한 기업대출에 붙는 금리에 직접적인 영향을 미치지 않는다. 하지만 간접적으로는 영향을 준다. 하버드 경제학자이자 전 연준 이사였던 제러미 스타인Jeremy Stein은 "통화 정책은 모든 틈새를 파고든다"라는 유명한 말을 남겼다.[6] 통화 정책은 기다란 보이지 않는 손을 가졌다고 말할 수도 있겠다.

일반적으로 채권의 만기가 길어질수록 수익률도 높아지는데, 투자자가 자신의 자금을 더 오래 맡길수록 그에 따른 보상을 더 필요로 하기 때문이다. 이를 '기간 프리미엄term premium'이라고 하며, 일반적으로 플러스다. 수익률 곡선상에 있는 각 만기의 금리들은 이런 기간 프리미엄으로 인해 미세한 차이를 보이지만, 그렇다고 기본적 구조를 바꿀 정도는 아니다. 차익거래는 이를 끊임없는 수익 추구 과정에 통합할 뿐이다. 그리고 차익거래의 효과는 수익률 곡선에만 국한되지 않는다. 모든 금융자산으로 확장되어 이들을 느슨하게 묶고 정책금리에도 영향을 미친다.

중앙은행이 정책금리를 인하하고 금리가 오랫동안 낮은 수준에 머물 것이라고 시장에 신호를 주면 채권 가격이 상승한다고 가정해 보자. 아울러 이런 전망이 아직 자산 가격에 반영되지 않았다고 해보자. 다른 모든 조건이 동일하다면 주식 가격은 더 매력적으로 보일 것이다. 경제학자들은 현실을 설명하기 위한 것이 아니라, 하나가 다른 하나에 미치는 영향을 따로 분리하기 위한 분석적 장치로 '다른 모든 것이 동일하다ceteris paribus'는 가정을 활용한다. 특히 하나가 다른 것을 주도하는 경우 일정하게 유지되는 몇몇 다른 요소는 검토 중인 변화에 쉽게 휩쓸릴 수 있다. 다른 모든 요인이 동일하다면 금리가 낮아질 때 주가가 상승하는 게 맞지만, 중앙은행이 정책금리를 인하하는 것은 경제가 부진하기 때문이다. 적어도 초기에는 이런 경기 악화라는 효과가 통화 완화(금리 인하) 효과를 압도해 오히려 주가가 하락할 수 있다. 그러나 시장에서는 타이밍이 가장 중요하다. 만약 주식시장이 경기가 악화될 전망을 미리 할인 요인으로 반영한 반면, 통화 완화는 반영하지 않았다면 금리 인하로 주가는 반등세를 보일 수 있다.

거시경제를 관리하기 위해 통화 정책을 어떻게 사용해야 할지를 고민한 결과, 중앙은행은 인플레이션 타기팅이라는 틀을 만들어냈다. 거시경제, 경제활동 수준과 인플레이션 간의 관계를 고민하던 경제학자들이 중요한 지적 돌파구를 만들어내면서 1990년대 이후에 인플레이션 타기팅은 주류가 됐다. 1958년, 경제학자인 윌리엄 필립스는 임금 인플레이션과 실업률 변화가 반대 방향으로 움직이며, 실업률의 하락이 더 빠른 임금 상승과 관련 있다는 점을 지적했다. 이것은 나중에 가격 인플레이션과 실업률 간의 유사한 관계로 재구성돼 필립스 곡선으로 알려지게 됐다.

실제로 중앙은행 관료들은 통화 정책을 운영할 때 실업률과 인플레이션 간의 상충관계를 활용하는데, 인플레이션이 조금 더 높아지는 것을 용인하는 대신에 실업률을 조금 더 낮출 수 있다는 뜻이다. 이것은 중앙은행의 독립성에 대해서도 시사하는 바가 있는데, 정치인이 통화 정책에 영향을 끼치거나 통제할 수 있는 상황이라면(특히 선거를 앞두고) 경제를 부양하고 실업률을 낮추고 싶은 유혹에 빠질 때가 있기 때문이다. 이럴 경우 앞으로 인플레이션 상승이라는 대가를 치러야 하겠지만, 다행인 것은 그 정치인들이 재선되고 난 이후에 더 높은 인플레이션이 현실로 나타날 것이라는 점이다.

경제학자 밀턴 프리드먼Milton Friedman과 에드먼드 펠프스Edmund Phelps는 각자의 책에서 이런 상충관계를 추구하는 것은 어리석은 일이라고 지적했다. 이들의 주장에 따르면 경제를 과하게 부양해 일시적으로 실업률을 '자연실업률'(경제 상황과 관계없이 마찰적, 구조적으로 자연스럽게 발생하는 실업률)보다 낮출 순 있겠지만, 시간이 지나면서 대중의 기대 인플레이션이 높아짐에 따라 인플레이션이 높아지거나 더 높은 수준에서 고착될 수도 있다. 장기적으로, 즉 경제가 완전히 조정된 후에 실업률은 여전히 자연실업률 또는 완전고용 수준에 머물러 있겠지만, 정책 당국자들이 인플레이션과 실업률 간의 상충관계를 얼마나 집요하게 이용하는지에 따라 인플레이션만 더 높아져 있을 것이다. 이 때문에 중앙은행의 독립성이 더 중요해졌는데, 정치인은 통화 정책 의사결정 과정에서 손을 떼고 통화 정책의 복잡성을 잘 이해하는 전문 관료에게 맡기는 편이 더 좋다.

인플레이션 타기팅 정책은 이런 통찰력과 1970년대와 1980년의 '합리적 기대이론'이라는 혁명을 통해 얻은 통찰력이 합쳐진 결과물이다. 경제학자들은 경제를 이해하고 그 미래 경로를 예측하는 데 도움을 주기 위해 모델을 활용하는 걸 좋아하는데, 때로 그 모델은 매우 복잡하다. 합리적인 기대이론이 준 핵심적인 통찰은 경제학자들이 정책 목적으로 모델을 구축하고 활용할 때 대중이 정부와 동일한 모델을 가지거나 적어도 정부처럼 행동한다고 가정하는 편이 더 낫다는 것이다. 정책 당국자들이 어떤 경제 모델로 대중을 속일 수 있다고 생각한다면 결국 제 꾀에 스스로 넘어가고 말 것이다.

인플레이션 타기팅은 중앙은행이 대중의 기대 인플레이션을 통제할 수 있다는 생각에서 출발한다. 앞서 말했듯 이때는 투명성과 소통이 핵심이다. 중앙은행은 대중에게 무엇인가를 강요하거나 숨기려고 하지 않는다. 오히려 목표로 하고 있는 인플레이션율이 얼마인지 대중에게 알리고, 경제에 대한 중앙은행의 견해도 꾸준히 전달한다.

대중의 눈에 비친 중앙은행의 신뢰도 역시 중요하다. 이를 위해서는 두 가지가 필요하다. 첫째는 장기적으로 인플레이션을 목표 수준으로 유지하는 정책 수단을 중앙은행이 가지고 있다는 걸 대중이 믿어야 한다는 것이다. 둘째는 필요한 운영상의 독립성을 갖추고 정치적 간섭으로부터 단절된 상태에서 중앙은행이 인플레이션 목표를 달성하기 위해 그 정책 수단을 사용할 것이라는 걸 대중이 믿어야 한다는 것이다. 이 두 조건이 충족되기만 하면 대중은 중앙은행이 발표하는 목표치가 얼마든지 간에 기대에 어긋나지 않으리라고 합리적으로 예상할 수 있다.

중앙은행이 인플레이션을 통제할 수 있고 또 통제할 것이라고 믿는다면, 대중이 왜 굳이 중앙은행의 목표치와 다른 인플레이션을 예상하겠는가? 중앙은행의 경제 모델이 인플레이션을 통제할 수 있다는 것을 암시한다면 대중은 그 모델을 받아들일 필요가 있다. 중앙은행의 인플레이션 목표 또한 대중이 예상하는 인플레이션율에 부합해야 하기에 이 둘은 결국에는 입증될 필요가 있다.

그렇다고 해서 중앙은행이 단기적으로, 즉 모든 시점에 인플레이션을 통제할 수 있다는 뜻은 아니다. 코로나19 이후 전 세계적으로 인플레이션이 치솟는 과정에서 잔인하게 드러났듯이, 중앙은행이 모든 시점에 인플레이션을 통제할 수는 없다. 특정 시점이나 모든 시점에 실제 인플레이션율은 노이즈나 무작위 충격에 의해 어느 한 방향으로 치우칠 수 있다. 그러나 중기적으로 대중의 기대 인플레이션은 임금과 가격 결정 행동에 내재화돼 인플레이션을 붙들어 매는 데 도움을 준다.

근로자가 고용주와 임금 인상을 위한 교섭을 벌일 때 양측은 계약 기간 동안에 (중앙은행의 목표치가 얼마든) 인플레이션이 2% 정도로 유지된다는 기본적인 기대치를 설정하는 게 합리적일 것이다. 마찬가지로 경제 내 수많은 기업들도 재화와 서비스의 가격을 매길 때 동일한 인플레이션율을 감안할 것이다. 개별 가격은 수요와 공급의 변화에 따라 상대적으로 움직이겠지만, 중앙은행이 목표로 하는 것과 다른 속도로 전체 물가 수준이 상승하리라는 기대가 형성되진 않을 것이다. 이런 방식으로 대중의 기대 인플레이션을 '고정anchoring'시키면 인플레이션이 중앙은행 목표에 부합하도록 유지하는 데 도움이 될 것이다.

인플레이션 타기팅은 몇몇 독창적인 기능을 갖고 있고, 많은 상황에서 매우 잘 작동한다. 다만 몇 가지 심각한 한계와 단점이 있다는 게 밝혀지기도 했다. 이 제도는 중앙은행만이 인플레이션을 통제할 수 있다고 전제한다. 이것은 경제가 완전고용에 가깝게 운영되고 인플레이션이 중앙은행 목표치에 부합하는 경우에는 참일 수 있다. 중앙은행의 통화 정책을 가끔씩 미세하게 조정만 해도 경제가 매우 안정적으로 유지될 수 있을 때, 통화 정책은 합리적으로 잘 작동한다. 또한 정책금리가 실효 하한선과 아주 거리가 멀어서 중앙은행이 정책금리를 조정할 수 있는 실탄을 충분히 보유하고 있을 때도 잘 작동한다.

그러나 통화 정책의 효과가 훨씬 더 떨어지고, 정책 주도권을 넘겨주진 않더라도 재정 정책으로부터 큰 도움을 받아야만 하는 상황도 있다. 이럴 때 총수요를 신속하고도 대규모로 투입해야 하는데, 이 경우엔 간접적이고 점진적으로 분산된 방식으로 수요를 창출하는 통화 정책보다는 사람들의 주머니에 직접 돈을 넣어주고 주요 인프라 프로그램에 사람들을 투입할 수 있는 재정 정책이 더 적합할 것이다.

부채가 너무 많이 쌓여 경제가 장기적으로 구조적 디레버리징(부채 감축) 사이클에 진입할 때도 통화 정책은 방해받을 수 있다. 1980년대 자산 버블이 붕괴된 이후 1990년대 일본에서 이런 상황이 벌어졌다. 통화 정책은 가계와 기업이 소비재 구매, 주택 투자, 생산시설 투자(자본지출) 등을 위해 돈을 빌리도록 인센티브를 만드는 데 주로 의존한다. 그러나 정작 가계와 기업이 기존 부채를 상환하는 데 집중하거나 신규 부채를 크게 늘리지 않는다면 통화 정책은 그 힘을 크게 잃고 만다.

통화 정책에 전적으로 의존하는 게 효과가 없을 수도 있는 또 다른 상황은 '자연이자율natural rate of interest'이라고도 하는 균형 실질 이자율이 너무 낮을 때다. 이 경우 중앙은행은 정책금리를 대부분 실효 하한선에 상당히 근접하는 수준으로 운영할 가능성이 높다. 자연이자율은 경제가 완전고용 상태이고 인플레이션이 낮고 안정된 상황에서의 실질 이자율이다. 많은 억측과 논쟁을 낳는 여러 이유로 자연이자율은 지난 수십 년간 구조적인 하락세를 보였는데, 그나마 코로나19 이후엔 반등하고 있는 것 같다.

연준은 현재 미국의 자연이자율을 0.5% 정도로 보고 있다. 이 말은 '중립 연방기금 금리'가 2.5% 정도라는 뜻이다. 중립 연방기금 금리는 연준이 경제를 잘 유지하기 위해 통화 정책을 긴축 또는 완화할 필요가 없는 상태의 정책금리를 말한다. 이 기준에서 보면 경기가 침체에 빠졌거나 침체로 가지 않도록 막기 위해 연준이 인하할 수 있는 금리 실탄은 250bp(2.5%p)에 불과하다. 앞서 2차 세계대전 기간 중 연준은 경기침체에 대응하기 위해 평균 500bp 정도 정책금리를 인하했었다.

이런 상황에서는 중앙은행이 인플레이션을 통제할 정책 수단을 가지고 있다는 가정이 흔들리게 되고, 결국 인플레이션 타기팅의 근간도 흔들리기 시작한다. 재정 정책이 인플레이션을 잡을 수 있다면 문제가 아닐 수도 있지만, 인플레이션 타기팅의 핵심 원칙은 중앙은행이 정부로부터 독립적이며 재정당국의 지배를 받지 않아야 한다는 것이다. (두 정책을 함께 동원하는 것은 아니더라도) 통화당국과 재정당국 간의 긴밀한 소통이나 통화 정책과 재정 정책 간의 긴밀한 공조가 요구될 수 있지만, 인플레이션 타기팅을 옹호하는 사람들에게는 화가 날 만한 일이 될 것이다. 통화 정책과 재정 정책이 공조하거나 함께 동원되는 일은 글로벌 금융위기나 코로나

19 팬데믹 같은 위기 상황에서 일어나는데, 임시방편적 방식으로 이뤄지는 것이라 당황스럽진 않더라도 불안감은 줄 수 있다.

신빙성 있는 위협

인플레이션 타기팅은 게임이론을 통해 해석할 수 있다. 주로 두 당사자 간의 전략적 상호작용을 모델로 하는 것이다. 게임이론의 핵심 개념은 '신빙성 있는 위협credible threat'이다. 위협하는 쪽이 경고한 행동을 상대방이 했을 때 그것이 위협한 쪽의 이익과 부합한다면 그 위협은 신빙성이 있다. 그런데 위협을 당한 사람이 상대방의 엄포일 뿐이라 여기고 행동으로 옮기지 않은 채 되레 협박하는 것은 신빙성이 없는 위협이다.

예를 들어 직원을 해고할 명분을 찾고 있는 고용주가 직원에게 실력을 못 키우면 해고하겠다고 경고했다면, 이건 신빙성 있는 위협이다. 고용주의 위협을 행동으로 옮긴 근로자는 구제를 받고 해고를 면할 수 있을 것이다. 반면 해고에 직면한 근로자가 그 위기를 모면하기 위해 해고하면 고소하겠다고 고용주를 협박할 경우, 고용주는 그것을 신빙성 없는 위협으로 여겨 해고를 강행할 수 있다. 이때 해고된 직원은 고용주를 상대로 소송을 걸면 문제를 일으키고 불만을 품은 직원이 되어 자기 평판만 나빠질 수 있음을 깨닫고, 실제로는 소송 없이 그냥 넘어갈 수 있을 것이다. 신빙성 있는 위협의 핵심은 양측이 위협을 신빙성 있다고 인식하면 원하는 효과를 얻을 수 있고, 그 위협을 실제 행동으로 옮길 필요도 없다는 것이다. 한쪽 당사자의 신빙성 있는 위협은 실행되지 않더라도 상대방의 행동을 변화시키는 강력한 효과가 있다.

인플레이션 타기팅을 정하는 중앙은행과 대중의 관계도 게임이론의 핵심 개념인 신빙성 있는 위협으로 해석해 볼 수 있다. 즉 인플레이션을 목표치에 타기팅하는 중앙은행은 인플레이션 목표치를 자신들의 기대 인플레이션으로 받아들이지 않으려는 대중을 위협하는 것처럼 보인다. 실제 인플레이션이 2~4%로 중앙은행의 목표치보다 크게 뛰고 있고 그에 따라 대중은 향후 인플레이션이 4% 수준까지 상승할 것이라고 기대한다고 가정해 보자. 이를 막기 위해 인플레이션을 타기팅하는 중앙은행은 대중을 위협한다. 인플레이션을 목표치까지 낮추기 위해 통화 정책을 충분히 긴축함으로써 대중의 기대를 처벌하고, 필요할 경우 경제를 침체 수준까지 몰아넣겠다고 위협하는 것이다. 만약 대중이 이를 신빙성 있는 위협으로 여긴다면 인플레이션 기대치를 높이지 않을 것이고, 실제로 인플레이션은 다시 목표치인 2% 수준으로 내려갈 것이다. 이렇게 되면 중앙은행은 대중을 상대로 위협했던 통화긴축 조치를 실제 행동으로 옮길 필요도 없을 것이다. 중앙은행은 정책금리를 인상할 권한과 수단을 가지고 있기 때문에 필요한 만큼 인상할 수 있다. 그렇다면 이런 위협이 신빙성 있을까? 중앙은행이 정치적인 통제를 받지 않고 독립적이라면 대체로 그럴 가능성이 높다.

그동안 인플레이션에 대해 늑장 대응을 해온 연준이 이 글을 쓰는 시점에 공격적으로 정책금리를 인상하기 시작하자, 이 이론이 시험대에 오르고 있다. 팬데믹에 대응해 모든 경기 부양을 위한 수단을 총동원하기 시작했던 2020년 3월에 연간 소비자물가지수CPI 상승률은 1.5%로, 이전 12개월 평균인 2.0%보다 낮아진 것이었다. 1.5%를 찍은 뒤 CPI 상승률은 이후 12개월간 평균 1.2%에 머물렀다가 2021년 3월부터 상승하기 시작했다. 연준이 정책 방향을 바꾸기 시작한 2022년 3월에는 CPI 상승률이 8.5%까지 뛰었고, 그해 6월에는 9.1%로 정점을 찍었다.[7] 이에 연준은 2020년 3월부터 2022년 3월까지 오버나이트 금리 목표치를 0~0.25%로 유지했지만, 그 후부터 2022년 말까지 7차례나 연방공개시장위원회FOMC 회의에서 정책금리를 총 425bp(4.25%p) 인상해 4.25~4.50%로 조정했다.

인플레이션이 중앙은행 목표치를 크게 밑도는 경우, 예를 들어 인플레이션이 2%에서 0%로 떨어지고 이에 따라 대중도 인플레이션 기대치를 낮춰 향후 인플레이션이 0% 안팎에서 머물 것이라 예상한다면 어떻게 될까? 1995년 이후 일본의 상황과 그리 다르지 않다. 게임이론 해석에 따르면, 중앙은행은 이런 전망에 직면할 때 정책금리를 인하하고 경기 부양과 물가 상승률을 높이기 위한 다른 조치들을 취함으로써 인플레이션 기대치를 중앙은행 목표치에 맞추지 않는 대중을 처벌하겠다고 위협할 수 있다. 여기서 '처벌punishing'이라는 개념이 다소 이상하게 들릴 수 있다. 중앙은행이 경제와 인플레이션을 잘못 관리해 대중이 불편을 겪거나 금전적 손실을 입는다고 생각하면 된다.

진짜 문제는 여전히 중앙은행의 위협이 신빙성 있느냐다. 중앙은행이 권한과 독립성을 가지고 있지만, 실질적인 정책 수단도 가지고 있을까? 중앙은행이 가진 금리 실탄이 제한적이라는 사실은 이에 대한 의구심을 불러일으키며, 재정 정책으로부터 상당한 도움을 받을 필요가 있을 수 있음을 시사한다. 그렇다면 중앙은행의 위협이 신빙성을 갖기 위해서는 그 위협이 중앙은행과 정부의 공동 위협이어야 한다는 게 핵심일 수 있다. 다만 인플레이션 타기팅 제도는 중앙은행의 독립성과 통화 정책의 우선순위를 축으로 하기 때문에 이렇게 예측된 결론을 내리도록 구성되어 있지 않다.

오해로 얼룩진 교과서의 설명

통화 정책이 작동하는 방식은 대중이 통화 정책을 이해하는 토대가 되는 교과서가 묘사하는 것과는 다르다. 교과서에서는 중앙은행이 경제를 부양하거나 억제해야 한다고 판단할 때, 필요에 따라 '통화 공급'을 확대하거나 축소한다는 '통화주의자monetarist' 또는 '통화가 모든 것을 이끈다'는 생각이 강하게 나타난다. 경제학자들은 기질적으로 통화 공급이 무엇을 뜻하는지에 대해 모호한 태도를 취한다. 그건 (1장에서 논했던 대로) '통화량'이나 통화 공급의 범주가 다양하기 때문이다. 때때로 통화량이나 통화 공급을 정의할 때 지급준비금이나 본원통화(지급준비금+은행권)를 뜻하기도 하지만, M2(은행권과 요구불예금, 저축성예금, 일부 머니마켓펀드)와 같은 것을 염두에 두고 있는 경우가 더 많다.

중앙은행이 통화 공급을 조절하는 방식에는 두 가지 버전이 있다. 은행 시스템 재무상태표의 양측인 자산 항목에서의 대출 또는 부채 항목에서의 예금이다. 하나는 은행 대출 또는 자산 항목에 초점을 맞춘다. 중앙은행은 지급준비금을 늘리거나 줄여서 통화 공급을 늘리거나 줄인다. 은행 대출에 비례해 늘어나거나 줄어들면서 강화되는 것이다. 이것이 바로 경제학 교과서 페이지를 가득 채우는, 그 유명한 '통화승수money multiplier' 모델로, 여러 세대에 걸쳐 경제학 교사들이 우려먹은 것이다. 이 세계관에선 중앙은행의 지급준비금 증가가 기계적으로 은행 대출 증가로 이어지고, 또 경제활동 부양으로 이어진다.

다만 안타깝게도 이 모델은 현실과 상충하는 두 가지 가정에 기초하고 있다. 한 가지는 은행이 지급준비금 대비 예금 비율을 고정된 목표로 갖고 있고 이 목표 비율에 도달할 때까지 계속 대출을 늘리며, 대중은 예금 대비 통화(은행권 및 동전)를 고정된 일정 비율로 유지한다는 가정이다.[8] 다른 한 가지는 순전히 통화주의적으로 대중의 화폐 수요(은행 시스템의 부채 항목)에 초점을 맞춘 것이다. 이것은 밀턴 프리드먼의 주장을 따르는 것으로, 중앙은행의 통화승수 과정을 통해 명목 통화 공급을 통제할 순 있지만 실질 수

요인 대중의 화폐 수요는 통제할 수 없다는 것이다. 프리드먼의 핵심 아이디어는 대중은 특정 기간 동안 일정한 재화와 서비스에 대한 수요를 충족시킬 만큼의 화폐만 보유하길 원한다는 것이다. 화폐에 대한 수요는 실질적으로 화폐 공급과 같아야 하는데, 중앙은행이 한쪽(명목 화폐 공급)은 통제하지만 다른 한쪽(대중의 실질 화폐 수요)는 통제하지 않는다면 어떻게 균형적인 구조가 가능할까? 프리드먼에게 그 답은 간단하다. 화폐의 공급과 수요가 실질적으로 서로 같아질 때까지 물가 수준이 조정된다는 것이다.

이것이 중앙은행이 인플레이션을 통제하는 방식이다. 중앙은행이 너무 많은 돈을 공급했다고 하자. 전체적으로 대중은 실질 수요에 비해 너무 많은 돈을 보유하고 있고, 재화와 서비스에 지출해 초과분(초과 통화 보유)을 없애려 할 것이다. 그러나 전체적으로 대중은 중앙은행이 공급한 명목 화폐를 계속 보유해야 하고 과잉 통화는 경제 전반에 그냥 흘러가게 된다. 이렇게 되면 재화와 서비스에 대한 수요가 계속 늘어나면서 물가 수준을 끌어올리게 된다. 이 과정은 대중이 중앙은행이 공급한 통화를 기꺼이 보유할 때까지 계속되며, 실질 화폐 공급량이 대중의 실제 통화 수요와 같아질 정도로 충분한 인플레이션이 발생할 때까지 이어진다.

그러나 이 이야기에는 치명적인 문제가 있다. 중앙은행이 이런 식으로 통화 정책을 운영하지 않는다는 것이다. 2008년 글로벌 금융위기 이전에 연준을 비롯한 대부분의 주요국 중앙은행이 지급준비금에 이자를 지급하지 않았고, 경제 상황은 중앙은행들이 제로 수준에서 멀리 떨어져 플러스 정책금리를 목표로 정책을 운영할 수 있었다. 따라서 중앙은행도 지급준비금을 통화 정책 수단으로 적극 사용하지 않았다. 중앙은행이 각 은행이 보유해야 하는 최소 준비금의 총량 이상으로 지급준비금을 늘려 통화 공급을 늘리려 했다면, 오버나이트 금리는 제로로 떨어졌을 것이다. 은행들이 넉넉한 준비금을 가진 탓에 초과 준비금을 다른 은행에 빌려주려 해도 이를 빌려 갈 은행이 없었을 것이기 때문이다.

지난 2008년 글로벌 금융위기를 겪으면서 연준과 다른 주요 중앙은행들은 정책금리를 제로 또는 제로에 가깝게 인하했는데, 이때부터 모든 게 바뀌었다(일본은행의 경우 그보다 훨씬 전인 2001년 3월에 디플레이션과 싸우면서 정책금리를 제로로 인하했었다). 그러자 중앙은행들은 정책금리가 제로 가까이 떨어질 것을 걱정할 필요 없이 초과 지급준비금을 대규모로 공급할 수 있었다. 이렇게 대규모 양적완화의 새로운 시대가 시작됐다. 이제부터 이 주제로 넘어가 보자.

PART 2

부와 불평등을
창조하는 권력

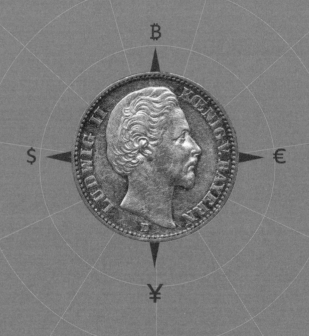

04

세계는 왜 막대한 돈을 찍어냈는가?

미국 정부는 인쇄기를 통해 사실상 비용을 들이지 않으면서도 원하는 만큼의 달러화를 찍어낼 수 있게 됐다.

벤 버냉키(Ben Bernanke) 당시 연준 의장[1]

지난 20년간 중앙은행들이 양적완화라고 알려진 정책을 시행하며 주로 국채를 매입해 재무상태표를 늘려온 이유는 무엇일까? 이 정책은 어떻게 작동하고, 중앙은행들이 국채 매입으로 달성하려는 목표는 무엇일까? 반대로 그들이 양적완화를 줄이고자 할 때 어떤 문제가 잠복해 있을까? 또 양적완화는 왜 그렇게 많은 비판을 받는 걸까?

양적완화는 이제 선진국 중앙은행들이 사용하는 정식 정책 수단 중 하나로 자리 잡았다. 2000년대 초 일본은행BOJ은 일본의 만성적인 디플레이션을 종식시키기 위해 양적완화를 처음 도입했다. 당시만 해도 대부분은 양적완화가 일본의 호기심에 불과하다고 치부했지만, 2008년 9월 글로벌 금융위기가 터지면서 이제 양적완화는 전 세계적으로 확산됐다. 연준과 유럽중앙은행ECB, 잉글랜드은행BOE, 그리고 또다시 일본은행까지 다양한 형태의 양적완화를 채택하기에 이르렀다. 그러다 코로나19 팬데믹으로 주요 중앙은행들이 양적완화라는 카드를 다시 꺼내 들었고, 몇몇 중앙은행은 양적완화 도입에 새로 동참했다.

용어에 대해 한마디하자면, 연준은 자산 매입을 통한 재무상태표 확대를 정식으로 양적완화라고 칭한 적은 없다. 대신 '대규모 자산 매입large scale asset purchases'이라고 하거나, 앞 글자를 따서 'LSAPs'라는 어색한 용어로 약칭했다. 반면 잉글랜드은행은 처음부터 스스럼없이 이 자산 매입 프로그램을 양적완화라 불렀다. 일본은행은 2010년 10월 양적완화와 유사한 조치를 포괄적 통화완화 정책 중 자산 매입 프로그램이라고 표현했고, 2013년 4월의 극적인 정책 전환에 대해서는 양적 및 질적 완화QQE라고 더 교묘하게 불렀다. 유럽중앙은행은 다양한 자산 매입 프로그램을 설명할 때 양적완화라는 단어를 사용하지 않았지만, 사실상 그 모든 게 양적완화였다.

양적완화는 상당한 논란을 낳았다. 비판론자들은 무분별한 통화 발행으로 인해 인플레이션이라는 사고가 발생할 수 있고, 금융시장에 지나치게 개입해 시장을 왜곡시키는 것은 물론 중앙은행이 재정에 너무 깊숙이 개입함으로써 통화 정책과 재정 정책 간의 경계가 모호해지거나 정책 효과를 떨어뜨릴 것이라는 이유로 이에 반대했다. 비판 중 일부는 일리가 있지만, 대부분은 양적완화가 무엇이며 어떻게 작동하는지에 대한 오해에서 비롯된 것이다. 중앙은행 관료들의 난해한 설명은 대개 도움이 되지 않았다. 이 장에서는 경제의 기본으로 되돌아가 양적완화를 둘러싼 몇 가지 미신들을 해소하고자 한다. 양적완화가 통화 정책과 재정 정책 간 경계를 모호하게 하는 건 맞지만, 애초에 그 경계는 그리 뚜렷하지 않다. 중앙은행이 자신의 목표를 달성하기 위해 본격적인 양적완화를 실행해야 할 때 재정 정책이 통화 정책과 함께 동원돼야 한다는 건 확실한 신호이며, 주도적이진 않더라도 재정 정책을 동원해야 한다.

금리 실탄이 부족할 땐 양적완화

양적완화는 정확히 무엇일까? 간단히 말해 중앙은행이 중앙은행 통화(준비금)를 만들어냄으로써 자금을 조달해 자산, 그중에서도 주로 국채를 의도적으로 매입하는 것이다. 즉 통화 정책을 완화하기 위해 의도적으로 중앙은행의 재무상태표 규모를 확대하는 것이다.

백 마디 말로 설명하기보단 그림 하나를 보는 게 낫다. 그림 4.1은 2002년 이후 연준의 재무상태표 규모를 보여준다. 2008년 9월

그림 4.1 연준 재무상태표 규모(2002~2022년)

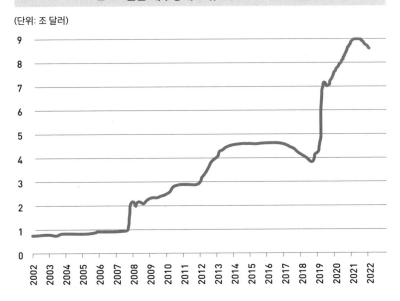

까지 연준 재무상태표는 명목 GDP와 대중의 통화 수요 증가에
따라 매년 연간 4% 정도 꾸준한 증가세를 보였다. 재무상태표 규
모는 통화 정책의 수단이 아니라 통화 정책의 결과물이었다. 1장
에서 설명했던 양동이 얘기를 떠올려 보자. 글로벌 금융위기 당시
또는 이후 중앙은행이 지급준비금에 이자를 지급하기 시작하기
전에, 그리고 정책금리를 플러스로 타기팅하고 있었을 때 중앙은
행은 전체 지급준비금을 자신들이 은행에 부여한 최소 지급준비
금 요건에 해당되는 금액, 즉 양동이에 그린 물 높이 선에 맞게만
유지했다. 그러나 양적완화가 시작되면서 중앙은행은 훨씬 더 큰
양동이를 가져와 기존 선을 무시하고 계속 더 많은 물을 양동이에

퍼부었다.

중앙은행들은 왜 양적완화를 시작했을까? 간단히 말하자면 정책금리가 이미 실효 하한선에 도달하거나 더 이상 인하할 수 있는 금리 실탄이 없는 중앙은행이 경제활동을 부양하기 위해 양적완화를 도입한 것이다. 이 금리 실효 하한선은 과거에 제로 또는 그보다 약간 높은 수준이었지만, 여러 주요 중앙은행들이 정책금리를 마이너스 영역까지 내리게 되면서 실효 하한은 약간의 마이너스 영역(최대 -0.75~-1.0%까지)으로 간주되고 있다. 통화 정책은 '금융 여건'에 영향을 미침으로써 경제에 작용한다. 여기서 금융 여건이란 차입의 쉽고 어려움, 주식이나 부동산과 같은 자산 가치와 관련된 '부富의 효과'의 크기 등을 말한다. 중앙은행은 거시경제 정책 목표를 달성하기 위해 경제활동을 억제할 필요가 있는지 아니면 부양할 필요가 있는지에 따라 금융 여건을 압박하거나 완화할 수 있는 정책 수단을 필요로 한다.

지금 같은 '유연한 인플레이션 타기팅' 시대에 통화 정책의 핵심적 수단은 오버나이트 금리다. 다만 경제활동을 억제하거나 부양하는 정책금리의 효과에는 비대칭성이 내재되어 있다. 잠재적인 경기 과열을 억제하고 인플레이션 압력을 진정시키기 위해 중앙은행은 금융 여건을 타이트하게 압박해야 한다. 이때 정책금리를 인상할 수 있으며, 그 인상 능력에는 한계가 없다. 1980년대 초 연준 의장이었던 폴 볼커Paul Volcker의 조치가 이를 명확히 보여줬다. 정책금리를 10%까지 올렸는데도 경제를 억제하기 충분치 않다면 다시 15%로, 15%로도 충분치 않으면 20%로 올리면 어떻게 될까? 제한 없이 계속할 수 있다. 이처럼 중앙은행이 정책금리를 인상할 수 있는 여지가 무한하다는 걸 알기 때문에, 인플레이션을 움직이는 핵심 동력인 대중의 기대 인플레이션은 중앙은행이 발표하는 인플레이션 목표치—전형적으로 2%—근처에서 고정될 가능성이 높다.

반대로 경제활동을 부양하고 디스인플레이션 또는 디플레이션 압력에 대응하기 위해 중앙은행이 정책금리를 인하해야 할 때는 상황이 완전히 달라진다. 어느 시점에서 금리 인하를 시작하든지 간에, 중앙은행은 제로 금리 하한선 근방까지 정책금리를 내리고 나면 추가로 인하할 수 있는 여지가 제한된다. 예를 들어 2019년 7월 31일에 시작된 연준의 통화 완화 사이클에서 연준은 225bp의 금리 실탄만 갖고서 금리를 인하하기 시작했고, 이후 코로나19의 충격으로 인해 금리를 내린 뒤 2020년 3월 15일 제로 하한에 도달했다.

다른 중앙은행들이 따라 하길 꺼리긴 하지만 유럽중앙은행과 일본은행, 그 외 몇몇 중앙은행들은 정책금리를 제로보다 낮은 수준으로 내릴 수 있다. 스위스중앙은행SNB은 15년간 정책금리를 -0.75%로 유지했다. 이후 2022년 6월에 -0.25%로 조금 높인 뒤 그해 9월에는 +0.50%로 인상했다. 유럽중앙은행은 2014년 6월부터 2022년 7월까지 예금금리를 -0.10~-0.50%로 유지했었다. 마찬가지로 일본은행도 2016년 1월부터 지금까지 정책금리를

-0.10%로 고정해 두고 있다. 이렇게 중앙은행이 마이너스 금리를 설정하는 게 이상해 보일 수도 있지만, 언제든지 중앙은행이 은행 시스템 내 총지급준비금을 결정할 수 있다는 사실에서 비롯된 결과다. 중앙은행이 지급준비금의 총량을 통제할 수 있다면 금리도 정할 수 있다.

불가능하진 않겠지만 정책금리를 -0.75%까지 낮추는 건 쉽지 않은 결정이다. 특히 정치적으로 더 어려울 수 있다. 중앙은행이 마이너스 금리를 부과하면 본질적으로는 은행에 세금을 매기는 것과 같다. 은행은 이 세금을 예금주에게 전가하려 할 것이다. 그렇지 않으면 은행은 재무상태표상에서 투자자산의 수익률이 차입 금리에도 못 미치는 '네거티브 캐리negative carry'를 감내해야 한다. 그러나 은행은 지급준비금을 보유해야 하기 때문에 이론적으로는 중앙은행이 은행에 원하는 만큼 마이너스 금리를 부과할 수 있지만, 은행 예금자에게는 그렇지 않다. 예금자는 마이너스 이자가 붙는 은행 예금에서 돈을 빼내 이자가 없는 은행권(지폐)으로 옮겨갈 수 있는 선택권이 있다. 이 때문에 은행이 예금자에게 마이너스 금리 부담을 전가할 수 있는 능력은 제한되고 만다.

양적완화로 다시 돌아가 보자. 이렇게 정책금리가 실효 하한선까지 내려간 상황에서도 중앙은행이 통화 정책을 추가적으로 완화하고자 할 때 활용할 수 있는 수단이 있다. 중앙은행은 중앙은행 통화를 창출함으로써 조달한 자금으로 자산(주로 정부가 발행한 국채)을 매입할 수 있다. 시중에서 매입할 수 있는 자산의 공급이 부족한 경우를 제외하면 중앙은행이 이를 수행하는 데 어떠한 이론적(법적인 것과는 대조적으로) 제한이 없다.[2] 따라서 양적완화는 중앙은행의 통화 정책 수단에서 대칭성을 회복시킨다. 정책금리를 인상함으로써 통화 정책을 긴축할 수 있는 능력이 무제한인 것과 마찬가지로, 정책금리를 무한정 내릴 순 없어도 양적완화를 활용할 수 있게 됨으로써 통화 정책을 완화하는 능력도 무제한으로 가질 수 있다. 이제 남은 문제는 양적완화가 통화 정책 완화에 효과가 있다고 믿을 만한 이유가 있는가, 있다면 어떤 방식으로 효과가 있는가에 대한 것이다. 이제 이 질문에 답을 해보겠다.

통화승수가 무너졌다

양적완화가 어떻게 통화 정책을 완화하는 구조로 작동하는가에 대한 주요한 설명은 몇 가지가 있다. 양적완화가 은행에 화폐(준비금)를 공급해 은행으로 하여금 가계와 기업에 대출을 해주도록 한다는 생각은 배제할 필요가 있다. 은행들은 지급준비금을 은행 간 단기자금시장에서 다른 은행에 빌려줄 순 있지만, 중앙은행이 공급한 지급준비금으로 대출할 순 없다. 오직 은행은 지급준비금을 보유할 수밖에 없다. 중앙은행이 지급준비금(협의통화)의 양을 늘리면 이것이 일정 비율로 곱해져 더 많은 양의 은행 신용(광의통화) 창출로 이어진다는 '통화승수' 과정은 교과서에서 널리 알려져 있

그림 4.2 미국 M2 '통화승수'(1990~2022년)

금융위기 발생
연준 양적완화 실시

자료 출처: 연방준비제도 이사회, 세인트루이스 연방준비은행 FRED, 월별 데이터

지만, 실제 세계에서는 존재하지 않는다.[3]

만약 이 이론이 맞다면 양적완화는 통화 창출 기반을 크게 늘려 은행 신용을 폭발적으로 늘리는 결과로 이어질 것이다. 양적완화와 신용 창출은 이런 식으로 작동하지 않기 때문에 양적완화를 실행한 이후에 이런 일은 실제로 벌어지지 않았다. 많은 논평가와 심지어 이 이론을 공부했던 일부 통화 정책 당국자들조차 이런 현상을 두고 "통화승수가 무너졌다"라고 하며, 통화승수 붕괴는 일시적이거나 비정상적인 현상일 수 있다는 반응을 보였다(그림 4.2). 이들은 은행들이 양적완화로 인해 생겨난 초과 지급준비금을 중앙은행에 '파킹'하고 있는 것이며, 나중에 자금 수요가 살아나면

대출을 시작할 것이라고 믿었다. 이에 따라 방대한 양의 초과 준비금이 인플레이션을 폭발시킬 것이라고 믿었다. 그러나 통화승수는 애초부터 유의미하지 않았던 만큼 붕괴된 것도 아니었다. 오히려 연준이 양적완화를 통해 분모(지급준비금)를 늘렸기 때문에 서로 느슨하게 연결돼 있던 두 수치 간의 비율이 무너진 것이다.

은행이 지급준비금을 잠재적인 대출자에게 빌려줄 수 없다는 걸 쉽게 이해하려면, 다시 1장으로 돌아가 중앙은행의 재무상태표 항등식을 살펴보면 된다. 중앙은행의 자산 변화는 지급준비금과 은행권, 정부 예금 변화의 합과 같다. 은행 대출은 어디에도 없다. 은행이 지급준비금을 비은행 대출자에게 대출로 전환할 수 있다는 생각은 재무상태표를 보고 잘못 추론한 것이다. 오히려 은행은 예금을 창출해 대출한다. 예금자가 한 은행 계좌에서 예금을 인출해 다른 은행에 재예치하지 않는 한에서만, 즉 예금을 은행권으로 전환하지 않는 한에서만 신규 대출로 인해 지급준비금이 감소한다.

경제적, 규제적 요인을 감안하면 은행이 대출하기 위해선 세 가지가 필요하다. 은행에서 수익성 있는 조건으로 대출을 받겠다는 의향을 가진 대출자, 은행 재무상태표를 확장할 때도 규제 자본비율을 유지할 수 있다는 충분한 자기자본, 신규 대출에 대응하는 재무상태표상 예금이 증가할 때도 최소 준비금 요건을 충족할 수 있는 충분한 지급준비금이다.

그러나 중앙은행이 양적완화를 실시하든 실시하지 않든 현대

통화 및 은행 시스템에서 은행은 준비금을 제한받지 않는다. 양적완화를 하지 않는 나라에선 중앙은행이 필요한 만큼 지급준비금을 공급하는데, 그러지 않으면 1장에서 설명한 것처럼 금리 목표를 맞출 수 없다. 반면 양적완화를 실시하는 나라에선 중앙은행이 준비금을 과잉 공급하기 때문에 은행은 준비금 제약을 훨씬 덜 받는다.

두 가지 양적완화 이야기

양적완화가 어떻게 운영되는지에 대한 주요한 서술은 '거래소 이야기'와 '중앙은행 이야기'라는 두 가지로 나눌 수 있다(둘 다 충분히 타당한 설명이지만, 나는 나만의 다른 설명을 더 선호한다. 뒤에서 더욱 자세히 설명하겠다).

원칙적으로 법적 제약을 제외하면 중앙은행은 양적완화를 할 때 어떤 자산이든 다 매입할 수 있다. 때때로 중앙은행은 회사채와 자산유동화증권ABS, 주식, 부동산, 투자신탁 등 민간 부문의 위험자산을 매입하기도 한다. 이와 관련해 가장 주목할 만한 곳은 일본은행이다. 일본은행은 2010년 10월부터 통화 정책 목적으로 민간이 발행한 여러 위험자산 중에서도 주식 상장지수펀드ETF를 매입해 왔고, 현재 도쿄증권거래소 시가총액의 약 5.1%에 해당하는 36조 9100억 엔어치의 ETF를 보유하고 있다.

그러나 일부 법적인 이유와 중앙은행의 선호 때문에 대부분의 양적완화는 국채 매입 방식으로 이뤄지고 있다. 나는 이를 '단순 양적완화plain vanilla QE'라고 부른다. 이 경우 중앙은행의 국채 매입이 채권시장에서의 지속적인 신규 매수호가를 만들어냄으로써 국채 가격이 상승 압력을, 즉 국채 금리가 하락 압력을 받게 된다는 게 바로 '거래소 이야기'이다. 단순 양적완화가 시행되면 채권 트레이더들은 중앙은행이 꾸준하고 신뢰할 수 있는 매수자로 '시장에 남아 있을 것'임을 '알기 때문에' 채권을 더 편하게 매수하고 보유할 수 있게 된다.

이보다 설득력 높은 설명인 '중앙은행 이야기'는 좀 더 정교하고 학문적인 근거를 가지고 있다. 중앙은행이 보유한 채권의 저량은 중앙은행이 매입한 유량의 직접적인 결과이지만, 양적완화의 유량보다 저량 효과에 더 초점을 맞추고 있다. 이것은 '포트폴리오 재조정 효과portfolio rebalance effect'라는 (지저분한) 이름으로 불린다. 중앙은행은 양적완화를 통해 민간 부문이 보유한 국채를 대거 사들이는 대신 지급준비금(중앙은행 화폐)을 공급해 민간 부문이 보유한 전체 포트폴리오 구성을 바꿔버린다. 이제 은행은 많은 초과 준비금을 보유하게 되고 중앙은행에 채권을 판 비은행권은 그들이 예전에 보유했거나 향후 보유하고자 하는 것보다 더 많은 은행 예금을 보유하게 된다. 이는 은행과 투자자(헤지펀드, 자산운용사, 보험사, 뮤추얼펀드 등)가 여분의 지급준비금과 은행 예금을 이용해 수익률이 높은 다른 자산을 매입하는 포트폴리오 재조정 과정을 촉진시킨다.

양적완화의 결과로 지급준비금을 더 보유하게 된 은행들은 이 지급준비금으로 더 많은 채권을 매입할 수 있다. 다만 어느 시점에서든 채권 재고량은 고정돼 있기 때문에 은행이 더 많은 채권을 확보하고 다른 은행에 지급준비금을 넘길 수 있는 유일한 방법은 채권 가격을 더 높게 불러 매수하는 것이다. 이렇게 해야 상대는 채권을 팔고 그 대가로 지급준비금(또는 파는 쪽이 비은행권이라면 은행예금)을 받으려는 충분한 매력을 느끼게 될 것이기 때문이다.

이런 양적완화의 포트폴리오 재조정 효과는 투자자들로 하여금 '더 높은 수익률을 추종'하도록 한다. 또는 좀 더 기술적인 용어로는 양적완화가 채권 수익률 곡선에서 '기간 프리미엄을 억제'하거나, 채권시장에서 '듀레이션(채권의 잔존만기)을 뽑아내는 것'으로 특징 지어진다.[4] 포트폴리오 재조정 효과의 논리는 중앙은행이 매입하는 자산, 즉 국채에만 한정되지 않는다. 차익거래를 도모하는 모든 종류의 증권과 자산으로 그 효과가 확장된다. 준비금이나 은행 예금으로 포트폴리오가 더 풍부해지면 은행과 투자자들은 현금의 일부를 회사채나 주식, 외환 등 여타 자산군에 재분배하기로 결정할 수 있다. 따라서 이런 관점에서 보면 양적완화는 금융 여건 완화에 더 광범위한 영향을 미치는 셈이다.

자산 가격 균형

나는 포트폴리오 재조정 효과를 '자산 가격 균형'이라는 좀 더 금융 이론적인 용어로 설명하는 걸 선호한다. 자산 가격 균형은 어느 시점에서든 투자자가 포트폴리오를 재조정(즉, 증권을 사고파는 것)한 결과, 국채와 회사채, 주식, 외환 등 모든 자산 가격이 조정된 가상의 상태를 말한다. 이처럼 자산 가격이 새롭게 조정되고 나면 투자자는 추가로 어떤 자산을 보유할지에 무관심해진다. 다만 투자자가 특정한 자산을 아예 보유하지 않는 '모서리해corner solution'(주어진 예산에서 두 재화 중 어느 한 재화를 소비하지 않을 때 효용이 극대화되는 지점)가 있을 순 있다. 직관적으로 보면 시장 내 모든 새로운 정보는 자산 가격에 이미 반영됐고, 투자자들은 자신이 보유한 포트폴리오에 만족하고 있는 상태다.

이제 양적완화를 실행하는 중앙은행으로 들어가 보자. 중앙은행이 민간 부문에 강제하는 자산스와프asset swap와 유사하게, 양적완화는 중앙은행이 민간 보유 자산 포트폴리오의 구성을 바꾸는 과정으로 생각할 수 있다. 중앙은행이 민간 부문에서 빼낸 자산(국채)과 그 대가로 공급하는 자산(중앙은행 화폐)이 다르기 때문에 이런 강제적 자산스와프는 일반적인 자산 가격의 균형 상태를 교란한다. 투자자들이 서로 거래해 포트폴리오를 재조정하면 자산 가격 균형은 회복된다. 자산 가격 균형의 결과적 변화는 다름 아닌 양적완화의 통화 완화 효과다.

예를 들어 설명하는 게 도움이 될 것이다. 중앙은행이 일정 규모의 양적완화를 실행한다(또는 실행할 의사를 밝혔다)고 가정해 보자. 애초에 있던 자산 가격 균형이 깨지고, 채권과 여타 자산 가격은 자산 가격 균형을 회복하는, 즉 새로운 균형으로 이동하게 된다.

자산 가격 균형의 특징은 투자자들이 중앙은행이 공급하는 화폐를 보유하는 것과 여타 자산을 보유하는 것에 무관심할 수밖에 없다는 것이다. 양적완화의 세계에서 중앙은행 화폐(준비금)는 민간 부문이 보유하기에 매력적이지 않은 자산인데, 민간 부문의 수요보다 훨씬 더 많이 공급되며 중앙은행의 특정한 결정에 따라 제로에 가깝거나 심지어 약간의 마이너스 수준의 이자율을 적용받기 때문이다.

전체적으로 보면 민간 부문은 중앙은행이 공급하는 지급준비금 총량만큼을 보유해야 하지만, 자산 가격 균형은 민간 부문이 중앙은행 화폐나 여타 자산을 보유하는 것에 무관심하도록 자산 가격 조정이 이뤄지게끔 요구한다. 다소 직관적이지 않지만, 중앙은행 준비금을 가진 투자자들이 갈아타고 싶을 만한 매력을 느끼지 못할 만큼 채권과 여타 자산 가격이 뛰어버린 상태라는 의미가 된다. 즉 이론적으로 양적완화 확대는 채권과 주식, 부동산, 해외 자산 가격이 (매우 작을 순 있지만) 상승하고 국내 통화 가치는 하락하는 결과를 낳는다는 것이다. 자산 가격의 균형이 회복되고 나면 금융 여건은 완화될 것이다.

양적완화에 대한 편견과 드러나는 진실

이쯤 되면 눈이 흐릿해지기 시작할 것이다. 그래서 단순 양적완화를 보다 더 직관적으로 명확하게 이해할 수 있는 방법이 있다. 중앙은행은 정부와 중앙은행을 합친 '통합정부consolidated government'의 일부다. 그래서 양적완화의 일환으로 중앙은행이 국채를 매입하면 통합정부에서 이 채권을 보유하게 되고, 민간 부문은 매각한 국채와 동일한 규모의 중앙은행 화폐를 보유하게 된다. 통합정부 관점에서는 양적완화로 인해 국채를 재무상태표의 양측에, 즉 통합정부 내에 보유하는 결과가 된다. 중앙은행 화폐는 민간 부문에 발행돼 민간이 보유하던 부채로서의 국채로 대체된다. 단순 양적완화는 통합정부가 재무부가 아닌 중앙은행을 통해 국채를 상환하고, 이를 중앙은행 증거금으로 재융자refinancing하는 통합정부의 부채 재융자와 다름없다.

통합정부의 부채 재융자로 양적완화를 보게 되면 몇 가지 중요한 통찰을 얻게 된다. 첫째, 양적완화를 매우 강력한 통화 완화 수단으로 봐선 안 된다. 중앙은행이 양적완화를 실행하는 것이 타당한 상황에서 양적완화를 매우 강력한 통화 완화 수단으로 기대해선 안 된다는 걸 강조한다. 양적완화는 중앙은행이 막대한 양의 돈을 '찍어내거나' 엄청난 규모의 유동성을 은행 시스템에 '퍼붓는' 것으로 묘사되곤 하는데, 그림 4.1에서 보듯이 중앙은행의 재무상태표 규모가 급격히 증가하는 것으로 보이기 때문이다.

이렇다 보니 양적완화가 극단적이면서 높은 인플레이션을 유발하는 통화 완화 조치라는 이미지를 떠올리기 쉽다. 그러나 양적완화를 더 정확하게 들여다보면 통합정부의 두 가지 형태의 부채, 즉 두 형태의 정부 자금 사이를 이동하는 것이라 할 수 있다. 이렇게 되면 양적완화는 훨씬 더 무해하거나 무력한 통화 완화의 한 형태처럼 보이기 시작할 것이다. 양적완화를 은행 시스템에 유동성을 공급하는 것으로 설명하는 것은 흔하지만, 중앙은행이 1달러(또는 유로나 엔화 등) 준비금을 시스템에 투입할 때마다 같은 액수의 국채를 빨아들인다는 건 거의 알려지지 않았다.

둘째, 통화 정책과 재정 정책의 경계는 애초에 모호하다. 이런 식으로 양적완화를 보면 일반적으로 생각하는 것만큼 통화 정책과 재정 정책 간 경계가 명확하지 않다는 걸 알 수 있다. 전통적인 거시경제 정책의 틀은 통화 정책과 재정 정책 간의 뚜렷한 구분을 기반으로 한다. 이때 통화 정책은 중앙은행의 고유 권한이고, 재정 정책은 정부(정부 내 재무부와 정치권)의 권한으로 여겨졌다. 더욱이 지난 30~40년간 발전해 온 시스템 밑에서 정부 압력으로부터 단절되기 위해 거시경제 안정화(물가 안정과 완전고용)의 주된 책임은 정부로부터 독립된 전문 관료 조직인 중앙은행에 부여됐다.

양적완화에 대한 일반적인 비판 중 하나이며 중앙은행 관료들이 불편해하는 것은 양적완화가 통화 정책과 재정 정책 간의 경계를 모호하게 만든다는 것이다. 이것은 양적완화가 가진 설계상의 결함보다는 설계상의 특징이라고 보는 편이 낫다. 양적완화가 통화 정책과 재정 정책 간의 경계를 모호하게 만드는 건, 애초에 그 경계가 모호했기 때문이다. 양적완화는 통화 정책과 재정 정책의 엄격한 분리가 신이 내린 기능이라기보다는 제도로 인해 만들어진 인위적인 특징이라는 사실을 잘 보여준다. 양적완화는 목적을 위한 수단이지, 그 자체로 목적이 돼선 안 된다.

1장에서 얘기한 통화의 에덴동산으로 돌아가 보면 양적완화가 무엇인지 부분적으로 알 수 있다. 1단계인 통화의 에덴동산에선 적자예산을 운영하는 정부가 준비금(본원통화의 가장 기본적 구성 요소)을 만들어낸다. 2단계 현대 세계의 표준적인 통화와 재정 시스템에선 정부가 국채를 발행해 그 준비금을 소멸시킨다. 3단계인 경제 상황으로 인해 통화 정책이 전통적인 한계를 넘어 양적완화 단계로 진입하면, 정부 국채는 준비금으로 전환된다. 양적완화가 통화 정책과 재정 정책의 경계를 모호하게 만드는 건 당연한 일이다.

셋째는 정부가 부채를 상환해야 할 필요가 없다는 것이다. 양적완화를 통합정부의 부채 재융자 또는 재상환 작업으로 보는 세 번째 이점은, 정부가 중앙은행을 통해 '부채'를 상환해야 할 필요성을 제거할 수 있는 권한을 가지고 있음을 완벽하게 드러낸다는 것이다. 중앙은행 관료들이 이런 용어로 양적완화를 설명하는 일은 거의 없으며, 정부 역시 마찬가지다. 외람되긴 하지만 현직 정책 당국자들은 기존의 전통적인 거시경제 정책의 틀에 너무 함몰돼 있고 이를 공유하고 있는 탓에 만성적 디플레이션과 통화 정책의 과도한 부담에 대한 해결책, 즉 상황에 따라 통화 정책과 재정 정책의 훨씬 긴밀한 소통과 공조, 공동 동원, 심지어 효과적 융합을 적극적으로 받아들이기 어려워한다.

양적완화를 부채 재융자로 보는 건 통화의 범위를 좁게 정의하는 것보다 훨씬 덜 극적이라는 점을 강조하지만, 국채와 중앙은행 화폐 간에는 잠재적으로 판을 바꿀 수 있는 하나의 중요한 차이점이 있다. 국채는 만기일이 정해져 있는 반면 중앙은행 화폐는 상환할 필요가 없는 정부의 부채다. 양적완화는 국채를 중앙은행 화폐로 전환함으로써 정부의 재정적 제약을 완화시켜 주고, 상황에 따라 정부가 훨씬 더 확장적인 재정 정책을 펼칠 수 있는 길을 열어준다.

통합정부가 자신의 부채를 실질적으로 채무불이행이 불가능한 부채로 전환할 수 있다면 '재정 위기'의 위험은 어디 있고, 어떤 의미에서 재정이 '지속 불가능'해질 수 있을까? 실질적인 지속 불가능성은 과도한 정부 지출이 인플레이션을 유발할 수 있다는 것이지만, 중앙은행이 양적완화를 실행하는 상황에서는 그것이 문제이기보다는 해결책처럼 보인다. 재정 건전성에 대한 정설이 너무나 확고한 데다 심지어 유로존의 경우엔 제도화되어 있기도 한 탓에, 각국의 정부는 현대통화이론MMT으로부터 자극을 받거나 양적완화를 활용해 통화 정책과 재정 정책 간의 관계를 근본적으로 재고하고 거시경제 정책의 틀을 재구성하려는 시도를 거의 하지 않았다. 그러나 이젠 분명 그렇게 해야 할 때가 됐다.

양적긴축

준비금과 국채가 서로 바뀌는 전환은 4단계인 양적긴축QT, Quantitative Tightening으로 가는데, 양적긴축은 양적완화의 정반대 상

표 4.1 중앙은행이 준비금을 조절하는 단계

1단계	2단계	3단계	4단계
적자예산이 준비금을 만든다	채권 발행으로 준비금을 흡수한다	양적완화로 준비금을 회복시킨다	양적긴축으로 준비금을 다시 흡수한다

황이다. 중앙은행이 초과 준비금을 국채로 재융자함으로써 양적완화에서 벗어나는(또는 양적완화를 청산하는) 것이 바로 양적긴축인데, 2단계에서 있었던 상황으로 돌아가는 것이다. 3단계는 1단계가 되살아난 것이고, 4단계는 2단계를 복제하는 것이다(표 4.1). 통합정부의 부채 재융자로서의 양적완화와 양적긴축은 MMT 방식의 세계(통화의 에덴동산)와 통화와 재정 정책 분리의 세계(전통적인 틀)라는 두 단계를 전환하는 과정일 뿐이다.

원칙적으로 중앙은행이 양적긴축을 실행하는 방법은 두 가지다. 만기 도래하는 채권을 수동적으로 재무상태표에서 털어내거나, 능동적으로 시장에서 보유한 채권을 다시 매각하는 것이다. 두 경우 모두 중앙은행 재무상태표의 자산 항목에서 국채가 줄어드는 규모만큼 준비금도 줄어든다. 채권을 매각하는 양적긴축은 만기 도래하는 채권을 털어내는 양적긴축보다 더 적극적이거나 공격적인 형태일 뿐이다. 이례적으로 흑자예산이 나지 않는 한 정부는 만기 도래하는 국채를 새로운 국채로 차환해야 한다.[5] 오래된 국채를 대체하기 위해 새로운 국채를 발행하면 준비금이 줄어든다. 정부는 현재 중앙은행 예금계좌에 있는 준비금을 중앙은행에 '상환'하는 데 쓴다. 그러면 중앙은행 재무상태표의 자산 항목에서 만기 도래하는 국채와 부채 항목에서 예금이 줄어들게 된다.[6] 그 결과 중앙은행 재무상태표에서 국채와 준비금이 사라지고, 민간 부문에선 준비금(은행이 새로 발행하는 국채를 매입하는 경우)이나 은행 예금(비은행권이 새 국채를 매입하는 경우) 대신에 국채를 보유하게 된다.

양적긴축은 양적완화만큼이나 엄청난 비판을 야기하고 혼란을 불러일으키는 것 같다. 양적긴축을 걱정하는 대부분은 애초에 양적완화를 좋아하지 않는다. 양적긴축에 대한 우려는 여러 형태로 나타나지만 그중에서도 공통점이 있다. 양적완화로 재무상태표를 늘린 중앙은행은(그림 4.3) 시장을 붕괴시키고 경제를 침체에 빠트리지 않는 방식으로는 양적긴축을 실행할 수 없다는 것이다. 양적완화는 '호텔 캘리포니아'의 가사처럼, 체크인(양적완화 시작)은 할 수 있지만 체크아웃(양적완화를 끝내는 양적긴축)은 할 수 없다는 것이다. 훌륭한 비유 같아 보이지만[7] 사실과는 다르다. 개념적으로나 운영상에서나 양적긴축에 본질적으로 문제가 될 만한 건 아무것도 없다.

그렇다고 해서 중앙은행이 양적긴축을 실행하는 것이 쉽다고 말하는 건 아니다. 통화 정책 결정은 본질적으로 까다로운 일이고 양적긴축은 특히나 더 그렇다. 중앙은행은 미래를 알려주는 수정

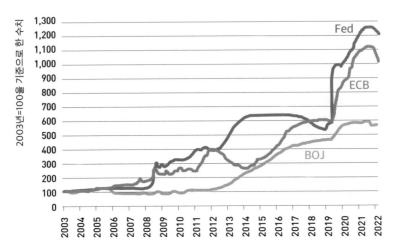

그림 4.3 Fed, ECB, BOJ의 중앙은행 재무상태표 확대(2003~2022년)

자료 출처: 미 연준(Fed), 유럽중앙은행(ECB), 일본은행(BOJ), 세인트루이스 연방준비은행(FRED) 월별 데이터

구슬을 갖고 있지 않다. 중앙은행이 쓰는 지렛대도 그들이 움직이게 하려는 대상과 느슨하고 불안정하게 연결돼 있을 뿐이다.

양적긴축은 양적완화와 반대되는 개념이다. 양적완화가 중앙은행 재무상태표를 확대하는 것이라면 양적긴축은 재무상태표를 축소하는 것이다. 따라서 양적긴축에 관한 모든 것은 양적완화와 반대로 생각해야 한다. 양적완화는 민간 부문의 포트폴리오에서 채권을 빼내 오는 것이고, 양적긴축은 채권을 그 포트폴리오에 다시 채워 넣는 것이다. 양적완화는 준비금을 창출하고, 양적긴축은 준비금을 빨아들여서 없앤다. 양적완화는 채권을 준비금으로 재융자하고, 양적긴축은 준비금을 채권으로 재융자한다. 양적완화는

표 4.2 양적완화와 양적긴축 비교

양적완화	양적긴축
민간 부문의 포트폴리오로에서 채권을 빼내 오는 것	채권을 포트폴리오에 다시 채워 넣는 것
준비금을 창출한다	준비금을 빨아들여서 없앤다
채권을 준비금으로 재융자한다	준비금을 채권으로 재융자한다
금융 여건을 다소 완화한다	금융 여건을 다소 긴축한다
기간 프리미엄을 줄인다	기간 프리미엄을 늘린다

금융 여건을 다소 완화하고, 양적긴축은 금융 여건을 다소 긴축한다. 양적완화는 기간 프리미엄을 줄이고, 양적긴축은 이를 늘린다. 양적긴축에는 신비로운 게 하나도 없다. 단지 수학적인 부호가 정반대인 양적완화일 뿐이다(표 4.2).

양적긴축에 대한 일반적 오해 중 하나는 중앙은행이 양적완화를 통해 매입한 채권이 너무 많아서 시장이 이를 흡수하기 어려울 것이고, 따라서 양적긴축을 실행하는 데 어려움을 겪으리라는 점이다. 개념적으로는 당연해 보인다. 하지만 양적긴축을 통해 민간 부문에 다시 풀리는 채권을 흡수하는 데 필요한 시장 자금은 이미 양적완화를 통해 만들어진 지급준비금과 은행 예치금의 형태로 존재하고 있다!

　실질적으로 양적긴축과 관련된 우려가 어느 정도 타당하다 해도 사실 크게 중요치 않다. 양적긴축에 관해서는 중앙은행이 모든 카드를 쥐고 있기 때문이다. 우선 연준을 비롯한 주요 선진국 중앙은행들은 준비금에 대해 이자를 지급하고 있기 때문에 양적긴축을 실행할 때 정책금리 결정과 보유자산 축소 규모와 속도를 분리해서 정할 수 있다.[8] 통화 정책 스탠스를 정할 때 중앙은행은 정책금리와 재무상태표 내 보유자산 규모라는 두 가지를 활용해 조율할 수 있다.

　실제로 중앙은행은 정책금리를 주요한 정책 수단으로 활용하길 원하며, 양적긴축은 '자동조절장치auto-pilot'로 설정해 배후에서 조용히 실행되도록 하고 있다. 이때 수동적으로 만기 채권을 털어내는 방식이나 사전에 예고한 규모로 국채를 시장에 내다 파는 방식을 조합해 실행한다. 연준은 2017년 10월부터 2019년 9월까지 1차 양적긴축을 할 때 이런 기준을 마련했고, 2022년 6월 이후 코로나19에 따른 양적긴축을 할 때도 이 기준을 다시 활용했다.

　양적긴축의 감춰진 비밀은 중앙은행이 굳이 양적긴축을 실행할 필요가 없다는 것이다. 물론 중앙은행이 양적긴축을 원해서 실행한다고 해도 문제는 없지만 말이다. 실제 글로벌 금융위기 때 양적완화를 도입했던 연준은 2019년 1월에야 첫 번째 양적긴축의 막을 내렸다. 당시 연준은 양적완화 과정에서 만들어진 초과 지급준비금을 완전히 흡수해 버리지 않고, 앞으로 지급준비금 공급을 적극적으로 관리하지 않는 '충분한 지급준비금' 체계로 운영하겠다고 발표했다.[9] 당시 연준 재무상태표는 금융위기 이전 수준인 약 9000억 달러에 비해 월등히 많은 4조 400억 달러나 됐고, 은행들이 보유한 초과 준비금도 1조 4800억 달러에 이르렀다.

통합정부와 경제적 관점에서 볼 때 중앙은행이 플러스 정책금리를 목표로 한다면 과거와 현재의 정부 예산으로 창출된 돈이 중앙은행 준비금이나 국채의 형태로 존재하는지, 그리고 그에 대한 이자가 중앙은행에서 지급되는지 정부 국고에서 지급되는지는 그리 중요치 않다.

막대한 돈의 행방

양적완화나 통화 정책 전반에 대한 일반적인 비판은 자산 버블이 만들어지고 그 결과 부의 불평등이 더 악화된다는 것이다(자산 가격 거품은 6장에서 살펴볼 것이다). 양적완화가 불평등을 악화시킨다고 주장하는 사람들은 양적완화가 막대한 양의 '돈 찍어내기'를 수반하고 이렇게 찍어낸 돈은 '어딘가로 가야'하는데, 그 어딘가가 대체로 자산 가격이라고 지적한다. 그들은 금융자산을 소유한 사람은 주로 부유층이기 때문에 부유층이 결국엔 양적완화의 수혜를 받고 있는 셈이라고 주장한다.

이 주장은 사실에 근거한 것이긴 하지만, 단순하며 오해의 소지가 있다. 이 장에서는 양적완화가 실제로는 새로운 화폐를 찍어내는 것이 아니며, 화폐의 형태만 바꾸는 것이라고 설명했다. 모든 통화 완화 조치와 마찬가지로 양적완화 역시 자산 가격을 부양하지만, 자산 가격 상승은 통화 완화의 목표인 경제활동을 부양하는 데 도움이 되기에 그 자체로 바람직한 현상이다. 설령 사회를 위해 행동하는 정부가 바람직하지 않거나 수용할 수 없을 만큼 부의 불평등 격차가 양적완화로 생겨난다 해도 재정 정책을 통해 대응할 수 있다. 이것은 통화 정책과 재정 정책이 공존할 수 있도록 더 나은 경제 정책의 틀을 구축할 필요가 있다는 주장으로 보일 수 있다. 그러면 재정 정책을 더 일찍, 더 큰 규모로 동원함으로써 애초에 통화 정책이 양적완화의 영역까지 진입하지 않도록 하고 재정 정책을 통해 양적완화로 인한 부의 불평등이 악화되는 것을 일부라도 상쇄해야 하는 것이다.

또 한 가지 명심할 것은 주식과 여타 자산 가격은 미래 전망에 대한 투자자들의 평가를 반영한다는 것이다. 양적완화가 미래 경제 전망을 개선하는 데 성공한다면 자산 가격은 우호적으로 반응할 것이다. 자산 가격 상승을 양적완화 탓으로 돌리는 것은, 감사의 말 한마디가 더 필요한 때에 감사를 전하러 온 메신저를 쏘아버리는 것과 비슷한 일이다.

끝으로 정책이 낳은 표면적인 효과 자체로 평가해선 안 된다. 그 정책으로 발생된 모든 상황들의 총합이, 아예 그 정책을 쓰지 않았을 때나 다른 정책을 썼을 때에 비해 사회에 더 나은 결과를 가져왔는지를 따져보고 평가해야 하는 것이다. 양적완화가 불평등을 악화시킨다고 말해버리면 불평등이 우리 경제활동의 본질적인 일부인지, 커지는 불평등이 긍정적 사회 과정을 반영한 것이지, 아니면 우려스러운 과정을 반영한 것인지에 대해 알기 어려워진다. 불평등이 만들어지는 건 복잡하고도 논란의 여지가 있는 주제이자, 통화 문제의 한 측면이기도 하다. 이제 그 문제를 다뤄보기로 하겠다.

05

부의 번영과 불평등

사회 전체로 볼 때 화폐는 실제 부를 구성하는 실재적인 것들을
촉진하기 위한 인공적인 장치일 뿐이다.

토머스 소웰(Thomas Sowell)[1]

여러 회사를 창업한 전설적 인물인 일론 머스크는 이 글을 쓰는
시점에 전 세계에서 가장 부유한 사람이다. 그의 순자산은 1870억
달러로 추정된다.[2] 지금도 많은 사람들에게 그렇지만, 한때는 백만
장자가 되는 것만으로 큰 이슈가 되곤 했다. 그런데 머스크는 백
만장자 18만 7000명의 순자산을 모두 합친 만큼의 재산을 가지고
있다. 한 개인이 이만큼의 자산을 가지고 있다는 건 거의 이해하
기 불가능할 정도다. 아마존의 창업주이자 회장인 제프 베이조스
는 1126억 달러의 순자산을 가지고 있어 백만장자 11만 2600명의
자산과 맞먹는다. 헤지펀드 시타델의 소유주 겸 창업주인 켄 그리

핀은 3만 1900명의 백만장자에 맞먹는 319억 달러의 순자산을 가지고 있다.[3] JP모건체이스 회장 겸 최고경영자CEO 제이미 다이먼은 2021년 한 해에만 총 3450만 달러의 보수를 받은 것으로 알려졌다.[4] 그의 순자산은 16억 달러로 평생 월급쟁이였던 것치곤 나쁘지 않다.[5] 농구 스타 르브론 제임스는 연간 기본급이 4475만 달러, 순자산은 10억 달러에 이르는 것으로 알려졌다.[6]

반면 2021년 미국에는 50만 명 이상의 노숙자가 있었다고 한다.[7] 캐서린 에딘과 루크 셰퍼는 『하루 2달러: 미국에서 거의 아무것도 안 먹고 살기$2.00 a day: Living in Almost Nothing in America』라는 우울한 제목의 책을 썼다.[8] 많은 사람이 처해 있는 상황이다.

나를 포함한 대부분은 극심한 빈부격차에 직면한 사람들이 견뎌내고 있는 참혹한 빈곤을 떠올리며 메스꺼움을 느낀다. 부와 소득의 극심한 불평등에 대해 심하게 불공평하고 참을 수 없는 일이라고 느낀다. 불행과 분노, 무력감이 솟구치기도 한다. 이 상황을 개선하기 위해 무엇인가 하지 않으면 이 모든 게 언제 끝날지 모른다는 두려움과 불길한 예감이 들 수도 있다.

프랑스 경제학자 토마 피케티는 현대 자본주의 시스템이 "중산층과 중상류층에서 극소수 부유층으로 대규모 상향 재분배"를 초래할 것이라 확신하면서 "중산층의 빈곤은 폭력적인 정치적 반응을 촉발할 가능성이 매우 크다"라고 경고했다.[9] 자국 프랑스 역사에 정통한 피케티의 영향력 있는 저서인 『21세기 자본』을 읽으면, 그가 쓴 '폭력'이라는 단어가 은유적인 의미가 아니라 문자 그대로의 뜻이라는 걸 알 수 있다.

우리는 불평등에 대해 도덕적 분노를 표출하고, 이를 줄이기 위해 다양한 재분배 정책을 펴야 한다고 쉽사리 주장한다. 그럼으로써 도덕적 만족감을 불러일으키거나 앞으로 딛고 설 안정적 토대를 마련할 수도 있다. 그러나 동전의 다른 면이 있진 않을까? 불평등은 현재 시장경제가 작동하는 데 따른 자연스러운 결과이며 불평등이 악한 것일지라도 어떤 의미에서는 필요한 것이 아닐까? 불평등을 완화하려는 것이 가상의 적과 싸우느라 힘을 낭비하는 것은 아닐까? 속담처럼 아기(번영 창출)를 목욕물(불평등 해소)과 함께 버리지 않고도Don't throw out the baby with the bathwater 이 문제를 해결할 수 있는 최선의 방법은 무엇일까?

다만 이런 문제를 쉽사리 제기하기에는 위험이 있다. 초부유층을 대변한다는 비난을 감수하는 것은 사회적으로나 개인의 평판 측면에서나 이득이 많지 않은 일이기 때문이다. 나 역시 일론 머스크와 제프 베이조스, 마크 저커버그를 다른 사람들만큼이나 싫어한다고 말하고 싶은 유혹을 느낀다(참고로 나는 테슬라 전기차를 타지도 않고, 페이스북이나 인스타그램, 왓츠앱을 써본 적도 없다. 아마존에서는 쇼핑을 거의 안 한다. 2021년 아마존에서 주문한 36건은 주로 책으로, 1186.33달러 어치를 샀고 2022년에도 비슷한 금액의 쇼핑만 했다). 그러나 누군가는 불평등이라는 동전의 반대편에 무엇이 있는지 지적해야 하며, 돈에 관한 책을 쓰고 있는 내가 그 역할을 해야 할 수도 있다.

불평등이 실제로 존재하는지, 또는 시간이 지나면서 불평등이 커지는지가 문제가 아니다. 오히려 다음과 같은 두 가지 질문이 더 중요하다. 첫째, 불평등이 시장 중심 경제가 작동하면서 자연스럽게 수반되는 현상이며 명백한 보상 혜택이 있는가. 둘째, 불평등을 애초에 예방하거나 사후에 시정하려는 시도가 득得보다는 더 큰 실失을 초래하는 것은 아닌가 하는 질문들이다. 이런 질문도 가능하다. 불평등이 심각하게 비난받아 마땅한가, 아니면 어떤 의미에선 정당화할 수 있고 생각보다는 무해한 것인가? 나는 후자 쪽에 가까운 견해를 가지고 있다.

행운의 여신은 불평등하다

소득과 부의 불평등에 대해 가장 먼저 이야기해야 할 것은 좋든 싫든 어느 정도의 불평등이 존재하는 건 경제의 자연스러운 상태라는 것이다. 시장 중심 경제에서 소득과 부의 분배가 평등할 것이라 기대할 만한 이유는 없는 반면, 그렇지 않을 것이라고 예상할 수 있는 이유는 충분히 있다. 아무나 무작위로 골라 그 사람의 소득과 재산 수준을 살펴보자. 그 사람이나 그의 지인들은 그렇게 생각하지 않겠지만, 소득이나 부를 결정하는 가장 중요한 요소는 좋은 운과 나쁜 운, 또는 복잡한 운이 섞여 있다. 부유한 사람들은 무엇보다 자신이 타고난 운에 감사해야 한다. 부자 본인이나 그의 선조들은 기술과 노력으로 인해 엄청난 기회를 얻을 수 있는 큰 행운을 누린 셈이기 때문이다.[10] 카지노에 가보면 알겠지만, 당연히 행운의 여신은 매우 불평등하다.

물론 매우 부유한 사람들은 그렇게 생각하지 않을 것이다. 많은 사람이 뛰어난 재능을 가지고 있고 그 재능을 수익성 높은 기술로 바꾸기 위해 매우 열심히 노력한 건 사실이다. 그래서 산업계나 연예계, 스포츠계에서 정상에 오른 사람들은 자신이 그 자리까지 오르는 데 가장 크게 작용한 요인이 평생의 희생과 노력이 아닌 운이었다는 말에 동의하지 않을 수 있다. 하지만 그들 역시 운이 좋았다는 건 사실이다.

행운은 성공에 충분조건은 아니지만 필요조건이긴 하다. 성공하고 많은 부를 쌓기 위해서는 어느 정도의 타고난 재능과 많은 노력이 필요한 건 맞다. 다만 행운은 눈에 보이지 않아서 당연한 것으로 여겨지기 쉽고, 정의상으론 통제할 수 있는 것도 아니다. 반면 자신의 노력과 지속적인 희생은 선택이며, 자아의식과 기억 속에 크게 자리 잡고 있다.

경제는 평등을 추구하지 않는다

경제가 작동하는 데 따르는 일부 특징들은 상당한 불평등을 초래한다. 시장 중심 경제는 고도로 분권화된 경제로, 시장은 수많은 소비자와 생산자, 투자자의 분산된 결정들을 조정하는 데서 비롯된다. 미국 경제는 2022년 3분기까지 최근 1년간 총 25조 달러에 이르는 재화와 서비스를 생산했는데, '25' 뒤에 무려 12개나 되는 '0'이 붙는 숫자다. 중앙정부의 계획도 일부 관여하지만 대부분의 경제활동은 수많은 개인과 기업이 내리는 결정의 결과로 이뤄진다. 개인은 무엇을 얼마나 살지, 어디서 얼마나 열심히 일할지, 저축한 돈을 어떻게 사용할지 스스로 선택한다. 기업은 무엇을 생산하고 판매할지, 얼마나 많은 사람을 채용하고 어떻게 배치할지, 불확실한 미래에 대비해 어떤 자본에 투자할지 등을 스스로 결정한다. 이들 모두는 의식하든 의식하지 않든, 시장이 제공하는 가격 신호에 반응해 집단적으로 생산하고 있다. 미국 경제는 모든 종류의 재화와 서비스를 생산하지만, 기술과 취향의 변화에 따라 GDP 구성도 시간이 흐르면서 변한다. 그 어떤 것도 평등한 건 없다.[11]

주식시장도 비슷하게 작동한다. 2022년 12월 S&P500지수의 전체 시가총액은 33조 5700억 달러에 이른다. 이것은 지수를 구성하는 500개 기업의 총가치에 대한 전 세계 투자자의 의견을 종합적으로 반영한 것이다. 누구든 이들 기업의 주가를 받아들이도록, 또 주식을 보유하도록 강요하진 않는다. 따라서 시가총액은 수많은 투자자가 자발적으로 교환하는 탈중앙화된 과정의 일부로 결정되는 것이다. 이 과정의 결과는 매우 불평등하다. 지수에 포함된 기업은 500개나 되지만, 전체 시가총액의 약 5분의 1을 상위 5개 기업이 차지하고 있다. 2022년 12월 5일 기준으로 애플은 전체 시가총액에서 6.6%를 차지하고 있고, 마이크로소프트 MS가 5.5%, 구글의 모기업인 알파벳이 3.4%, 아마존이 2.4%, 버크셔 해서웨이가 1.7%를 각각 차지하고 있다.

모든 경제는 민간 부문과 공공 부문으로 구성된 혼합 경제이며, 각 부문은 (다양한 정도의 규제를 받은) 시장과 정부에 의존해 자원 배분을 유도한다. 그러나 경제의 결과적 생산물은 대개 조정되지 않고 분산된 의사결정과 행동에 따른 결과다. 어떤 의미에서든 경제가 평등한 결과를 낳을 것이라 기대할 이유가 없다. 시장과 민간 부문은 번영을 이끌어내는 원동력이지만, 소득과 부의 '분배'에는 무관심하다. 반면 정부와 공공 부문은 시장이 작동하는 데 필요한 인프라를 공급하는 집단행동을 끌어내거나 경제적 번영의 결실을 분배하는 데 필요한 존재다. 사회안전망을 제공하는 등 구매력을 재분배하기 위한 정부 개입은 운의 영향을 상당 부분 되돌릴 수 있는 사회적 방법이다.

다만 이처럼 정부가 개입해 행운과 불운에 따른 영향을 되돌리려 한다면, 그 부를 쌓기 위해 경제주체들이 여러 해에 걸쳐 투입한 노력과 근면에 대한 인센티브를 불가피하게 왜곡시킬 수밖에 없다. 따라서 온정적인 좌파 진영이건, 엄격한 우파 진영이건 경제학자라면 누구나 자신의 성향과 무관하게 이런 문제를 이해하고 사회가 관련된 상충문제(운에 따른 부의 문제를 완화하기 위한 재분배 정책이 가지는 장단점)를 관리하도록 도와야 한다는 직업적 책임을 느끼기 마련이다.

극단적인 부는 어떻게 생겨나는가

극심하게 커지는 불평등, 특히 부의 불평등에 대한 문제 중 하나는, 일반적으로 극단적인 부가 어떻게 생겨나고 그 부를 유지시키는 요인이 무엇인지에 대한 전후 맥락을 생략한 채 이런 논의가 진행된다는 것이다.

아마존 CEO 제프 베이조스를 예로 들어보자. 다른 많은 빅테크 억만장자들처럼 깜짝 놀랄 만한 그의 순자산 대부분은 그가 설립한 아마존이라는 회사에 대한 소유권이다. 아마존의 시가총액은 그 회사의 현재 순가치를 나타낸다. 다른 상장사들과 마찬가지로 투자자들은 향후 받게 될 배당금 흐름 때문에 아마존 주식을 보유하기를 원한다. 다만 특정 투자자는 미래까지 그 주식을 보유함으로써 애초 기대했던 배당금을 굳이 다 받지 않고 언제든지 주식을 팔 수 있다. 이럴 땐 그 주식을 매수한 다른 투자자가 대신 배당금을 받을 권리를 구매하게 되는 것이다. 배당금은 미래의 이익에서 나오고, 미래 이익은 미래의 매출에서 나온다. 미래 매출은 경쟁이 치열하고 파괴적인 시장에서 아마존이 살아남아 다른 어떤 회사보다 아마존에서 물건을 구매하는 걸 선호할 정도로 고객을 계속 만족시킬 때에만 생겨난다.

제프 베이조스가 막대한 부를 쌓을 수 있었던 건 그가 설립한 뒤 계속 경영하고 있는 회사가 최소한 사업을 유지할 수 있을 정도로 고객을 만족시키는 한편, 아직 태어나지도 않은 많은 신규 고객을 유치할 수 있을 것이라는 기대 때문이다. 베이조스의 순자산을 보면서 한 사람이 그렇게 많은 부를 축적할 수 있다는 사실에 분노와 혐오를 느낄 수도 있지만, 다른 한편으론 명철한 분석가들(주식 투자자들)이 아마존이 수많은 소비자들로 하여금 자발적이고 행복하게 돈을 쓰도록 유지할 수 있으리라 판단하기 때문에 베이조스가 가진 대부분의 부가 존재함을 알 수 있다.

승자독식의 세계

기업가와 영화배우, 스포츠 스타 등 성공한 사람들이 막대한 부를 축적할 수 있었던 이유 중 하나는 여러 분야에서 승자독식Winners take all 경쟁이 이뤄지고 있기 때문이다. 승자독식은 약간 잘못된 표현이긴 하다. 사실은 승자가 대부분을 차지하거나 승자가 불균형한 만큼의 몫을 가져가는 경우가 더 흔하다. 올림픽에서 금메달을 딴 선수는 근소한 차이로 은메달리스트를 이긴 것이다. 금메달리스트가 은메달리스트보다 경기 당일 운이 더 좋아서 이겼더라도 결국 대부분의 명예와 영광은 승자에게만 돌아간다. 반면 운명의 장난인지 또는 그날 컨디션이 안 좋아서인지 4위로 밀려나 메달을 놓친 선수는 역사에서 잊혀진다.

이 같은 승자독식 현상은 불공정한 것처럼 보이지만, 인간 심리에 깊이 뿌리내린 현상일 가능성이 높다. 만약 사바나에서 누가 포식자 위협으로부터 가장 빨리 도망칠 수 있는지를 겨루는 대회라면, 자그마한 실력 차이가 생존이냐 죽음이냐의 엄청난 결과를 좌우하게 된다. 인간은 모든 종류의 휴리스틱heuristics(복잡한 문제를 빨리 풀기 위한 문제해결 방법)이나 정신적 경험 법칙을 이용해 평가와 결과를 단순화해 인식한다.[12] 승자독식도 그중 하나다.[13]

정의상 불평등은 절대적인 게 아니라 상대적인 것으로 간주된다. 두 상황을 생각해 보자. 하나는 사회 내 모든 사람이 시간이 갈수록 부유해지지만 극소수의 일부가 다른 사람들보다 훨씬 더 잘 사는 경우다. 불평등이 커져가는 한 계속 나쁜 것으로 여겨진다. 다른 하나는 모든 사람의 상황이 나빠지면서 매우 불평등했던 사회가 다소 평등해지는 경우다. 특히 무척 부유했던 계층이 다른 사람들보다 더 크게 나빠지는 식으로 말이다. 불평등이 더 커진다 해도, 분명 후자에 비해 전자의 상황이 훨씬 더 낫다고 할 수 있다.

물질적 진보에 대한 인식에는 '톱니 효과ratchet effect'(소득수준이 높았을 때의 소비성향은 나중에 소득이 낮아져도 그만큼 낮아지지 않는 현상)라는 미묘한 인간 행동의 편향성이 숨어 있는 듯하다. 기술적 진보로 우리 삶의 수준이 높아지면 이런 혁신과 개선을 우리가 기대하는 새로운 기준선으로 만들어 당연시하게 된다. 실제로 사회적 부의 계층 구조에서 우리가 차지하는 상대적 지위는 그대로일지라도, 컴퓨터나 스마트폰으로 전 세계와 끊임없이 즉각적으로 연결되는 것과 같은 절대적인 생활수준 향상은 당연시한다.

경제학자인 로버트 고든Robert Gordon 등이 지적하듯이, 오늘날 가난한 사람들조차도 여러 면에서 중세시대 왕족들보다 더 높은 생활수준을 누리고 있다.[14] 다만 경제적 파이의 크기도 중요하지만, 분배도 그에 못지않게 중요하다. 문제는 파이의 크기를 늘리는 것과 그 파이를 나누는 두 가지 과정이 불가분의 관계에 있다는 점이다. 파이가 커질 때 그 파이를 더 균등하게 분배하면 좋겠지만, 그게 가능하지 않을 수도 있다. 파이를 나누려는 시도로 인해 결국 파이가 줄어들 수도 있다. 소득과 부의 재분배 정책은 파이를 만드는 데 미치는 영향을 최소화하도록 하는 걸 목표로 해야 하지만, 많은 사람이 생각하는 것보다 훨씬 더 어려운 문제다.

경제생활의 각계각층에서 소비자에게 혜택이 있는 곳이라면 어디든 승자독식 현상은 다양하게 관찰된다. 그 혜택은 종종 공급 측면에서 생겨나고, 규모의 경제 수익률을 높이는 것과도 관련이 있다. 기업이 더 많은 산출물을 생산해 단위비용을 낮출 수 있다면, 경쟁사를 제치고 더 큰 시장점유율을 확보할 수 있다. 나아가 시장에서 지배적인 기업이 될 수도 있다. 무작위로 나타나는 초기 여건의 차이에 따라 잠재적 능력을 가지고 있는 기업 중 어느 기업이 궁극적으로 우위를 점할지 결정된다.

현대 정보화 시대에서의 초연결성과 세계화로 인해 승자독식 현상은 극적으로 강화되고 있다. 오늘날 지배적인 플랫폼은 더 큰 잠재적 시장에 도달해 막대한 승자독식의 이윤을 차지하게 된다.

최고경영진이 받는 엄청난 보수

미국에서 최상위 계층의 소득과 부의 불평등이 극심해지는 원인 중 하나는 최고경영진에 대한 보수 때문이다. 2021년 기준으로 S&P500지수에 속한 기업들의 CEO 평균 보수는 142만 달러로 집계됐다.[15] 디스커버리의 데이비드 자슬라브David Zaslav가 2억 4700만 달러의 보수로 CEO들 중 가장 높았고, 아마존의 앤디 제시가 2억 1300만 달러로 그 뒤를 이었다. CEO들이 현장 직원들에 비해 얼마나 더 많은 보수를 받는지는 종종 논쟁의 대상이 되고 있다. 이 때문에 글로벌 금융위기 이후 도드-프랭크 법안으로 알려진 금융개혁법안에선 상장사들이 연례 보고서에 직원 평균 월급 대비 CEO 월급 비율을 공개하도록 규제하고 있을 정도다. 2018년 포천 500대 기업들 중 상위 225개를 대상으로 한 연구에 따르면 이 비율은 평균 339 대 1로, 낮게는 2 대 1부터 높게는 약 5000 대 1까지 다양했다.[16]

CEO의 급여를 결정하는 수요와 공급

경제학자들이 어떤 상품의 가격을 분석할 때 기본적으로 사용하는 모델이 바로 수요와 공급 모델이다. 어떤 상품의 시장가격은 대략 수요와 공급이 일치하는 수준에서의 가격이다. 보통 우하향 곡선을 그리는 수요곡선이 우측으로 상향하는 공급곡선과 교차하는 지점에서의 가격일 가능성이 높다. 시장에서 결정된 것보다 가격이 높으면, 그 가격에서의 수요보다 더 많은 공급을 유발해 가격이 하락 압력을 받게 된다. 반대로 시장결정 가격보다 가격이 낮으면 그 가격에서의 수요보다 공급이 더 적어져 가격은 상승 압력을 받게 된다.

이 모델은 노동의 가격, 즉 임금률을 설명하는 데 큰 도움이 된다. 물론 수행해야 하는 일의 종류와 필요한 기술, 요구되는 경험 수준 등에 따라 노동에는 많은 종류가 있다. 재화와 서비스 시장, 특히 고도로 표준화되어 거래되는 원자재 시장에 비해 노동시장은 크게 다르다. 미묘한 차이와 자격 요건에도 불구하고 경제학자들은 사람들이 대체로 자신의 가치에 상응하는 임금을 받는다고 주장한다. 경쟁적인 시장경제에서 기업들은 충분한 보수를 지급해 근로자를 채용하고, 근로자의 고용을 유지하기 위해 서로 경쟁한다. 반면 기업들은 근로자에게 필요 이상으로 많은 급여를 지급하거나 경쟁사에 비해 더 많은 급여를 지급하길 원치 않는데, 그럴 경우 경쟁에서 불리한 상황에 처할 수 있기 때문이다.

이 같은 보수 차이는 사실이라고 믿기 어려울 정도로 커 보이지만, 이 기본 모델은 몇 가지 중요한 자격 요건을 갖춘 CEO 보상에도 적용될 수 있다. 의심할 필요도 없이 상장회사의 최고경영진이 되면 매우 높은 보수를 받는다. 짧은 기간이라도 CEO가 되면 거의 확실하게 평생 재정적으로 안정된 생활을 할 수 있고, 기업 내에서 수년, 때로는 수십 년간 서열상 최고위직 부근에만 있으면 억만장자가 될 수도 있다. 특히 유명한 기업에서 최고경영진이 된 사람이라면 그 누구도 자신의 재능과 노력에 비해 보수가 적다고 불평하지 않을 것이다. 문제는 그들이 그렇게 후해 보이는 급여를 받을 만한 자격이 있느냐는 것이다.

대부분의 CEO는 샐러리맨처럼 급여를 받지 않는다. 일반적으로 CEO가 받는 보상 패키지는 상대적으로 적은 기본급('상대적'이라는 표현이 적절하다)과 '양도제한부 주식수령권' 또는 '성과연동 주식수령권', 스톡옵션과 같은 상당한 금액의 이연 보상, 기타 특전과 특혜(때로는 해당 보직의 임기를 마친 후까지도 이어지는 경우도 있다)로 구성된다. 양도제한부 주식수령권은 미리 정한 미래에 일정량의 회사 주식을 CEO에게 지급하겠다고 약속하는 것이다. 성과연동 주식수령권은 회사나 부서 차원에서 미리 정해둔 성과 목표에 연동해 주식을 지급하는 것이다. 스톡옵션은 미래 특정 날짜에 미리 정해진 가격(행사가격)에 회사 주식을 살 수 있는 기회를 주는 것이다. 이런 제도의 도입 취지는 CEO에게 주는 보상 대부분을 회사의 운명과 연계함으로써 CEO와 최고경영진들이 회사 주가를 끌어올릴 수 있는 의사결정을 내리도록 강력한 인센티브를 부여하기 위함이다.

CEO는 수십 년에 걸친 승진 토너먼트에서 정상에 오른, 고도로 숙련된 사람이다. 2019년 매출 기준 미국 상위 1000대 기업을 상대로 한 조사에 따르면 CEO 평균 연령은 59세였다.[17] CEO 업무는 그리 쉬운 게 아니다. 회사의 일상적인 경영을 감독하고 중장기 전략을 세우며 고위경영진을 선발하고 이끄는 것은 물론이고 투자자와 직원, 이사회 멤버들, 규제당국과 소통하며 기회가 왔을 때 그 기회를 잡아야 한다. 따라서 훌륭한 CEO가 되려면 여러 기술들을 겸비해야 한다. 필요한 지식과 경험을 갖춰야 할 뿐 아니라 창의적 전략가, 영감을 주는 리더, 효율적인 운영자, 건전한 판단력과 성실성(다혈질이거나 사기꾼 성향을 가진 사람은 안 된다)을 갖춘 사람, 훌륭한 커뮤니케이터, 근면한 일꾼이어야 한다. 낮은 급여를 주고서는 이런 사람을 구할 수 없다!

여기에 수요와 공급 모델을 적용하고 시장이 가진 힘을 감안할 때, CEO는 대략 회사가 그들을 필요로 하는 만큼의 급여를 받고 있을 것이다. 한 기업의 CEO가 저임금을 받고 있다고 가정해보자. 아마도 그 CEO는 이사회 멤버들에게 자신의 의견을 전달해 원하는 만큼의 급여 인상을 얻어낼 것이다. 만약 실패하면 그 CEO는 다른 회사 CEO 자리를 구할 것이다. CEO가 계속 자신의 직무를 유지하고 있다는 건 저임금을 받지 않고 있다는 훌륭한 증거가 된다. 경제학자들은 '현시선호revealed preference'(선택과 행동을 통해 의사결정권자의 본모습이 드러난다는 뜻) 논리로 이 같은 결론에 도달한다. 현시선호는 "행동이 말보다 중요하다"라는 격언으로 더 잘 알려져 있다. 더 많은 돈을 원하는 것과는 별개로, CEO와 같은 사람이 자발적으로 매일 출근하는 것을 본다면 어떻게 그가 저임금을 받고 있을 것이라 간주할 수 있겠는가?

그러면 CEO가 과도한 보수를 받을 수도 있을까? CEO가 과도한 보수를 받을 수 없거나, 설령 받는다 해도 그 정도가 심하지 않다고 보는 주된 이유는 세 가지다. 첫째, CEO 시장은 매우 경쟁적이고 그 경쟁은 비용(CEO의 급여)을 낮추게 하는 요인이다. 예의나 동료 간의 협력이라는 겉모습 뒤에 최고경영진과 이사회의 냉혹한 면이 숨어 있다 해도 기업 관리자에게 CEO직은 최고의 커리어를 쌓을 수 있는 기회인 만큼 이 자리를 차지하기 위한 경쟁은 치열할 수밖에 없다. 회사 안팎으로 최고의 자리를 차지하기 위한 경쟁자는 늘 많다. 이런 경쟁 압력은 개별 CEO가 시장에서 스스로의 몸값을 책정하는 데 견제 역할을 할 수 있다.

두 번째로 주주들이 견제 역할을 한다. 특히 경제학자들과 그들로부터 영향을 받는 사람들은 주주를 회사의 '주인'으로 생각한다. 유용한 표현이긴 해도, 실은 약간 잘못된 표현이다. 회사나 법인은 재화나 서비스를 생산하기 위해 직간접적으로 사람들이 협력할 수 있도록 하는 조직적 장치 역할을 한다. 주주는 '회사'를 소유하는 것이 아니다. 그들은 회사가 발행하는 증권을 인수하는데, 특정한 권리를 전달하고 회사의 다양한 이해관계자 사이에서 주주에게 고유한 지위를 부여하는 것이다.

주주는 회사 운영과 관련된 많은 위험을 부담하고 그 회사를 누가 운영할지 결정할 수 있다. 위험 부담과 통제라는 두 가지 요소는 논리적으로 서로 맞물려 있는 만큼, 의사결정 과정에서 가장 많은 지분을 가진 사람에게 가장 큰 영향력을 행사하게 하는 것이 합리적이다. 상장사에 대한 오늘날 지배구조의 틀에선 주주에 의해 선출되는 이사회가 CEO를 선출하고 감독하는 등 기업의 업무

를 관리하는 선관의 의무(신의성실의 의무)를 져야 한다.[18]

CEO에게 급여로 1달러씩 과다 지급할 때마다 주주에게 돌아가는 이익이 1달러씩 줄어든다. 따라서 주주들이 가하는 압박은 CEO의 보수를 견제하는 동시에 CEO와 여타 최고경영진이 적어도 너무 많은 보수를 받지 않도록 보장하는 역할을 한다. 이런 주주들의 압력은 이사회와 행동주의 주주, 주식 애널리스트, ESG(환경·사회·지배구조) 평가기관, 언론 등 다양한 채널을 통해 나타날 수 있다(물론 이들 중 일부는 자체적인 활동의 부산물로만 이런 압력을 행사한다).

하지만 이렇게 눈이 휘둥그레질 정도의 급여 수준을 보고도 어떻게 최고경영진이 과도한 보수를 받고 있다는 명백한 증거가 아니라고 할 수 있나? 그럼에도 섣불리 그런 결정을 내려선 안 되는 세 번째 이유는, 외부 관찰자의 시각에서 CEO 보상을 인식하고 판단할 때 '규모의 불일치'나 '범주의 오류'가 존재할 수 있기 때문이다. 빵 부스러기는 큰가? 당신에겐 아니지만 개미나 파리에겐 클 수 있다. 집 먼지 진드기에겐 어마어마하게 클 수도 있다. 주주도 마찬가지다. 주주 입장에서는 높은 연봉을 받으면서도 주주의 이익을 잘 보살펴 주는 좋은 CEO라면, 그에게 주는 연봉이 높아 보이지 않을 것이다.

ESG 투자가 등장하고 '이해관계자 자본주의'가 힘을 얻으면서 주주 이익을 고려하는 방법은 더욱 복잡해졌다. 이런 생각을 지지하는 사람들은 기업이 주주의 이익을 위해 운영돼야 하며 CEO와 최고경영진의 임무는 주주 가치를 극대화하는 것, 즉 시간이 지나면서 주가가 최대한 상승하도록 기업을 운영하는 것이라는 전통적인 관점에 도전한다. 대신 기업이 주주뿐 아니라 고객과 임직원, 공급업체, 지역사회 등 모든 이해관계자들의 이익을 고려하고, 돈을 버는 데만 집중할 게 아니라 더 넓은 의미로 '기업의 사회적 책임'을 다해야 한다고 강조한다.[19] 미국 주요 기업 CEO들을 대표하는 협회인 미국 비즈니스라운드테이블은 2019년 8월 '주주 우선주의에서 벗어나 모든 이해관계자에 대한 헌신'을 강조하는 기업 목적을 적시한 새로운 성명서를 발표해 많은 관심을 끌었다.[20]

최고경영진의 급여가 많은 이유

일단 전통적인 관점을 고수해 보자. 모든 주주는 주주 가치 또는 해당 기업의 시가총액 증가에 관심을 갖고 있다. 그 기업의 주가를 최대한 끌어올리길 바란다는 것과는 아주 다른 얘기다. 왜냐하면 주가는 발행주식 수에 따라 달라지기 때문이다. 만약 주가가 100달러인 기업이 2 대 1로 주식분할을 한다면 주가는 50달러로 낮아지지만 주식 수는 2배가 됐으므로 시가총액은 그대로다.

CEO와 주주의 관계를 분석하기 위해 다수의 주주를 마치 단일 주주인 것처럼 취급할 수 있다. 개인 주주들이 1000명이거나 혹은 100만 명이거나 그들 모두가 적은 투자 수익보다 많은 수익을 선호한다면 우리는 이들을 더 많은 수익을 원하는 단일 주주로 간주할 수 있다. 바로 여기에 규모의 불일치가 있다. 우리 같은 외부의 관찰자들은 CEO의 보수를 개인의 수준이나 규모로 보는 경향이 있다. 도드-프랭크법에 의해 도입된 CEO 대 전체 근로자 평균 보수 비율이라는 지표가 바로 그런 역할을 한다. 이런 관점에서 보면 제이미 다이먼이 받는 연간 3450만 달러의 보수는 터무니없어 보일 수 있고, 심지어 누군가에겐 '혐오스러울' 수도 있겠다. 하지만 개인 대표 주주인 다이먼은 회사의 시가총액이라는 매우 다른, 그리고 훨씬 더 큰 규모를 관리하고 있다.

이 글을 쓰고 있는 2022년 12월 6일 현재 JP모건체이스의 시가총액은 3835억 달러다. 다이먼의 연간 보수는 이 시가총액에 비하면 0.01%에 불과하다. JP모건의 CEO이자 이사회 의장인 다이먼은 이 기업의 막대한 시장가치를 관리하는 책임을 지고 있다. 단순히 시가총액을 유지하는 걸 넘어서, 법적으로나 도덕적으로 가능한 한 그 가치를 높여야 할 책임이 있다. JP모건의 명목상 단일 주주가 동기부여를 위해 다이먼에게 한 해 3450만 달러를 지불하는 건, 마치 우리가 100달러짜리 식사를 마친 뒤 웨이터에게 1센트 팁을 주는 것과 같다! 그렇다고 주주들을 스크루지라고 비난하자는 건 아니다. 단지 요점을 쉽게 파악할 수 있도록 설명하기 위함이다. 돈으로 살 수 있는 최고 재능을 가진 CEO를 영입하면서 다른 모든 사람들에 앞서 주주들의 이익을 더 우선시하게끔 충분한 보수를 지급하기 위해—사적 소유의 시장 중심 경제가 기반으로 하는 원칙이다—보상 패키지에 있는 모든 돈을 CEO에게 지급하는 것은 주주들에게도 꽤 좋은 거래처럼 보인다.

기업을 보는 관점을 이해관계자 자본주의 모델로 바꿔보면 이런 주장은 어떻게 달라질까? 크게 다르진 않다. 이 모델에서 주주의 이익은 여전히 상당한 비중을 차지하며 그 정도까진 앞서 설명한 논거가 적용된다. 하지만 한 가지 급진적 생각도 있다. 주주 우선주의 모델보다 이해관계자 자본주의 모델에서 최고경영진이 더 많은 지식과 기술을 필요로 하고, 더 많은 압박과 스트레스를 받을 가능성이 높기 때문에 더 많은 보수를 받아야 한다는 생각이다. 이해관계자 중심 모델에서 최고경영진은 주주를 포함한 모든 이해관계자의 이익을 고려해야 한다. 다만 정확히 어떻게 그렇게 해야 하는지, 특히 각 이해관계자 범주에 어떤 가중치를 부여하고, 경쟁하는 이해관계자들 간의 이해상충 관계를 어떻게 관리해야 하는지는 분명치 않다. 단순하게 기업의 이익에 초점을 맞추는 것보다 훨씬 더 어려운 일이다.

월가의 수완 좋은 사업가들

부의 불평등을 확대하는 데 기여하는 또 다른 부류의 초부유층은 헤지펀드 투자자 계층이다.[21] 헤지펀드는 일반적으로 한 명 내지 여러 명의 설립자가 운영하는 투자회사로, 자기 자금과 다른 고액 개인 및 기관투자자의 자금을 관리해 준다. 헤지펀드는 대개 높은 수익을 추구하기 때문에 많은 위험을 감수하면서 전문화한 투자 전략을 사용하며, 수익률을 높이기 위해 상당한 레버리지를 활용하기도 한다. 많은 헤지펀드 소유자와 트레이더들은 골드만 삭스나 모건스탠리와 같은 대형 투자은행에서 트레이더로 경력을 쌓은 뒤 독립하기도 하고 때로는 전 직장에서 일부 자금을 지원받아 회사를 설립하기도 한다.

1992년 9월 16일 유럽 환율 메커니즘하에서 영국이 다른 유럽 통화에 대한 페그제를 포기하도록 해 '은행을 망가뜨린' 것으로 유명한 조지 소로스가 가장 대표적인 헤지펀드 매니저일 것이다. 그 외에도 SAC캐피털의 설립자이자 인기 TV 시리즈 〈빌리언스〉 주인공의 모티브로 알려진 스티븐 코엔, 브릿지워터 어소시에이츠를 세운 레이 달리오, 시타델을 이끄는 케네스 그리핀, 타이거 매니지먼트의 줄리언 로버트슨, D.E.쇼앤코의 데이비드 쇼, 르네상스 테크놀로지의 제임스 사이먼스, 튜더 인베스트먼트 코퍼레이션의 폴 튜더 존스 등 많은 유명 인사들이 있다.

이처럼 헤지펀드 거물들이 축적한 막대한 재산에 대해 우리는 어떤 태도를 취해야 할까? 많은 사람이 주장하는 것처럼 금융시장에서 '투기'로 재산을 모으는 사람들은 경제적 거머리(경제적으로 다른 사람을 착취하는 존재)이거나 '지대 추구가rent-seeker'일까? 또는 한 금융 저널리스트가 얘기한 것처럼, 사회에 생산적인 기여는 거의 또는 전혀 하지 않으면서 다른 사람들이 생산한 부를 가져가기만 하는, '만드는 사람maker'이 아닌 '가져가는 사람taker'일까?[22]

이런 의문에 반박하기 위해 쓸 수 있는 대표적인 방어 논리는, 경제라는 하나의 큰 생산 장치 속에 들어가는 정교한 핵심 기계

장치가 바로 현대 금융시장이라는 점이다. 금융시장은 경제 운영과 부의 창출을 촉진시키는 다양한 기능을 제공한다. 특히 여기에는 최소한 투자자원의 배분, 대규모 투자 프로젝트의 촉진, 부와 구매력을 미래로 이전하는 메커니즘 제공, 리스크 축소와 전이, 기업 경영진에 대한 모니터링과 감시, 경쟁하는 경영진 간에 생산적 자원의 통제권을 이동시키는 메커니즘 제공 등이 포함될 수 있다. 금융시장이 이러한 기능을 수행하는 중요한 방식은 가격 신호를 제공하는 것인데, 그 가격 신호에는 글로벌 경제에 분산돼 있는 정보들이 포함된다. 만약 이런 가격 신호가 없다면 정보를 얻고 해석하고 행동에 옮기는 데 많은 비용이 들 수 있다.

애덤 스미스가 말한 보이지 않는 손은 금융시장에서도 작동한다. 헤지펀드와 트레이더, 여타 금융권의 투기적 거래자들은 어떤 증권의 가격이 오를지, 어떤 것의 가격이 내려갈지를 가장 먼저 알아내 가격이 오를 것으로 예상하는 자산을 매수(롱 포지션)하고, 가격이 떨어질 것으로 예상하는 자산은 매도(숏 포지션)함으로써 수익을 만들어낸다. 그러기 위해 투자자들은 자원을 투입해 정보를 수집하고 분석하는데, 때론 그 양이 방대하다. 금융시장의 비효율성을 이용하려는(또는 이를 이용해 수익을 얻으려는) 시도는 금융시장의 효율성을 높이는 데 도움이 된다. 사회는 이런 활동을 통해 이익을 얻는다. 그 과정에서 몇몇이 큰돈을 번다 해도 사회적 혜택이 만들어질 수만 있다면, 지불할 만한 가치가 있는 대가일 수 있다.

CEO에 대한 보상과 마찬가지로, 금융시장 내 거래에서도 유사한 규모의 불일치 효과가 존재한다. 투자은행IB을 예로 들어 보자. 투자은행은 기업 고객을 위해 채권과 주식의 발행, 인수합병M&A 주선과 같이 다양한 종류의 자금 조달과 구조조정 딜을 구상하고 주선하고 마케팅하는 일을 해준다. 이런 금융 거래의 규모는 종종 수십억 달러에 이른다. 어떤 인수 대상 회사를 사들이려는 기업은 대가로 타깃 회사의 주주들에게 신주나 현금, 때로는 신주와 현금을 모두 지불한다. 2021년 가장 큰 규모의 M&A 딜은 캐나다 퍼시픽 레일웨이가 캔자스시티 서던 레일웨이를 인수할 때 지불했던 주식과 현금 310억 달러였다.[23] M&A의 제왕으로 불리는 MS는 2022년 1월에 게임 개발회사인 액티비전 블리자드를 인수하면서 687억 달러를 전액 현금으로 지불한다고 발표했다.[24]

이렇게 엄청난 돈이 걸려 있는 경우 인수하는 회사와 인수되는 회사에 자문을 제공하거나 딜을 대리하는 투자은행 직원과 변호사, 회계사는 일반인에겐 엄청나게 크게 느껴질 수 있는 수십만 달러에서 수백만 달러에 이르는 수입을 올린다. 그러나 거래 규모를 함께 감안하고 보면 그 정도의 수수료 수입은 오히려 훨씬 합리적인 수준으로 여겨지기도 한다. 100억 달러 기업 인수 딜에 참여하는 투자은행이 거래금액 중 0.1%를 수수료로 받는다고 가정해 보자. 이 경우 수수료는 1000만 달러인데, 이 수수료의 상당 부분은 딜에 관여한 투자은행 고위직들의 연봉에 포함될 것이다(밤낮으로 보고서를 만든 실무자들은 훨씬 적은 보상을 받지만, 그들 역시 나중에 그렇게 고액을 받는 위치로 올라갈 것이다).

투자은행은 매우 까다롭지만 수익성은 높은 분야다. 또 경쟁이 치열한 분야이기도 하다. 특히 거래하는 쌍방 모두가 자문을 필요로 하기 때문에, 수익이 높은 M&A 딜의 자문을 맡으려는 투자은행과 M&A 자문사가 넘쳐난다. 특히 잠재적으로 수십억 달러에 이를 수도 있는 딜의 가치를 고려할 때 인수 기업과 피인수 기업 모두 최고의 자문사를 구하려는 이해관계가 생길 수밖에 없다. 어느 쪽도 M&A 자문 서비스에 과도한 비용을 지불하고 싶진 않겠지만, 그렇다고 해서 너무 무리하게 가격을 흥정해 상대적으로 수준 낮은 자문과 서비스를 제공받으려는 경제적 이해관계도 없을 것이다.

부자 증세는 답이 아니다

정부는 종종 '부자 증세'를 통해 조달한 세수로 야심차게 새 재정지출 프로그램의 비용을 충당하려고 생각한다. 그러나 불행하게도 이 방법은 효과가 없다. 사회는 자원을 다른 용도로 사용할 수 없는 기회비용을 통해 새로운 정부 프로그램에 대한 비용을 지불한다. 나는 정부가 지출하기 위해 증세를 하거나 국채를 발행한다는 개념이 틀렸다는 걸 지금까지 입증해 왔다. 오히려 정부는 소득을 재분배하고 특정한 활동을 장려하거나 억제하며, 총수요를 조절하는 데 세금을 활용한다. 정부는 국채를 발행해 정부 내에서 통화와 재정 기능을 분리하고, 과도한 화폐 찍어내기를 견제하는 장치를 마련한다.

부유층 과세의 문제점은 과세를 통해 사회 전반의 정부 지출 프로그램을 신설하거나 기존 프로그램을 확대할 만큼 충분한 재원을 확보할 수 없다는 것이다. 이런 정부 프로그램에 필요한 자금 규모를 감안할 때 전체 경제 규모 대비 부유층이 너무 적다. 또한 부자들이 직접 소비하는 자원이 너무 적은 데다 부자들은 자신의 부의 변화에 충분히 대응해 소비를 늘리거나 줄이거나 하지 않기 때문에 이 해법은 실행하기 어려워 보인다.

수백억 달러는 못 되더라도, 순자산이 수십억 달러 되는 초고소득층에 집중해 보자. 정치인들은 (전체는 아니더라도) 그 돈의 일부만 손에 넣을 수 있으면 이런저런 재정지출 프로그램에 자금을 댈 수 있다는 유혹에 빠지기 쉽다. 그러나 프로그램에 필요한 것은 돈 그 자체가 아니라 노동력과 자본, 창의성과 같은 실질적인 경제적 자원이다. 부자들에게 세금을 부과함으로써 더 확보할 수 있는 실제 자원은 극히 미미하다. 부자들의 한계소비 성향은 제로이거나 거의 전무하기 때문이다. 과세의 목적이 자원을 확보하는 것이라면 부유층이야말로 최악의 과세 대상인 셈이다. 만약 '낙수 경제학trickle-down economics'(부유층의 소득을 늘려주는 정책을 펴면 그들의 소비와 투자가 경제 성장으로 이어져 그 결실이 저소득층까지 흘러갈 수 있다는 경제학 용어)을 잠깐이라도 고민해 봤다면, 부자 증세는 잊어버리는 게 좋을 것이다.

기업도 마찬가지다. 시장경제에서 기업에 세금을 더 많이 매기면 기업은 제품 가격을 인상하고 투자를 줄임으로써 낮아지는 수익성을 일부라도 상쇄하려 할 것이고, 주가를 떨어트리는 요인이 된다. 미시경제학을 배우는 1학년생들은 누구나 세금이 부과되는 대상과 결국 그 세금을 부담하는 대상 사이에 중요한 차이점이 있다는 걸 배우게 된다. 또한 세금으로 인해 어떠한 경제활동이 포기되면서 사회에 비용을 부과한다는, 즉 '사중 손실dead weight losses'(과세로 인해 줄어드는 사회적 후생)도 배우게 된다. 다시 말하자면, 세금을 부과하는 건 새로운 자원을 창출하는 좋은 방법이 아니다.

새로운 정부 지출 프로그램을 만들기 위해 부자에게 세금을 부과하는 게 손쉬운 방법이라 생각하는 사람은, 서류상의 부와 실제 자원을 혼동하는 것이다. S&P500지수에 포함된 상위 5개 기업 중 4개는 빅테크를 영위하는 대기업이며, 이들 몇몇 창업자의 순자산은 수백억 달러에 이르고 일부 창업자의 순자산은 1000억 달러를 넘기도 한다. 그러나 그 부의 대부분은 이들이 소유한 기업의 주식시장 가치, 즉 그 회사 제품에 만족하는 고객들이 앞으로 계속 존재할 것이라는 기대에 기반한 미래 예상 수익을 일부 할인한 현재 가치에 해당하는 것이다. 이러한 부는 자유기업 자본주의 시스템의 경이로움 중 하나이긴 하지만, 현재 더 많은 생산물을 생산하기 위해 징발할 수 있는 자원을 의미하진 않는다. 따라서 이런 목적으로 세금을 부과할 필요는 없다.

미국 연방정부가 요술 방망이를 휘둘러 빅테크 기업가 6명의 주식시장 자산 가운데 수조 달러를 세금으로 걷어 손에 넣었다고 가정해 보자. 이렇게 종이로 된 부를 보유한다고 해서 정부에 그만큼의 자원이 주어지는 건 아니며, 달러를 마음껏 찍어낼 수 있는 미국 정부가 사회의 실제 자원을 더 많이 통제하게 되는 것도 아니다. 물론 정부는 세금으로 걷은 주식을 팔아서 그 돈으로 인프라 프로젝트에 자금을 지원할 수 있고 교사와 의사, 간호사를 고용할 수도 있지만, 그렇게 할 수 있는 능력은 자원을 확보하는 데 사용된 자금의 출처가 아니라 자금의 가용성에 달려 있다. 정부가 다양한 지출 프로그램을 시작하거나 확대하려고 할 때, 이를 부담할 수 있는 방법은 세 가지뿐이다.

첫 번째는 경제가 최대한으로 작동하지 않아서 생길 수 있는 '유휴 생산력economic slack'(경제적 생산 능력 중에서 쓰이지 않고 있는 부분) 을 메우는 일이다. 둘째, 이민을 통해 생산인구를 늘리고 노동시장 참가율을 높이거나 기술 혁신과 강력한 시장 인센티브를 촉진해 생산성을 높이는 등 더 많은 자원을 끌어오는 것이다. 다만 이 두 방법 모두 한계가 있고 세금 인상으로는 도움이 되지 않으며 오히려 그 반대가 될 수 있다.

세 번째 방법은 자원의 기존 용도를 전환하는 것이다. 여기에서는 통화 정책과 재정 정책의 총수요 관리 부분의 역할이 과소평가되어 있다. 경제가 완전고용에 도달하고 과열되기 시작하면 정부는 이를 억제하기 위한 조치를 취해야 할 것이다. 중앙은행은 정책금리를 인상하고 여력이 있다면 재무상태표를 축소해 긴축적인 통화 정책을 펼 것이고, 정부는 세금을 인상하고 지출을 억제하는 등 재정 정책도 긴축적으로 펼칠 것이다. 긴축적인 통화 정책과 재정 정책으로 전반적인 경제활동이 억제되면 새로운 영구 지출 프로그램에 돈을 댈 수 있는 자원이 생기는데, 이들 중 거의 대부분이 '부자'들로부터 나올 것이다.

양극화를 치유할 해독제

대중적이면서 파괴적인 기술이 개발되는 시기에, 한 사회 또는 그 사회를 대신해 행동하는 정부가 시장 중심 경제 시스템이 초래하는 극심한 불평등을 우려하고 있다고 가정해 보자. 사회나 정부는 이 극심한 양극화를 치유하기 위해 무엇을 해야 할까? 만약 부와 소득의 불평등이 번영을 가져다주는 경제 시스템의 결과이며, 초부유층이 가진 부의 대부분이 미래에도 기업의 제품에 만족스러워할 것으로 예상되는 고객들의 기대를 반영한 자본화된 가치에 불과하다면, 애초에 그런 불평등을 차단하려는 조치는 작은 것을 얻으려다 큰 것을 잃는 것과 마찬가지로 바람직하지 않은 일로 보인다.

이런 불평등을 해소하는 더욱 합리적인 방식은 극빈층도 적절한 생활수준을 누릴 수 있도록 정부가 충분한 소득을 보장해 주는 것이다. 이것이 바로 복지 국가 또는 소득 재분배 정책의 기본이다. 다만 슬픈 사실은 인생에 공짜 점심은 존재하지 않는다는 점이다. 비록 겉으로 드러나는 비용은 전혀 없어 보이지만, 모든 것에는 가격표가 붙어 있거나 숨겨진 비용이 있기 마련이다. 점심을 제공받는 사람은 공짜로 받더라도, 그 점심을 생산하는 사회는 자원을 투입해야만 한다. 또한 간접적이고 숨겨진 비용이 더 있을 수 있는데, 공짜로 점심을 받은 사람들 중 일부는 자기 점심을 사 먹기 위해 일하고자 하는 의욕이 떨어질 수도 있다.

사회 복지와 사회안전망 프로그램에는 늘 딜레마가 따라다닌다. 복지 혜택을 받는 사람이 스스로 더 이상 복지 혜택이 필요하지 않은, 더 나은 상황으로 갈 수 있게끔 만드는 자극을 약화시키지 않는 방식으로 복지를 제공하는 게 불가능하다는 점이다. 이처럼 사회에서는 동정심과 효율성 사이에 상충 관계가 존재한다. 동정심이 너무 과하면 사회의 생산성과 번영이 줄어들고, 그렇다고 동정심을 너무 줄이면 사회가 스스로 존속할 수 없게 된다.

양극단을 생각해 보자. 한 사회에서 정부가 모든 시민에게 필요한 모든 걸 무료로 제공한다고 치자. 그러면 모든 사회 구성원들은 재화와 서비스가 제공되기만을 기다릴 뿐, 무언가를 생산하려 하지 않을 것이다. 그 때문에 결국 모두가 아무것도 받지 못하게 될 것이다. 반대로 정부가 국민들에게 어떠한 사회안전망도 제공하지 않은 채 모두가 자립하기만을 요구할 경우 그 결과는 참담할 것이다. 물론 민간 자선단체가 어느 정도 복지를 지원하겠지만, 이런 상황에선 대부분의 노동자가 생계를 유지하는 데에만 열을 올릴 것이고 그 결과 불운하거나 운 없는 많은 이가 비참하게 살게 돼 사회 전체가 끔찍해질 수 있다. 좋은 사회복지 시스템이 되려면 양극단 사이에 위치해 경제적 파이를 확대하는 동시에 모두가 적절한 경제적 몫을 얻을 수 있도록 노력해야 한다.

노숙자 한 명을 영구적으로 수용하는 데 10만 달러가 들어가고, 미국에 노숙자가 50만 명 있다고 해보자. 선의는 있지만 경제학 교육을 받지 않은 정치인이 노숙자 퇴치 프로그램 비용을 마련하기 위해 제프 베이조스에게 500억 달러의 세금을 부과하고 이 세금은 500억 달러 상당의 아마존 주식—현재 아마존 시가총액의 약 5%에 해당하는 규모—으로 충당하자는 기발한 아이디어를 냈다고 하자. 이런 계획이 합법적인가는 차치하고라도, 이렇게 정부가 개인의 주식 상당수를 몰수하게 되면 아마존 주가는 급락할 것이다(또 전반적으로 아마존 주가가 약해질 가능성도 높다). 더구나 당장 노숙자들을 수용한다고 해서 애초에 이들을 노숙자로 내몬 근본적 요인이 해결되는 것은 아니라는 사실도 변함이 없을 것이다. 그렇다면 이 계획은 합리적인 걸까? 효과는 있는 걸까?

정부가 이 압류 조치를 강행한 뒤 아마존 주식을 팔아 500억 달러의 현금을 확보했다고 하자(이렇게 대규모로 주식을 내다 팔면 아마존 주가가 떨어질 것이라 비현실적이긴 하지만 말이다). 이제 정부는 500억 달러를 토지와 건물, 건축자재, 가구, 에너지, 다수의 노동력 등 50만

명의 노숙자를 수용하는 데 필요한 주택과 관리 서비스에 충당할 수 있다. 이 자원들을 어딘가에서 조달해야 하지만, 제프 베이조스가 이 자원들을 직접 제공하는 건 아니다. 베이조스가 가진 순자산은 약 1130억 달러이고 미국 정부가 그의 주머니에서 세금을 걷어 가고 난 뒤에도 630억 달러 정도의 자산을 보유하고 있을 것이다. 따라서 그는 소비 패턴을 크게 바꾸지 않을 것이고, 500억 달러 상당의 자원을 방출하기에도 충분치 않을 것이다. 현재 정부가 가진 500억 달러의 구매력은 이런 자원을 지휘하는 데 사용될 수 있지만, 50만 명의 노숙자를 수용하는 일을 완수하는 건 수많은 개인이 자신의 재산을 정부 돈으로 교환하거나 직간접적으로 노동 서비스를 제공하는 과정이다. 베이조스는 그 500억 달러의 원래 출처라는 것 외에는 아무런 관련이 없다.

애초에 정부는 화폐가 부족하지 않다. 노숙자 문제를 해결하는 데 필요한 달러를 베이조스에게서 구할 필요가 없다. 화폐를 찍어내기만 하면 된다. 다만 그렇게 할 경우 인플레이션이 유발될 수 있다는 점에서 화폐를 찍어내선 안 된다고 하는 것이다. 그러나 베이조스에게 500억 달러 세금을 받아 활용하는 것도 마찬가지로 인플레이션을 유발한다. 베이조스는 자기 순자산이 500억 달러 줄어든다고 해서 그만큼의 자원을 방출하지 않을 것이기 때문이다. 정부가 자원을 징발하는 것은 잠재적으로 가격 상승 압력을 유발하는 것이다. 그렇다면 여기서 문제가 생긴다. 노숙자를 퇴치하기 위해 자원을 징발하는 조치가 과도한 인플레이션으로 이어지지 않도록 총수요를 충분히 억제하려면 어떻게 해야 하며, 그 일을 누가 해야 할까? 물론 정답은 통화 정책과 재정 정책에서의 긴축 조치를 조합하는 것이다. 통화 긴축은 중앙은행이, 재정 긴축은 정부가 수행하는 것이다. 이때 정부는 재화와 서비스에 대한 지출을 줄이거나, 소득이전조치를 줄이거나, 누군가에게 세금을 인상하거나 하는 세 가지 방식 중 하나로 재정 긴축을 펼친다. 여기서 마지막 방법인 세금 인상은 정부가 자원을 조달해야 하는 것과는 아무런 관련이 없다. 그것은 구매력을 떨어트리고 자원을 확보하기 위한 것과 관련 있다.

정부는 때때로 경제활동을 촉진(부양)시키기 위해 재정 정책을 펼쳐야 한다는 사실을 깨닫긴 하지만, 과열된 경제를 냉각시키기 위해 재정 정책을 활용할 생각은 좀처럼 하지 못한다. 경기를 냉각시키는 임무는 주로 중앙은행이 담당하고 있기 때문이다. 정부가 노숙자 퇴치 프로그램을 시작할 때 경제가 완전고용 상태에 있다면 중앙은행은 통화 정책을 조금이라도 긴축하거나 이미 시행 중인 통화 긴축을 조금 더 앞당겨 필요한 자원을 다른 용도로 전환할 수 있을 만큼 수요를 억제해야 할 것이다.

시장경제는 고도로 분산된 메커니즘이다. 실제 자원을 방출하는 사람들은 정부가 노숙자 퇴치 프로그램을 시작했기 때문에 이런 일이 벌어졌다는 것은 물론이고 자신들이 자원을 방출하고 있다는 사실조차도 알지 못할 것이다. 오히려 그들은 얼마나 많은 돈을 쓸지, 어디에 돈을 쓸지를 자기의 예산 내에서 결정할 것이다. 중앙은행 역시 물가 상승 압력이 어디에서 오는지 구체적으로 파악하거나 우려할 필요가 없다. 단지 물가 상승 압력이 생겨나고 있다면, 중앙은행은 그에 맞춰서 통화량 조절 장치를 조이면 된다. 나머지는 시장의 가격 메커니즘이 알아서 해결할 것이다.

나는 이번 장에서 소득과 부의 불평등이 종종 일어나는 커다란 경제적 문제는 아니라고 주장했다. 모두는 아니더라도 불평등의 상당 부분은 경제적 번영을 만들어내는 시장 중심 경제에서 비롯된다. 그 경제적 번영은 기술 혁신은 물론이고 소비자가 힘들게 번 돈을 기꺼이 쓰도록 할 만한 재화와 서비스를 생산하는 기업가들에 의해 이뤄진다. 그 과정에서 사회에 유용한 무엇인가를 하지 않고서는 적어도 합법적으로 부유해지긴 어렵다. 애덤 스미스가 말한 보이지 않는 손은 경제의 구석구석까지 미치고 있다.

순수하게 경제적 관점에서만 보면 극단적으로 많은 부가 큰 해악을 끼친다고 보긴 어렵다. 초부유층이 가진 대부분의 부는 금융자산에 대한 권리인데, 특히 기업의 지분이거나 집, 고가의 자동차, 예술품, 보석, 개인 전용기, 요트, 심지어 섬과 같은 부동산 등이 포함될 것이다. 그 외에도 사무용 건물과 공장, 창고, 지적재산권과 같은 실물자산에 대한 권리도 있을 수 있다. 부의 대부분은 소비자에게 재화와 서비스를 제공함으로써 그 가치를 얻는다. 물론 일부 초부유층은 과시적이고 사치스러운 소비를 하기도 한다. 사모펀드 운용사인 블랙스톤 창업주인 스티브 슈워츠먼Stephen Schwarzman은 지난 2007년 뉴욕 맨해튼 파크 애비뉴에서 개최한 자신의 생일 파티에 500만 달러 이상을 쓴 것으로 구설에 오르기도 했다. 그러나 초부유층이 그 과정에서 많은 이들에게 혜택을 주지 않고 돈을 쓰긴 어렵다. 부자들이 아낌없이 돈을 쓰며 재화와 서비스를 공급하는 과정에 많은 사람이 종사하고 있기 때문이다.

초부유층이 돈으로 행하는 일 중 하나는 기부하는 것이다. 죽을 때 돈을 가지고 갈 수 없다면 살아 있는 동안 좋은 일에 그 돈을 쓰려고 하는 건 당연하다. 많은 억만장자(그리고 백만장자)가 자선 재단을 설립한다. 재단은 이 세계에서 선을 행하는 수단일 뿐 아니라 부자들이 자신의 자산 일부를 이전해 세금을 줄이는 데도 효과적인 방법이다. 시의적절하고 정확한 수치는 없지만, 한 보고서에 따르면 미국 내 비영리 단체의 기부금은 2017년 말 기준으로 총 1조 7000억 달러에 이른다고 한다.[25]

초부유층이 가하는 실질적인 경제적 피해는, 과소비를 통해 다른 사람들로부터 자원을 빼앗는다는 점이다. 억만장자들이 세계 주요 대도시와 고급 휴양지에 있는 주택들을 줄줄이 사들일 수 있다. 이 부동산은 가정부나 정원사, 경비원, 유지보수 직원 등 건물을 짓고 유지하는 많은 일자리를 창출할 수 있다고 하지만, 부유층이 사들인 부동산들은 대부분의 시간 동안 비어 있는 상태일 것이다. 비워둔 집에 노숙자들이 거주할 수도 있고 더 그럴듯하게는 부의 사슬 최하층에 있는 사람들이 살 수도 있다. 어떤 사고 실험대로 문제의 부동산들을 더 효율적이고 검소하게 활용한다면 극빈층이 다음 단계로 올라갈 수도 있을 것이다. 사치스러운 억만장자들이 대부분 시간 동안 유휴 상태로 방치해 둘 자동차나 개인 전용기, 거대 요트에도 비슷한 논리를 적용할 수 있다.

선량한 사회적 독재자가 있어서 부유층이 멋지게 사는 것을 보장하면서도 그들이 독점하고 있는 자원을 보다 효율적으로 배분할 수 있다고 가정해 보자. 다만 초부유층의 수는 세계 전체 인구에 비해 턱없이 적기 때문에, 심지어 가장 궁핍한 사람들에 비해서도 극소수이기 때문에 자원 재분배도 인류에게 획기적인 혜택을 가져다주긴 어렵다. 이처럼 실현될 수 있는 혜택이 제한적이라는 건 그들로 인한 피해도 제한적이라는 뜻이다. 그런 인간의 본성과 인센티브를 고려할 때 초부유층의 부를 몰수하려는 정부의 시도는 오히려 더 적은 부를 창출하는 결과를 초래할 수도 있다.

그렇다고 부의 불평등에 대해 정부가 할 수 있는 일이 전혀 없다는 뜻은 아니다. 공공 정책은 부의 계층구조에서 가장 높은 곳에 있는 부자들을 끌어내리기보다는, 가장 낮은 곳에 있는 빈곤층이 조금 더 높은 계층으로 올라갈 수 있도록 도와주는 데 초점을 맞춰야 한다. 정부는 어떤 일을 하든 부자들의 부를 필요로 하지 않는다. 정부는 스스로 마음껏 자원을 만들어낼 수 있기 때문이다. 물론 그렇게 해서 가난한 사람들을 위해 사용하려면 어딘가에서 자원을 확보해야 한다. 만약 경제가 완전 가동 상태라면 자원을 확보해야 하는 그 어딘가는 수치상 압도적인 중산층이 될 수밖에 없다. 중산층을 돕기 위해 (예를 들어 세금을 감면해주기 위해) '부자'에게 세금을 부과하는 것은 정치적으로 좋아 보일 수는 있어도 경제적으로는 그릇된 결론이 될 것이다.

권력을 차지하려는 자들

부의 불평등이 사회에 문제가 되지 않는다는 건 아니다. 극도로 많은 부는 정치 권력을 매수할 수 있고 경제 권력이 정치 영역에 스며들어 부패를 낳을 수도 있다. 최고부유층이 아닌, 10억 달러 정도만 가진 부유층이라고 해도 투자 수익이 계속 불어나기 때문에 정상적인 시기라면 충분히 소비 지출을 해도 재산은 계속 늘어날 것이다. 억만장자들은 헤지펀드나 사모펀드와 같이 고위험 고수익 투자에 접근할 수 있는 기회도 생긴다. 순자산이 10억 달러이고 투자수익률이 5%만 된다 해도 세전 수익은 5000만 달러에 이른다. 미국 정부가 세금으로 한몫 떼어간 후에도 단순히 소비 지출만으로는 다 쓰기 어려울 정도로 큰 수익을 얻는 셈이다.

사회가 소수의 개인이 막대한 경제적 부를 축적하는 것을 우려하는 데는 이유가 있다. 무엇보다 이 같은 막대한 경제적, 재정적 힘을 정치적 목적으로 활용할 수 있으며, 그런 유혹을 느끼기 쉽다는 점에서 우려스럽다. 적어도 일부 초부유층에게는 정치 권력을 획득하고 행사하기 위해 자신의 경제적 부를 정치 영역에 활용하는 게 매력적인 선택일 수 있다. 억만장자가 자신 또는 가족을 위해 소비하거나 더 많은 부를 축적하기 위해 돈을 쓰는, 즉 경제 영역(경제적 달러)에 돈을 쓰는 것과 정치 권력을 축적하고 행사하기 위해 정치 영역(정치적 달러)에 돈을 쓰는 것은 근본적인 차이가 존재한다.

초부유층들이 가진 재산은 아무리 호사스럽게 생활하더라도 일생 동안 모은 돈을 소비재와 서비스에 소비하거나 자녀와 손주들까지 호화롭게 소비할 수 있는 수준을 이미 넘어선 지 오래다. 억만장자가 4명의 자녀를 두고 있고, 각 자녀도 4명씩 자녀를 두고 있다고 가정해 보자. 그 자녀의 배우자까지 포함하면 한 명의 초부유층이 평생 24명을 부양하게 된다. 도덕적, 종교적으로 타당한지는 차치하고서라도 한 사람당 1000만 달러씩 신탁 펀드를 만들어주는데 2억 4000만 달러만 있으면 된다. 여기까지는 억만장자가 해주는 일이지만, 이 신탁펀드가 한 해 5% 정도의 적정 수익률을 낸다면 부양 가족들은 각자 세전 50만 달러씩 수익을 얻게 된다. 물론 투자 수익이 더 높아지면 억만장자의 순자산은 늘어나겠지만, 효용성 면에서는 수익률이 낮아질 수 있다.

만약 권력을 얻는다는 매력이 전 세계 가난한 이들을 돕는다는 매력보다 크다면, 억만장자는 자신의 경제적 부를 정치적 목적을 달성하는 데 쓰고 싶을 것이다. 어떤 사람에겐 자신의 순자산에 0 하나를 더 추가하는 것보다 정책과 정치 현안에 영향력을 행사할 수 있다는 심리적 가치가 훨씬 더 클 수 있다. 정치적 목적을 위해 부를 사용하는 방식은 다양하다. 대규모로 정치 기부를 할 수도 있고, 특정 정책이나 정치 이슈, 관점을 홍보하기 위해 싱크탱크나 여타 비영리단체에 자금을 대거나,[26] 영향력 있는 미디어를 사들일 수도 있다.

경제학에서의 핵심 개념은 소비와 생산에서 한계수익률이 줄어든다는 것이다. 물질적인 소비에서 초부유층은 이미 한계수익률이 마이너스 영역에 있고 추가로 부를 늘리는 경우에도 한계효용이 거의 0에 가깝다고 할 수 있다. 반면 정치적 영향력이나 통제력을 행사하기 위해 자신의 부를 정치적인 영역에 소비할 경우 한계수익률은 매우 높을 수 있다.

지난 2013년, 2억 5000만 달러라는 거액을 들여 워싱턴포스트라는 신문사를 인수한 제프 베이조스가 좋은 예가 될 수 있다. 당시 인수 금액은 베이조스가 신고한 순자산의 약 1%(현재는 0.2% 수준)로,[27] 영향력 있는 미디어를 인수한 것치고 그리 큰돈은 아니었다. 일론 머스크도 2022년 10월 소셜미디어 플랫폼인 트위터를 440억 달러나 들여 인수했는데, 초부유층이 정치적·사회적 영향력을 발휘할 수 있는 방법으로 자신의 부를 이전시키는 또 다른 예다. 머스크의 경우 베이조스에 비해 상대적으로 더 큰 인수 금액을 부담해야 했는데, 실제 트위터 인수 금액은 그의 순자산의 24%에 해당할 정도로 상당히 높았다.

순수하게 경제적 관점에서도 애덤 스미스의 논리가 적용될 수 있다. 디지털 시대에 많은 신문사가 가라앉고 있는 와중에도 유서 깊은 신문을 유지하고 수많은 기자와 직원들을 고용하는 것이 사회에 도움이 되지 않는다면, 억만장자들은 자기 부를 여기에 투

입하기 어려웠을 것이다. 특히 머스크와 트위터의 경우에는 '캔슬
컬쳐cancel culture'(자신과 다른 생각을 가진 사람을 팔로우에서 취소하는 배타
적인 행동)에 반기를 들고 언론의 자유를 홍보한 것이다. 그러나 많
은 사람은 경제 영역에서의 성공을 정치 영역에 그리 쉽게 활용하
는 것에 문제를 제기할 수 있으며, 이것은 훨씬 더 많은 사회적 관
심이 필요한 까다로운 문제다.

지금까지 우리는 돈을 수 세기에 걸친 혁신을 통해 현대적 모습
으로 탄생한 인간의 독창적인 발명품이자 사회적 구조물로, 그리
고 경제적 번영의 원동력으로 해석하는 등 대체로 긍정적인 시각
에서 바라봤다. 하지만 수 세기에 걸친 금융위기가 증명하듯이 돈
에는 경제와 사회에 큰 혼란을 불러올 수 있는 어두운 측면도 있
다. 이제 우리는 어떻게, 그리고 왜 그런 일이 발생했는지, 또 부정
적인 결과를 누그러트리기 위해 무엇을 할 수 있는지에 대해 살펴
볼 것이다.

06

경제위기 촉발제이자 치료제, 돈

나는 매일 밤 잠에서 깰 때마다
당시에 내가 어떻게 달리 대처할 수 있었을까 생각하곤 한다.

리처드 펄드(Richard "Dick" Fuld), 리먼 브라더스 회장 겸 CEO[1]

돈은 경제가 돌아가는 데 도움을 주지만, 때로는 경제를 무너트리는 역할을 하기도 한다. 화폐·은행·금융의 역사는 곧 통화·은행·금융위기의 역사이기도 하다. 하버드 경제학자인 카르멘 라인하트Carmen Reinhart와 케네스 로고프Kenneth Rogoff가 지난 2009년에 쓴 책 『이번엔 다르다』는 그 부제처럼 '8세기에 걸친 금융의 어리석음'을 기록했고, 또 다른 경제학자인 찰스 킨들버거Charles Kindleberger의 고전인 『광기, 패닉, 붕괴 금융위기의 역사』는 여덟 차례의 개정판을 거치면서도 매번 더 큰 인기를 끌었다.[2] 전 세계 금융 시스템이 붕괴될 뻔했던 2007~2009년 글로벌 금융위기가 닥

친 운명적인 주말 동안의 기억은 나를 포함한 많은 이에게 아직도 생생하다. 그 주말은 2008년 9월 12~14일이었고, 당시 미국 4위 규모의 투자은행이었던 리먼 브라더스가 파산 신청을 했다. 그때 리먼 브라더스의 수석 이코노미스트로 있었던 나는 죄책감에 시달렸다.

금융위기의 원인은 무엇일까? 예방할 순 있을까? 예방할 수 있다면 가장 좋은 방법은 무엇일까? 예방할 수 없다면 위기가 일어난 뒤 대처할 수 있는 최선의 방법은 무엇일까? 돈은 금융위기의 원인일까, 아니면 치료제일까? 아니면 둘 다일까? 이런 의문과 관련된 질문에 답해보자.

결코 똑같은 금융위기는 없다

금융위기는 다양한 형태와 규모로 발생한다. 동일한 방식으로 발생하는 금융위기는 결코 없다.

첫째, 1990년대 일본에서의 위기나 흔히 '서브프라임 모기지 사태'라 불렸던 최근 글로벌 금융위기와 같은 은행 위기가 있다. 일본의 경우 상업은행들이 부동산과 같은 위험자산에 과도하게 투자하도록 자금을 지원함으로써 해당 자산의 버블을 만들어냈다. 이 거품이 꺼지고 나면 은행권의 자본이 잠식되고 예금자들은 서둘러 은행에서 자금을 인출함으로써 은행이 문을 닫거나 정부로부터 구제금융을 받는 지경에 이르게 된다.

2007~2009년 글로벌 금융위기는 전통적인 은행 위기와 '그림 자 금융' 또는 자본시장 위기가 결합된 것으로, 거품으로 부풀려 진 자산 가치가 붕괴되자 뱅크오브아메리카와 씨티뱅크 등 상업 은행 자본이 쪼그라들었고 모기지담보증권MBS과 담보부채권CDO, 신용부도스와프CDS와 같은 자본시장 상품은 예상보다 훨씬 더 위 험성이 높았다. 이런 복합적 위기로 인해 거래 상대방에 대한 위 험이 높아지자 단기자금시장이 얼어붙었고, 이 때문에 베어스턴 스와 리먼 브라더스 같은 투자은행까지 무너지고 신용부도스와프 손실로 거대 보험사인 아메리칸 인터내셔널 그룹AIG이 거의 파산 할 뻔하기도 했다.[3]

둘째, 주식시장 붕괴도 금융위기의 한 형태다. 1929년에 발생한 월스트리트 붕괴는 1930년대 대공황을 촉발시키는 데 일조했고, 2000년대 초 정보기술IT과 나스닥 버블—일명 '닷컴 버블'—붕 괴도 같은 유형이다. 투자자들이 미래에 대해 과도한 낙관론을 가 지면서 '비이성적 과열irrational exuberance'이 나타나 주가를 버블 영 역으로 몰아넣고, 비싸진 주식을 사기 위해 돈을 빌린 투자자들이 버블 붕괴로 손해를 입게 되면서 경제도 함께 무너지고 마는 경우 가 비일비재하다. 1980년대 일본의 '버블 경제'에는 주식시장과 부동산시장 거품이 동시에 끼었는데, 1990년대에 두 시장에서의 거품이 동시에 터지자 은행 위기가 10년 이상 지속됐다(일본 은행들 은 대출받는 기업의 지분을 다수 보유하고 있었기 때문에 주가와 부동산 값이 함께 급락하면 자본금이 원투 펀치를 한꺼번에 얻어맞는 상황이었다).

셋째, 1997년 인도네시아와 한국, 태국이 겪었던 아시아 금융위기 때처럼 국제수지 위기도 있다. 통상적인 국제수지 위기에서는 환율을 미국 달러화에 고정(페그)하는 국가의 기업들이 국내 투자 자금을 조달하기 위해 너무 많은 달러를 차입하게 된다. 이런 대규모 투자 프로젝트와 경제가 악화되면 자국 통화 가치가 추락하면서 달러에 고정시켜 둔 환율 페그가 무너지려는 압박이 커진다. 그렇게 되면 자국 통화가 급격히 절하되어 외화로 차입한 은행과 기업 부채의 실질 가치(자국 통화 기준)가 커지고, 많은 기업이 파산하게 된다.

끝으로 국제수지 위기의 변형으로 1980년대 초 중남미에서 일어난 국가 부채 위기와 같은 것도 있다. 전형적인 국가 부채 위기에서는 한 국가의 정부가 외화(주로 미국 달러화)를 너무 과도하게 빌리거나 늘어난 자국 은행과 기업들의 부채를 떠안았다가 이를 갚을 만큼 충분한 수입(세수)을 창출하지 못하는 상황이 벌어진다. 정부는 언제든지 원하는 만큼 자국 화폐를 찍어낼 수 있기 때문에 자국 통화로 표시된 부채는 굳이 채무불이행으로 갈 필요가 없다. 그러나 다른 나라 화폐를 찍는 인쇄기는 가동할 수 없다. 2010~2015년 유로존에서 발생한 국가 부채 위기는 흥미로운 변종인데, 다음 장에서 자세하게 살펴볼 것이다.

금융위기는 화폐경제나 실물경제 간에 내재된 유동성 불일치라는 공통 요소를 공유한다. 금융 청구권은 본질적으로 해당 청구권의 기초가 되는 자산보다 유동성이 높다. 금융위기는 차입자가 보유한 자산을 유동화해 자금을 공급할 수 있는 속도보다 대출자가 더 빨리 돈을 돌려달라고 요구할 때 발생한다. 그러나 금융위기가 진공 상태에서 발생하진 않는다. 투자자와 은행 예금자가 돈을 돌려받고 싶도록 신뢰를 잃게 만드는 어떤 촉매제(트리거)가 존재하는 법이다.

신기루와 같은 유동성

인류가 만들어낸 화폐와 실물경제를 보완, 반영, 촉진하는 화폐경제는 인류 문명 발전의 경이로움을 보여주는 것으로, 끝없는 번영을 이루도록 돕는다. 하지만 화폐와 화폐경제에도 맹점은 있는데, 핵심이 되는 유동성이 취약해지거나, 집단적 신뢰가 유지되지 않으면 문제를 일으키게 된다는 점이다. 금융 시스템은 유동성이 부족한 실물경제에 유동성을 공급해 주지만, 유동성은 대체로 신기루에 가깝고 쉽게 증발해 버릴 수 있다. 그런 상황이 될 때를 우리는 금융위기라고 부른다.

'유동성'은 다루기 힘든 용어다. 사람들은 누구나 이해하는 것처럼 이 용어를 여기저기서 사용하지만, 유동성이라는 단어가 정확히 무엇인지 불명확한 경우가 많으며, 그 정의를 내리는 일도 드물다. 경제학자들에게 '유동성'이라는 용어는 세 가지 의미나

용도로 사용된다.

첫 번째 의미는 금융자산이 얼마나 '돈과 비슷한지'를 포착한다. 즉 금융자산이 화폐처럼 교환의 매개체로 사용되거나 재화와 서비스, 또는 자산을 구매하거나 부채를 청산하는 데 얼마나 가까운가 하는 것이다. 부동산 형태의 금융자산은 유동성이 높지 않고, 정기예금이나 저축성예금은 당좌예금이나 요구불예금 계좌에 있는 돈보다 유동성이 떨어진다. 유동성 자산이 많다는 건 일반적으로 화폐로 분류되는 자산(은행예금 등)이나 쉽사리 화폐로 전환할 수 있는 자산(국채나 우량주식 등)을 많이 보유하고 있다는 뜻이다. 유동성이 높은 자산은 화폐로 간주되지 않을 수 있지만, 많은 사람들이 그런 고高유동성 자산을 현금과 기꺼이 교환할 의향을 가지고 있다. 유동성은 자산을 화폐로 바꾸는 것이 얼마나 쉬운지를 나타내는 척도인 셈이다.

두 번째 의미는 준비금 또는 중앙은행 화폐의 동의어로 사용된다. 중앙은행이 불안한 시장을 진정시키기 위해 '시장에 유동성을 투입한다'는 표현을 금융시장에서 흔히 쓰는데, 중앙은행이 은행 시스템의 지급준비금 또는 은행 시스템 내의 예금을 늘린다는 뜻이다. 시장에 유동성을 공급하는 건 중앙은행의 주요 업무 중 하나다.

세 번째는 자산 가격에 영향을 주지 않으면서 자산을 쉽게 사고 팔 수 있다는 의미의 유동성이다. 이를 보통 '시장 유동성'이라고 한다. 잠재적인 매수자와 매도자가 많고 가격에 큰 영향을 주지 않으면서 합리적으로 큰 금액을 거래할 수 있다면, 그 자산의 유동성이 높다고 할 수 있다. 미국 국채시장은 그런 의미에서 전형적인 유동성 시장이다. 그렇다고 시장가격이 움직이지 않는다는 뜻은 아니다. 새로운 정보가 시장에서 주목받으면 시세는 끊임없이 움직인다. 다만 시장을 움직이는 건 새로운 정보이지, 국채 보유의 일부를 더 유동성 있는 형태로 전환하려는 개인 보유자들의 욕구가 아니라는 얘기다.

화폐경제와 실물경제 사이의 유동성 불일치는 본질적인 것이며 피할 수 없는 현상이다. 인프라와 주거용 및 상업용 건물, 컴퓨터, 공장, 창고 등 물리적 자본들의 세계인 실물경제는 본질적으로 비非유동적이다. 또 근로자와 관리자, 기술자, 과학자 등이 수년간의 교육과 훈련, 경험을 통해 습득한 기술과 지식으로 구현된 인적자본의 세계이기도 하다. 또한 사회 운영을 뒷받침하는 법과 규범, 규칙으로 구현된 제도적, 사회적, 문화적 자본의 세계이기도 하다. 이렇게 축적된 자본은 전 세계가 매년 자본스톡을 보충하고 늘리는 데 사용되거나 소비되는 막대한 양의 재화와 서비스를 생산할 수 있게 해준다.

금융 시스템은 유동성 청구권, 즉 다른 청구권이나 화폐로 쉽게 전환할 수 있는 자본스톡에 대한 청구권을 만들어낸다. 은행 시스템을 예로 들어보자. 궁극적으로 은행 시스템은 항만과 공장, 항공기, 통신망, 주택 등 실물경제에서 부를 창출하는 자산과 심지어 사람들이 교육을 통해 습득한 기술에 대한 청구권까지 보유하고 있다. 은행권은 이처럼 본질적으로 비유동적 자산에 대한 청구권을, 재무상태표의 양 측면에 해당하는 두 단계를 거쳐 유동자산으로 전환한다.

은행 시스템의 재무상태표 자산 항목에는 대출과 채권, 주식, 기타 금융증권이 있다. 금융시장은 이러한 청구권을 가진 사람들에게 기초자산보다 더 많은 유동성을 제공해 준다. 물론 금융자산도 비유동적일 수 있다. 유동성은 거래할 수 있는 시장이 있는지, 해당 시장이 얼마나 '깊고' 활발한지에 따라 달라진다.

여기서 '깊은 시장deep market'이란, 많은 매수자와 매도자가 활발하게 거래하는 시장을 말한다. 글로벌 금융위기로 제동이 걸리긴 했지만, 최근 수십 년 동안 자산의 증권화는 증가하는 추세를 보였다. 증권화된 자산은 금융시장에서 더 쉽게 거래될 수 있다.

은행 시스템의 재무상태표 부채 항목에는 주로 화폐의 한 형태로 분류되는 예금이 있다. 은행 시스템 내에서 예금 형태로 존재하는 화폐는 유동성이 높은 자산이지만, 가치를 창출하는 궁극적인 자산은 비유동적이다. 금융 시스템은 경제의 생산적 자산에 대한 청구권을 유동화하지만, 그렇다고 해서 기초자산의 비유동적인 본질이 변하지는 않는다.

금융 시스템의 놀라움은 비유동성에서 유동성을 창출한다는 점이다. 하지만 이렇게 만들어진 유동성은 취약하기 때문에 이를 유지하기 위해서는 금융 시스템에 대한 집단적인 신뢰와 믿음에 의존해야만 한다. 유동성은 경제 시스템 내부에서 생겨나는 내생적인 것이지, 외부로부터 유입되는 외생적인 것은 아니다. 어떤 자산이 유동적인 것은 많은 사람이 기꺼이 돈을 주고 그 자산을 구입하기 때문이기도 하지만, 자산을 팔려고 할 때 다른 사람이 그 자산을 사줄 준비가 돼 있을 것으로 기대하기 때문이다. 어떤 자산을 유동적이게끔 만드는 데 내가 기여하려면 다른 모든 사람, 적어도 충분한 사람들이 기여할 것이라는 믿음이 있어야 한다. 네트워크를 사용하는 사람이 많아질수록 그 가치가 커지는 것처럼, 자산을 구매하려는 사람이 많아질수록 그 자산의 유동성도 높아지는 것이 바로 네트워크 효과다.

유동성과 지급능력 문제

금융 스트레스나 위기 상황일 때 유동성과 지급능력solvency 문제를 뚜렷하게 구분하는 경우가 많다. 사실 유동성과 지급능력은 생각만큼 선명하게 구분되지 않으며, 그 경계도 상당히 모호하다. 빌린 돈을 만기일에 갚을 수 있는 충분한 유동자산을 보유하고 있지 않을 때, '유동성 문제'가 있다고 한다. 반면 부채를 충당할 만큼 자산이 충분치 않은 경우에는 '지급능력 문제'가 있거나 '지급불능'이 되었다고 한다. 즉 유동성은 유량flow과 유사하고, 지급능력은 저량stock과 비슷하다.

지급능력이 있지만(순자산이 플러스지만) 유동성 문제에 직면한 차입자는 원칙적으로는 자금난에서 벗어날 수 있다. 자신이 가진 자산 가치가 부채보다 많은데도 당장 수중에 가진 현금이 부족한 것이 문제라면 자금을 빌려 고비를 넘길 수 있기 때문이다. 은행이 그런 상태라면 중앙은행으로부터 돈을 빌릴 수 있다. 중앙은행의 핵심 기능 중 하나가 최종 대부자(최후의 대출기관) 역할을 하는 것이니 말이다. 이에 대해서는 아래에서 자세히 다루겠다.

부채를 가진 기업이나 개인이 지급능력이 있는가 하는 물음은 생각보다 명확하지 않다. 지급능력과 지급불능의 차이는 해당 기업이나 개인이 유동성 문제를 해결할 수 있느냐에 달려 있다. 유동성 문제를 겪고 있는 기업이 단기간에 필요한 현금을 확보해 유동성 문제를 해결할 수 있다면, 그 기업은 지급능력을 유지할 가능성이 높고 이후에도 문제가 생기지 않을 수 있다. 반면 같은 기업이 유동성 문제를 해결하려고 애쓰다가 상환자금 마련을 위해 보유한 자산 일부를 매각해야 할 지경이 된다면, 이 기업은 지급불능이 될 수도 있다.

지급능력이나 지급불능은 실제적 또는 잠재적 대출자들이 그 기업이 처한 상황을 어떻게 평가하느냐에 따라 자기 실현적 현상이 될 수 있다. 현금을 마련하기 위해 단기간에 매각해야 하는 비유동성 자산은 대개 장부가치(재무상태표상에 평가해 기록해 둔 가치)보다 훨씬 낮게 할인된 가격에 팔아야 할 것이기 때문이다. 금융시장이 패닉 상태일 때 일시적인 유동성 문제가 지급능력 문제로 번질 위험이 훨씬 높아지는데, 금융 패닉 상황에는 많은 사람이 한꺼번에 팔려고 하고 적정 가격에 사려는 잠재적 매수자가 거의 없어지기 때문이다. 주저하는 구매자나 대출자가 다른 사람들에게도 주저하도록 유도함으로써 악순환의 고리가 형성될 수 있다. 금융 패닉 상황에서 "떨어지는 칼날을 잡으려는 사람은 아무도 없다"라는 격언은 그래서 나온 것이다.

실물경제가 일종의 가상 경제인 화폐경제와 병행해 존재한다는 사실 자체가 이 둘 사이의 유동성 불일치를 야기한다. 일반적으로 금융 시스템 내 비유동성 자산에서 유동성 높은 자산을 만들어내는 건 축복과도 같은 일이다. 그러나 이것은 구성의 오류에 기반하고 있다. 즉 개인 한명 한명에게 맞는 것처럼 보이나 전체 사회나 경제 차원에서는 사실이 아닐 수도 있다는 얘기다.

일례로 당좌예금이나 요구불예금에 10만 달러를 넣어둔 개인은 이 자산을 유동성 높은 자산으로 여겨 원하면 언제든 인출할 수 있다고 믿는다. 개인의 차원에서 보면 옳은 생각이다. 실제 은행은 그 정도 규모의 예금 인출에 늘 대비할 수 있도록 중앙은행에 충분한 준비금을 보유하고 있기 때문이다. 그러나 모든 예금자 또는 충분히 많은 예금자가 한꺼번에 예금을 인출하려 한다면 은행은 예금을 현금으로 내줄 수 있을 만큼 충분한 준비금을 가지고 있지 않을 것이다. 은행이 제 역할을 한다고 가정하면, 은행은 예금으로 받은 대부분의 자산을 유동성이 낮은 실물경제 자산에 대한 청구권으로 가지고 있을 것이기 때문이다.

금융위기를 막아줄 방어선

유동성 자산에 사람들이 몰려 금융 시스템을 압도하거나 유동성 불일치 또는 구성의 오류에 노출되는 것을 막기 위해 우리는 대개 두 가지 방어선을 마련해 둔다. 하나는 1933년 미국에서 광범위한 은행 부실로 대공황이 촉발된 이후 도입된 현대적인 예금보험제도다.

대부분의 선진국에서 정부는 '소액' 예금 또는 일정 규모 이하의 예금에 대해 예금보험제도를 운영하고 있다. 미국의 경우 현재 은행당 예금자 1명에 대해 25만 달러를 보장하고 있다(우리나라의 경우 '예금자보호법'이라 하여 1인당 최고 5000만 원까지 보호한다). 예금보험은 은행이 정부 예금보험기관―미국에서는 연방예금보험공사 FDIC가 이에 해당된다―에 보험료를 내고 나중에 은행이 파산하면 예금보험기관이 다른 보험사와 유사하게 보험 한도까지 예금자에게 예금을 보장해 준다. 만약 예금보험기관도 특정 시점에 손실을 감당할 수 있을 만큼 충분한 보험금을 보유하지 못했을 경우엔 정부가 보증을 통해 현금흐름 요건을 원활하게 하는 데 필요한 차입을 보장하는 식으로 지원한다. 이처럼 정부가 예금보험제도를 운영하고 필요할 때 지원하기 때문에 대부분의 개인 예금자(예금이 전액 보험에 가입된 예금자)가 은행 패닉 상황에서 예금을 인출하려는 유인이―완벽하게 제거되진 않더라도―크게 줄어들게 된다.

그러나 예금보험은 은행(예금기관)에만 적용될 뿐이며 모든 예금을 보장하는 것도 아니기 때문에 고액 예금자나 부유한 개인, 대기업과 중소기업 등은 은행 파산에 따른 손실을 고스란히 입을 수밖에 없다. 그 때문에 두 번째 방어선이 등장하는 것이다.

벼랑 끝의 구원자

은행 패닉이나 금융 패닉이 발생하는 것을 미리 막고, 만일 패닉이 실제로 발생하면 이를 관리하기 위해 중앙은행은 '최종 대부자' 역할을 한다. 이 용어에서 핵심은 '대부자'(대출기관)와 '최종'(최후의 수단) 두 가지다. 중앙은행은 금융 손실을 막아주기 위해서가 아니라 금융 시스템을 안정시키기 위해 유동성(준비금)을 공급해야 한다. 만약 그런 상황이 되면 납세자와 유권자로부터 감독을 받는 재정당국(정부)과 정치인이 책임을 져야 한다. 또한 민간부문이 행동할 수 없거나 그럴 의지가 없는 경우에 한해서만 중앙은행이 나서야 한다.

중앙은행은 자산을 매입하거나 은행이 제공하는 담보로 대출을 해줌으로써 마음대로 화폐를 찍어낼 수 있는 유일한 기관이다. 한 은행의 부실 여신이 늘어나고 예금이 줄어들면서, 은행 간 단기자금시장에서 거래 상대방들이 해당 은행에 대출하는 걸 꺼리기 시작했다고 가정해 보자. 우선 은행에서 1달러의 예금이 빠져나가면 이 은행이 중앙은행에 예치해 둔 준비금도 1달러 줄어든다. 이렇게 빠져나온 예금이 다른 은행으로 이동하는 경우 은행 시스템 내 지급준비금은 변하지 않는다. 예금이 줄어든 은행은 예금을 받은 은행에서 지급준비금을 빌려 부족한 부분을 채울 수 있다.

다만 예금을 받은 은행이 해당 은행과 거래하기에 리스크가 있다고 생각하면 이를 빌려주지 않고 비축해 둘 수 있다. 그럴 경우 예금이 줄어든 은행은 시장에 보유하고 있던 자산을 매각해 중앙은행 준비금을 채울 수 있다. 그러나 금융 패닉이 일어나면 재무적인 어려움이 한 기업에서 다른 기업으로 확산되는 전염 현상이 이어질 수 있다. 구제금융bailout의 정책 결정이나 정치적 측면과는 다르다 해도, 최종 대부자로서 중앙은행 메커니즘은 단순하다. 중앙은행은 은행이 제공하는 담보를 받고 은행에 지급준비금을 빌려주면서 대출된 돈을 찍어내는 것이다.

한 은행이 예금이 빠져나갔는데 다른 은행에서 준비금을 빌릴 수 없게 되어 100달러어치의 준비금을 필요로 한다고 치자. 중앙은행은 은행의 준비금 계좌(중앙은행 재무상태표의 부채 항목)에 100달러를 입금하고 이를 은행 대출로 기록한다. 이 대출은 은행이 미리 동의한 담보를 기반으로 한 것이다. 이제 은행은 재무상태표의 자산 항목에 100달러의 준비금이 생기고, 부채 항목에는 중앙은행에서 빌린 대출 100달러가 기록으로 남는다. 중앙은행이 최종 대부자로서 대출을 제공하는 방식은 크게 세 가지가 있다.

첫째, 은행이 자금 압박을 경험하는 경우

첫 번째 방식은 하나 이상의 은행이 지급준비금에 대한 자금 압박을 경험하는 경우에 이뤄진다. 평상시 중앙은행은 은행 시스템 내 은행별 지급준비금 배분에 신경 쓸 필요 없이, 단순히 은행 시스템 전체에 지급준비금이 충분한지만 확인하면 된다. 중앙은행이 충분한 지급준비금을 공급하고 있고 모든 은행의 재무 상태도 건전하다면(당연히 그래야 한다), 어느 시점에 지급준비금이 너무 많은 은행은 은행 간 단기자금시장에서 지급준비금이 너무 적은 은행에 돈을 빌려주게 될 것이다.

그러나 은행들은 거래 상대방의 재정 여건에 매우 민감하다. 경제와 금융 여건이 충분히 악화될 경우 2000년 3월 베어스턴스나 2008년 9월 리먼 브라더스처럼 하나 이상의 은행이 시스템상의 약한 고리를 드러낼 수 있다. 자산 건전성이 의심스러워지면서 단기자금 조달이 불가능하진 않더라도 어려워지기 시작하는 은행들이 나타날 것이다. 중앙은행은 그 은행에 직접 대출을 제공함으로써 문제 있는 은행이 지급준비금을 빌리도록 하는 방식(상황이 악화되면 그렇게 되지 않을 것이다)에 의존하지 않게 할 수 있다. 19세기 영국의 저명한 경제학자였던 월터 배젓Walter Bagehot은 "패닉을 피하기 위해 중앙은행은 지급능력이 있는 기업들에 '높은 금리'로, 우량 자산을 담보로, 한도 제한 없이, 조기에 자유롭게 대출해 줘야 한다"라는 유명한 격언을 남겼다.[4] 이 얘기는 지급능력이 있지만 일시적인 유동성 문제를 겪고 있는 기업을 가정한 것이며, 유동성 문제의 해결책은 당연하게도 유동성이라는 점을 강조한 것이다.

둘째, 시장이 얼어붙었을 경우

두 번째 방식은 시장 내 주요 부분이 얼어붙었을 때 중앙은행이 일시적인 유동성 공급자로 나서서 시장이 다시 원활하게 작동할 수 있도록 하는 것이다. 이 조치는 글로벌 금융위기 당시에 두드러지게 나타났는데, 대표적인 것이 '신용완화credit easing'(우리가 흔히 '양적완화'라고 말하는 조치)로 알려진 미국 연준의 여러 긴급대출 프로그램이었다. 소위 비전통적 통화 정책으로 불리는 많은 조치들처럼, 양적완화는 일본은행이 처음으로 시작한 것이었다. 선구적인 양적완화 실험을 시작한 지 2년 뒤인 2003년 4월 일본은행은 "중소기업들에 자금을 조달해 주는 새로운 채널을 제공함으로써 통화 완화정책이 실물경제로 전달되는 메커니즘을 강화하는 걸 돕겠다"라며 자산유동화증권ABS을 직접 매입하는 조치를 시작했다.[5] 다만 당시 일본은행의 양적완화 계획은 매우 작은 규모여서 현대 통화 정책의 역사에는 거의 기록되지 않았다.

그로부터 10년 뒤 유로존 재정 위기로 촉발된 대규모 경기 침체기에 연준은 상업어음CP과 머니마켓펀드MMF, 자산유동화증권 등 분야에서 금융시장이 계속 정상적으로 작동하도록 돕겠다는 목적으로 조치에 나섰다. 이들에게 대출을 제공하거나, 해당 자산을 담보로 활용하거나, 특수목적회사SPC를 통해 간접적으로 자산을 매입해 주는 조치가 총망라됐고, 잠재적인 손실이 나더라도 미국 재무부가 어떤 식으로든 면책해 주는 내용도 포함됐다. 이런 전략은 코로나19 팬데믹 기간에도 다시 극적으로 등장했는데, 이번엔 지방정부가 발행하는 지방채시장과 회사채시장, (실물경제에서 활동하는 기업들을 지원하는) '메인스트리트 대출', 정부의 급여보호 프로그램PPP을 지원하기 위한 조치까지도 새롭게 담겼다.

중앙은행이 준비금을 창출해 자금을 조달하고 이를 통해 자산을 매입(통상 대출을 통해)하고, 그 결과 평소보다 중앙은행 재무상태표가 확대된다는 점에서 신용완화는 양적완화와 유사하다. 신용완화는 크레디트(회사채)시장과 여타 금융시장을 통한 통화 정책의 전달 체계를 개선한다는 명시적 목표를 가지고 있다. 통화 정책의 방향성은 중앙은행이 설정하지만, 필요에 따라 경제활동을 부양하거나 억제하는 대부분의 역할은 금융시장이 수행한다는 걸 기억해 두자. 만약 금융 시스템이 불안정하거나 더 심하게는 붕괴될 위험에 처한다면 실물경제에 심각한 영향을 미치는 것은 물론이고 통화 정책의 효과도 저하시킬 수 있다. 최근 15년간 두 차례나 글로벌 충격을 겪으면서 대부분의 주요국 중앙은행들은 정책금리를 실효 하한선까지 내려서 운영하는 상황이 되다 보니, 신용완화와 같은 비전통적 통화 정책도 어느새 표준적인 통화 정책 수단의 일부가 되고 있다.

셋째, '대마불사' 금융기관을 구제하는 경우

중앙은행이 최종 대부자로서 역할을 하는 세 번째이자 가장 큰 논란을 낳는 방식은 '대마불사Too Big to Fail'라고 불리는, 중앙은행이 개별 은행이나 여타 금융기관을 구제하기 위해 자금을 지원하는 것이다. 금융회사가 파산할 때 금융 전염이나 실물경제에 미치는 피해가 너무 크기 때문에 해당 금융기관이 파산하지 않도록 구제하는 편이 오히려 비용이 적게 든다고 판단하는 것이다.

'대마불사' 금융기관을 구하는 건 본질적으로 불공정하고 시장경제 원칙에 어긋나며 도덕적 해이moral hazard를 낳을 수 있지만, 이런 부작용은 다양한 방법으로 줄일 수 있다. 예를 들어 중앙은행은 구제금융을 제공하는 금융기관 최고경영자들의 직무를 해제하도록 요구할 수 있고, 정부가 직접 구제금융을 받는 기업의 지분을 대규모로 인수해 기존 주주들의 이익을 희석시킬 수 있다.

이밖에도 중앙은행의 구제금융은 다양한 형태로 이뤄질 수 있다. 가장 일반적인 방식은 중앙은행이 우선 긴급자금을 지원하고 구원병이 나타날 때까지 부실은행을 떠받쳐 주는 것이다. 그러나 더 강한 은행이 등장해 부실 은행을 인수하게 되는데, 이 과정에서 정부가 개입해 인수합병이 이뤄지도록 하는 것이 일반적이다. 이와 달리 문제 있는 은행이 유동성을 확보하기 위해 부실 자산을 정리하는 데 중앙은행이 자금을 지원할 수도 있다. 이런 상황에서 중앙은행이 자금을 지원하는 것은 개별 은행을 구제하기 위함이 아니라 금융 시스템과 더 넓은 의미의 경제, 나아가 실물경제 전반과 일반 대중의 혼란과 손실을 막기 위함이지만, 이 점을 지적하는 데는 어려움을 겪고 있다.

연준은 리먼을 구제했어야 했나?

중앙은행의 최종 대부자 역할은 본질적으로 은행을 리스크에 노출시키고, 시장에 개입함으로써 특정 기업에 특혜를 주는 결과를 낳을 수 있다는 위험이 있다. 이런 두 가지 위험은 전통적인 통화 정책, 특히 보수적인 시각을 가진 당국자라면 절대 범해선 안 되는 일이다. 따라서 최종 대부자로서 중앙은행의 역할은 당연히 엄격하게 제한돼 있다. 연준의 경우 '비정상적이고 긴급한 상황'으로 규정된 연방준비법 13조 3항이 핵심 규정이다. 글로벌 금융위기 당시 존재했던 이 규정은 다음과 같다.

"비정상적이고 긴급한 상황에서 연방준비제도이사회는 연준이 개인과 민관 합작회사, 기업에 대해 어음과 유통어음, 환어음을 할인할 수 있도록 승인할 수 있다. 이때 연준이 만족할 수 있을 정도의 담보가 있어야 하고, 해당 개인과 합작회사, 기업이 다른 금융기관으로부터 적절한 신용 제공을 확보하지 못할 경우여야 한다. 개인과 합작회사, 기업에 대한 모든 할인 조치는 연방준비제도이사회가 규정하는 제한과 규정의 적용을 받는다."

13조 3항은 연방준비법에서 '최종 대부자' 조항으로 알려져 있지만, 법에서는 이 용어가 쓰이지 않는다. 이 조항은 대공황 때부터 시작했지만 사실 2008년 글로벌 금융위기 전까지는 거의 잠자고 있던 권한이었다. 그러다 2008년부터 연준은 여러 차례 이 조항을 발동했는데,[6] 부실 투자은행이던 베어스턴스와 초대형 은행인 JP모건체이스의 합병 과정에서 처음 구제금융을 지원했다. 논란의 여지가 있었지만, 연준은 이 딜에 개입해 특수목적회사SPC를 통해 베어스턴스의 부실 자산 300억 달러어치를 매입했고 대신 JP모건은 10억 달러의 손실을 떠안는 방식으로 진행됐다. 당시 연준은 13조 3항의 권한을 발동해 증권담보기간대출, 프라이머리딜러 크레디트대출, 기업어음 조달대출, 머니마켓투자자 조달대출, 자산유동화증권 기간대출, 그리고 가장 큰 규모인 자산유동화 기업어음, 머니마켓 뮤추얼펀드 유동성대출 등 6개의 대출 프로그램을 신설했다.[7]

연방준비법 13조 3항은 짧은 문구지만, 내부 모순을 드러내는 흥미로운 측면이 있고 경제학자와 법률가들 사이에서 서로 다른 반응과 해석을 불러일으키기도 했다. 이 조항은 연준이 이를 발동하는 목적, 즉 연준이 해결하려 하는 문제나 달성하려 하는 결과가 무엇인지에 대해 침묵하고 있다. 이와 같은 조항은 일본은행법에도 나오는데, 그 법에는 '질서 있는 금융 시스템의 유지'라는 목적이 분명히 규정돼 있다. 연방준비법 13조 3항의 문구는 일본은행법에 비해 다소 모호하고 난해할 수 있지만, 연준이 필요할 때 금융 시스템의 안정성을 유지하기 위해 긴급 조치를 취할 수 있는 권한을 부여한다는 목적에는 의문의 여지가 없다. 특히 13조 3항은 연준이 일반적인 거래 상대방, 즉 연준에 준비금 계좌를 가진 시스템 내 회원 은행들을 지원하는 대신에 개인과 합작회사, 기업에 직접 대출할 수 있는 권한을 부여하고 있다는 점에서 그 목적을 충분히 유추해 볼 수 있다. 따라서 연방준비법 13조 3항은 연준이 금융 안정성을 유지하기 위해 필요하다고 판단되는 경우에 긴급 조치를 취할 수 있는 권한을 부여한다고 해석하는 게 자연스럽다. 아울러 13조 3항에는 반드시 함께 읽어야 하는 핵심 조건도 있다. 그 조건은 연준의 지원을 받는 차입자가 다른 출처로부터 자금을 조달할 수 없어서, 최후의 방편으로 연준에 의존해야 한다는 점이다.

또한 연준이 '만족할 만한' 담보가 확보돼야만 대출이 가능하다는 것도 핵심적인 문구다. 전체적인 맥락에서 이 조항을 상식적으로 이해하면, 이 문구는 상대적으로 연준에 낮은 기준을 부과하는 것이라 볼 수 있다. 연준은 민간 부문에서 돈을 벌기 위해 최종 대부자로서의 조치를 운영하는 것이 아니다. 금융 시스템의 안정성 유지를 포함한 공익적 목적을 위해 특정 정부 기능을 수행해야 할 책임이 있는 것이다. 여기에는 금융 시스템이 극도로 혼란스러워지거나 붕괴되는 것을 막기 위한 모든 조치를 취하는 것을 포함한다. 연준이 13조 3항에 따라 만족할 만한 담보를 확보해야 한다고 해서, 대출금 회수가 완전하게 보장되는 경우에만 대출을 해줘야 한다는 뜻은 아니다. 여기엔 논리적 일관성이 있다. 13조 3항에 따르면 연준은 차입자가 어떤 다른 금융기관에서도 자금을 조달할 수 없는 경우라야 한다고 돼 있는데, 그런 상황에서 어떻게 완전한 대출금 회수가 가능한 담보를 요구하겠는가? 완전한 대출금 회수가 가능한 담보가 있었다면 아마 다른 은행들이 이미 요구하지 않았을까?

이 문제를 해결할 수 있는 유일한 방법은 총체적 패닉이 발생하고 금융시장이 제 기능을 멈춰 지급능력이 있는 차입자가 만기 도래하는 기존 대출을 만기 연장하거나 상환할 자금을 확보할 수 없는 상황이라고 상상하는 것이다. 하지만 여기서 우리는 금융 동어반복의 영역으로 들어가기 시작한다. 연준 외에는 어떤 곳으로부터 자금을 조달할 수 없는 이런 끔찍한 상황에서 차입자가 지급능력이 있다고 말할 수 있을까?

이러한 사고는 연준과 민간 금융기관 간의 결정적인 차이점을 말해준다. 본원통화(준비금과 은행권)를 독점적으로 공급하고 통화정책을 관장하는 중앙은행은 다른 민간은행들과 달리 경제 여건과 미래 전망을 주어진 대로 받아들일 필요가 없으며, 실제로 그렇게 해서도 안 된다. 오히려 경제를 완전고용 상태로 유지하고 인플레이션이 없는 안정적인 성장을 유지하며 금융 안정성을 이어가야 한다.

이것은 닭과 달걀의 문제와 비슷한 것으로, 중요한 시사점을 가진다. 시스템적으로 중요한 은행이 지급능력이 있는 것으로 간주되느냐 아니냐, 따라서 최종 대부자인 중앙은행으로부터 대출을 받을 자격이 있느냐 하는 건, 결국 중앙은행이 지원을 제공하는지에 따라 달라질 수 있다. 즉 중앙은행의 도움이 필요한 대형 은행이 중앙은행으로부터 도움을 받을 수 없다면 파산하겠지만, 도움을 받게 되면 지급능력이 생긴다. 이처럼 중앙은행의 조치에 따라 경제 상황과 해당 은행의 결과가 달라진다는 건 쉽게 이해할 수 있다. 중앙은행이 개선의 의무를 지고 있는 매우 열악한 경제 상황 때문에 은행이 부실해졌고 만약 그런 상황만 개선되고 나면 은행이 다시 지급능력을 회복할 수 있다면, 지금 당장 부실하다는 이유로 중앙은행이 해당 은행의 최종 대부자로서 자금 지원을 거부하는 건 이치에 맞지 않는다. 결국 은행의 지급능력, 특히 '시스템적으로 중요한' 대형 은행의 지급능력은 경제 상황에 따라 달라진다. 그 때문에 연준은 대형 은행들의 지급능력을 예의 주시하고 있는 것이다.

리먼 브라더스의 파산

이러한 추론은 2008년 9월 15일 리먼 브라더스의 파산보호(챕터 11) 신청을 허용—일부에서는 강제한 것으로 해석하기도 한다—했던 연준이 재무부와 정부 기관들과 협력해 베어스턴스 때처럼 리먼을 구제했어야 했는지에 관한 논쟁과 관련 있다. 항상 그렇듯이 경제 분석가로서 이 문제를 분석하는 나의 입장에서는 공정하고 객관적인 자세를 취하고자 한다. 다만 당시 리먼 브라더스의 글로벌 수석 이코노미스트로 재직하며 리먼의 파산으로 상당한 금전적 손실을 본 내 개인적 이해관계는 미리 밝혀두고자 한다. 그럼에도 월스트리트에서 일하는 사람들은 대개 재능 있고 열심히 일할 뿐 아니라 보수도 아주 높고 여러모로 운이 좋은 사람들이기에 어려운 시기에 힘든 일을 겪은 것에 대해 가장 적은 동정심을 받는 게 맞을 것이다.

경제적 관점에서 이제서야 과거 위기를 되돌아보면, 연준은 부시 행정부 말기에 재무부와 행정부의 지원을 받아 과거 베어스턴스와 같은 방식으로 리먼을 구제하는 계획을 설계했어야 했다고 생각한다. 리먼이 베어스턴스보다 약 4배나 더 큰 금융회사이긴 했지만, 베어스턴스와 유사한 구제금융이 가능했다고 보기 때문이다. 월가 대형 은행들의 컨소시엄과 연준, 인수 의향 은행이 각각 1차 손실을 부담하면서 부실 자산들을 우선 매각한 뒤 리먼 주주들의 주식 가치를 희석시키는 조건으로 리먼과 인수하려는 은행을 합병시키는 방식 말이다.

리먼 브라더스가 파산보호 신청을 한 다음 날 열린 연방공개시장위원회FOMC 회의에서 나온 일부 발언을 보면, 연준이 리먼을 살리기 위해 최종 대부자로서 긴급 대출을 시행한다거나 의도적으로 베어스턴스와 같은 구제금융을 중개하는 일을 하지 않기로 결정했음이 잘 드러난다.[8] 실제 몇몇 발언은 연준이 도덕적 해이를 억제하려 한 것이 그런 결정을 내린 하나의 요인이었음을 보여주기도 한다. 제프리 래커Jeffrey Lacker 리치먼드 연방준비은행 총재는 "리먼에 대한 자금 지원을 거부함으로써 연준은 시장이 어려운 고비 때마다 도움을 기대해선 안 된다는 생각을 재확립하기 시작했다"라고 말했다.[9] 토머스 회니그Thomas Hoenig 캔자스시티 연방준비은행 총재도 "리먼에 대해 우리는 옳은 일을 했다고 생각한다. 그동안 시장은 재무부와 우리를 이용하려 했고 이것은 꽤 부정적인 결과를 낳기도 했는데, 이제서야 우리가 이런 문제에 단호하게 대응하기 시작했기 때문이다"라고 했다.[10] 그나마 에릭 로젠그렌Eric Rosengren 보스턴 연방준비은행 총재 정도가 다소 불편해했는데, 그는 "리먼에 대해 우리 조치가 옳았는지 판단하는 건 너무 이른 것 같다. 재무부가 자금 투입을 원하지 않았던 탓에 우리로서도 다른 선택의 여지가 없었다. 하지만 우리는 계산된 대응을 했다"라고 돌아봤다.[11]

연준이 리먼을 구제하지 않으면서 이 사태는 심각한 금융위기와 극심한 경기 침체—대공황 이후 최악의 수준이었다—를 야기했다. 그 때문에 경제와 금융 시스템에 막대한 비용을 부담시켰다.[12] 2008년 10월부터 2009년 3월까지 리먼 파산 후 2개 분기 동안 실질 GDP는 미국에서만 3.3% 추락했고, 유로존에서 4.9%, 일본에서 7.1% 각각 줄었다. 미국의 실업률은 2008년 8월 6.1%였다가 2009년 10월에 10% 정점까지 치솟았고, 유로존 실업률은 같은 기간 7.7%에서 10.3%(2010년 2월), 일본의 실업률도 4.1%에서 5.5%(2009년 7월)로 각각 뛰었다.

리먼 파산 이후 금융 시스템은 심장마비와 같은 상태를 겪었고, 글로벌 금융 시스템으로 충격파를 전달시키며 주요 국가 대부분의 경제를 침체로 몰아넣었다. 초기에는 안일하게 대응하던 연준도 2008년 12월이 되자 2%였던 정책금리를 제로 가까이로 낮췄고, 이후 신용완화와 양적완화 조치를 대대적으로 시행하기 시작했다. 금융 붕괴로 인해 불안감을 느낀 의회도 그제야 법안을 통과시키고, 완곡하게 이름 붙인 '부실 자산 구제 프로그램TARP'을 출범시켰다. 이로써 은행들의 자본 확충을 위한 7000억 달러 기금이 조성됐고, 이후 이 기금은 신속하고 효과적으로 집행됐다.

만약 당시에 리먼을 구제했더라면 경제에 어떤 일이 벌어졌을지를 단언하는 건 불가능하다. 주택시장에서의 버블 붕괴는 이미 2007년 12월부터 시작된 것으로 알려져 있고, 연준은 2007년 8월 5.25%였던 정책금리를 리먼 사태 직전에 2.0%까지 인하했었다. 그러나 통화 정책과 재정 정책, 주택정책, 은행 시스템정책을 적절하게 조합해 미리 대응했더라면 주택 버블 붕괴와 서브프라임 모기지 위기에 따른 경제와 금융 시스템의 충격은 훨씬 덜했거나 상당 부분 흡수되고 상쇄됐을 가능성이 높았을 것으로 본다. 리먼의 파산은 (미국 정부가 지원하는 두 곳의 거대한 주택금융기관인) 프레디맥과 페니메이[13]에 대한 구제금융 이후 금융 스트레스가 급격히 고조되는 가운데 발생했다. 결국 주로 정치적 이유도 있었지만, 그 외 제도적 실패를 반영하는 여러 이유들로 인해 연준이 베어스턴스 방식으로 리먼을 구제하는 것은 쉽지 않은 일이었을 것이다.

당시 연준은 리먼이 구제금융을 받을 만큼 충분히 양호한 담보를 확보하지 못해 13조 3항에 따라 리먼을 구제할 권한이 없었다고 항변했다. 리먼 사태 이후 첫 공개 연설에서 벤 버냉키 연준 의장은 베어스턴스와 거대 보험사인 AIG는 구제했으면서도 리먼은 구제하지 않았던 이유를 설명했는데, 이 말은 길게 인용할 만한 가치가 있다.

"리먼을 인수하거나 자본을 확충하려는 민간기업 컨소시엄을 구성하고자 했던 시도는 실패하고 말았다. 리먼을 매각할 수 있도록 지원하거나 회사를 독립 법인으로 유지하기 위해서는 베어스턴스 때보다 훨씬 더 큰 규모의 공적자금이 투입돼야 하며, 납세자들은 그로 인해 수십억 달러에 이르는 잠재적 손실을 감수해야 한다고 판단했다. 공공 정책상 이 정도 비용 부담이 정당화될 수 있다 해도 재무부나 연준은 그런 방식으로 공적자금을 투입할 권한이 없다. 특히 연준이 실시하는 대출은, 그 대출금이 나중에 전액 상환될 것이라는 합리적인 확신을 갖게 하는 충분한 담보가 있어야만 가능하다. 리먼의 경우 그러한 담보를 확보할 수 없었다. AIG의 경우엔 연준과 재무부는 AIG가 무질서하게 파산할 경우 글로벌 금융 안정성과 미국 경제 실적이 심각하게 위협받을 것이라 판단했다. … AIG의 파산을 막기 위해 연준은 그 회사의 자산을 통해 적절한 담보가 확보된 것으로 판단해 긴급 대출을 제공할 수 있었다."[14]

버냉키의 이러한 주장의 타당성은 (완전한 담보 확보를 통해) 모든 대출이 '전액 상환'돼야 한다는 조항으로 인해 연준이 구제금융에 나서지 못하도록 손이 묶여 있었다는 의심스러운 해명에 달려 있다. 앞서 언급했듯이 이 같은 해명은 그럴듯해 보인다. 그러나 문제는 연준이 모든 대출자금을 회수할 수 있느냐는 확신이 아니라, 금융 안정과 경제 건전성을 위해 그 구제금융이 얼마나 필요한 것이고 실현가능한 것이냐 하는 것이다. 그런 관점에서 구제금융은 사전뿐만 아니라 사후에도 정당화할 수 있었다.

당시 버냉키 의장이 2008년 10월 28~29일 FOMC 회의에서 연준이 처해 있던 난처한 상황을 설명했는데, 그 개요를 다시 한번 소개한다. "나는 '연준은 시장 과정에 개입할 권한이 없다. 그냥 그들이 파산하도록 내버려둬야 한다. 시장이 알아서 할 일이다'라는 비판을 심각하게 받아들이지 않았다. 금융위기 상황에 시스템적으로 중요한 금융기관이 파산하도록 내버려두면서 아무 문제도 없으리라 기대할 순 없다고 생각한다."[15]

하지만 리먼 사태로 인해 버냉키가 우려했던 그런 일은 벌어지고 말았다. 버냉키는 이어서 얘기했다. "연준과 재무부는 당시 리먼과 부실해지던 다른 기업들을 모두 해결할 만한 수단이 없었다." 사실 재무부는 당시까지만 해도 아직 TARP와 같은 재정적 여력이 없었던 게 맞다.

그러나 연준은 리먼 파산 이전에도 13조 3항을 가지고 있었고 이를 반복적으로 사용했었다. '다른 금융기관으로부터 적절한 대출 제공을 확보할 수 없다'는 유일한 기준을 가진 연준의 최종 대부자로서 대출을 제공하지 못할 정도로 '만족할 만한 수준의 담보 확보'를 할 수 없었던 게 정말 사실일까? 또는 TARP와 같은 재정적 여력이 없는 상황에서 베어스턴스와 같은 방식으로 리먼을 구제하는 것이 버냉키 의장이 시사한 "정치와 경제가 얽혀 있다. 이럴 땐 재정적 지원을 유도하는 것이 올바른 정책일 뿐 아니라 정치적으로도 가능하다는 결론에 이른다"라는 발언처럼 정치적, 도덕적 해이를 불러오기 때문에 실행하기에는 무리였던 걸까?[16]

리먼 파산을 막지 못했던 한 가지 진퇴양난과 같은 난관도 있었다. 2008년 9월 13~14일 주말은 모든 정책 관련자들에겐 정신없이 바쁜 시간이었다. 결국 실패로 돌아가긴 했지만, 당시 헨리 폴슨Henry Paulson 미 재무장관과 티모시 가이트너Timothy Geithner 뉴욕연방준비은행 총재는 맨해튼에서 리먼을 구제하고 미국과 글로벌 금융 시스템 붕괴를 막기 위해 주도적으로 노력했다. 6개월 전 JP모건이 베어스턴스를 구한 것처럼 주요 은행들은 리먼의 부실 자산을 정리하는 데 필요한 자금을 조달하기 위해 컨소시엄을 꾸리는 데 주력했다. 뱅크오브아메리카가 인수를 거부하자 영국 바클레이즈은행이 가장 유력한 인수 후보로 떠올랐다.

나중에 폴슨 장관의 회고록과 다른 기록에서 확인됐듯이, 당시 딜은 합의 수준까지 근접했는데 하나의 난관이 있었다. 월가 은행들은 미 재무부와 부시 행정부의 지지 없이는 연준이 나서지 않을 것이라고 여겼고, 연준은 잠재적 인수자와 월가 은행들이 나서지 않으면 정부가 구제금융을 고려하지 않을 것으로 여겼다는 게 걸림돌이었다. 폴슨의 말을 인용하면 "베어스턴스 때와는 달리 인수자가 없었기 때문에 연준의 손은 묶여 있었다"라는 것이지만, 반대로 연준이 나서지 않았기 때문에 인수자가 나서지 않았고 컨소시엄을 구성하지 못했다는 게 보다 분명한 사실이다! 폴슨 장관은 9월 14일 일요일 오후 3시 30분에 조지 W. 부시 대통령에게 리먼이 베어스턴스와 다른 이유를 다음과 같이 설명했다. "리먼을 살릴 방법이 없었다. 다른 민간 기업의 도움을 받는다고 해도 리먼을 인수할 만한 곳을 찾을 수 없었다"라고 말이다.[17] 리먼을 살릴 인수자가 없으면 연준의 지원이 없고, 연준의 지원이 없으면 인수자도 없다는 게 가장 큰 난관이었던 셈이다.

연방준비법 13조 3항 개정

글로벌 금융위기 이후 금융 시스템에 대한 포괄적인 규제 정비의 일환으로 '도드-프랭크법'으로 알려진 '도드-프랭크 월스트리트 개혁 및 소비자보호법'을 손보는 과정에서 연방준비법 13조 3항의 권한도 일부 바뀌게 됐다.[18] 도드-프랭크법은 연준으로 하여금 상당한 보고 및 공시 의무를 지도록 하는 한편 세 가지 방식으로 13조 3항에 부여된 연준의 권한을 제한했다. 앞으로는 연준이 이 권한을 행사하기 전에 재무부 장관의 승인을 얻어야 하고, 13조 3항에 따라 시행되는 프로그램이나 대출은 개별 금융기관이 아닌 광범위한 적격성을 갖춰야 하며, 참여하는 모든 차입자는 연준이 정한 절차에 따라 인증된 지급능력을 갖춰야만 한다.

코로나19 팬데믹으로 촉발된 경기 침체기에 연준은 13조 3항의 권한을 다시 발동해 예전에 시행했던 프로그램 중에서 4개(기업어음 조달대출, 프라이머리딜러 크레디트대출, 머니마켓 뮤추얼펀드 유동성대출,

자산유동화증권 기간대출)를 부활시키고, 5개(회사채 발행시장대출, 회사채 유통시장대출, 메인스트리트 대출프로그램, 지방채 유동성대출, 급여보호프로그램 유동성대출)를 새롭게 추가했다.

　도드-프랭크법의 또 다른 중요한 개혁은 시스템적으로 중요한 대형 금융기관, 즉 '대마불사'로 여겨지는 금융기관의 부실화를 해결하기 위한 새로운 정책의 틀을 도입한 것이었다. 리먼 브라더스가 파산할 당시 과거 베어스턴스와 AIG 같은 연준 주도의 구제금융을 대체할 수 있는 건 챕터7(청산) 또는 챕터11(회생) 파산뿐이었다. 리먼은 미국에서 챕터11 파산보호 신청을 했고 이로써 전 세계 각국에서 유사한 법적 파산 절차가 시작됐다. 도드-프랭크법 제2장은 파산에 대한 대안과 대형 복합 금융기관에 대한 연준 주도의 구제금융―현재는 허용되지 않는다―에 대한 대안으로 '질서정연한 강제청산 권한orderly liquidation authority'을 도입했는데, 대형 금융회사가 파산할 경우 FDIC가 이를 인수해 매각하도록 관리하는 권한이다. 이 글을 쓰고 있는 현시점까지 이 권한은 한 번도 발동되지 않았으며, 훨씬 더 엄격한 은행 시스템 감독과 자본 적정성 요건과 같은 예방책이 더 큰 가치가 있다.

도덕적 해이라는 골치 아픈 문제

　또 다른 구성의 오류는 금융위기 상황에서 드러나는데, 바로 위험과 관련된 오류다. 미래는 본질적으로 불확실하고 위험을 수반하기 마련이다.[19] 농부가 다음 해를 위해 농작물을 심을 때 수확량과 품질이 어떨지 알 수 없으며, 어떤 작물이 시장에서 얼마나 거래될지도 알 수 없다. 고대로부터 금융 시스템의 주요 기능은 위험한 투자에 대해 인센티브를 제공하고 관련 위험을 분산시키며 다변화하는 것이었다.

위험은 한 당사자에서 다른 당사자로 옮겨질 수 있기 때문에 개인이나 집단 투자자를 위해 본질적으로 위험한 투자를 매우 안전하거나 안전해 보이는 투자로 전환하는 금융상품을 만들어낼 수 있다. 투자 자체의 위험은 변하지 않았지만, 그 위험의 상당 부분 또는 대부분은 대가를 지불하고 기꺼이 위험을 감수하려는 투자자에게도 옮겨 간다. 위험이 높다는 것은 그만큼 높은 수익률을 기대할 수 있다는 뜻이며, 위험이 낮거나 거의 없다는 건 기대 수익률도 낮다는 것을 의미한다.

기업이 발행하는 주식과 채권이 대표적인 예다. 채권을 보유한 사람은 이자를 받고 채권 만기가 될 때 원금을 돌려받는 '안전한' 수익을 '약속' 받지만, 회사가 파산하게 될 땐 원금을 한 푼도 돌려받지 못할 수 있다는 걸 알아야 한다. 반면 주식 보유자는 경기가 좋을 때 더 많은 이익을 얻을 수 있기 때문에 경기가 어려울 땐 채권 보유자들의 손실을 기꺼이 보호해 줄 것이다(그러나 주식 보유자들도 상황이 너무나도 어려워지면 위험을 채권 보유자들에게 다 넘겨버린 뒤 회사를 떠날 것이다).

구성의 오류는 위험을 피하는 것이 개인적 차원에서는 가능하지만, 사회적 차원에서는 불가능하다는 것이다. 전체로서의 사회는 총체적으로 존재하는 위험에 노출되는 걸 피할 수 없다. 대규모 지진으로 대도시의 기반시설 대부분이 파괴됐을 경우 개별적인 부동산 소유주는 지진보험으로 어느 정도 위안을 삼을 수 있지만 전 세계에 있는 모든 부동산을 지진보험으로 만회할 순 없을 것이다.

기초자산보다 유동성을 높이면서 위험을 다른 당사자에게 전가하도록 설계된 각종 금융 청구권은 금융위기가 발생했을 때 금융 시스템을 더 취약하게 만들 수 있다. 예금 인출이 이어지고 채권시장이 폭락하고, 레포시장이 얼어붙고, 자본이 이탈할 수 있다. 중앙은행은 이런 금융 패닉 상황에서 금융 시스템 내 유동성을 공급하는 유용한 사회적 역할을 수행한다. 중앙은행은 거래 당사자들 간 유동성 불일치를 메워주고, 손실을 회피하려는 사람들이 한꺼번에 몰려 더 큰 피해가 생기는 것을 미리 막아주는 역할을 한다. 그러나 최종 대부자로서의 역할을 하는 중앙은행은 도덕적 해이라는 골치 아픈 문제를 빚어내기도 한다.

도덕적 해이는 보험업계에서 처음 유래한 용어로, 보험에 가입한 사람이 비용을 들여가면서 보험사고 발생을 줄이기 위한 행동을 굳이 취하지 않으려는 경향성을 말한다. 이 도덕적 해이는 인간의 본성보다는 도덕성이 문제의 핵심이라는 걸 암시하는 만큼 불행한 용어라 할 수 있다. 이를 두고 경제학자들은 '인센티브가 중요'하다고 말할 것이다.[20] 중력의 법칙만큼이나 경제학에서 중요한 건 수요의 법칙인데, 수요곡선은 하향 기울기를 보이며 가격이 떨어질수록 더 많은 수요가 생겨난다는 것을 의미한다. 보험 가입자가 사고가 나지 않도록 주의를 기울이지 않았을 때 치러야 할 대가가 낮을수록 그만큼 주의를 덜 하게 된다. 여기에는 도덕적 판단이 개입되지 않고, 오로지 경제학 만이 적용된다.

많은 경제학자들과 금융시장 참가자들은 중앙은행이 최종 대부자로서의 역할을 수행하거나 통화 정책을 운용하는 것만으로도 도덕적 해이가 유발된다고 우려한다. 은행에 구제금융을 제공하는 것이 은행들로 하여금 더 많은 위험을 감수하게 함으로써 오히려 나중에 더 많은 구제금융을 양산한다는 지적이다. 구제금융 이후에 상황이 좋아진다면 은행과 투자자 모두에게 득이 되지만, 반대로 상황이 더 나빠지면 납세자들이 손해를 입게 되기 때문이다.

하지만 금융위기 상황에서 정책 당국자가 자칫 발생할지도 모르는 도덕적 해이를 고려하는 건 해결책이 될 수 없다. 마치 부주의한 주택 소유자에게 교훈을 주기 위해 화재로 집이 모두 불타고 이웃 전체가 잿더미로 변하는 상황을 소방대가 그냥 내버려두지 않는 것과 같은 이치다. 물론 민간 기업과 투자자가 내린 잘못된 결정의 결과를 무조건 보호해 주는 게 정책당국의 역할은 아니다. 다만 금융 시스템과 경제 전체가 무너지는 걸 막을 수 있는 수단이 있는데도 가만히 방관만 하고 있어서는 안 된다는 것이다.

최종 대부자로서 중앙은행의 역할은 통화 정책 및 재정 정책과 상호보완적 관계에 있다. 이 정책들은 모두 함께 활용돼야 하는 것이다. 금융위기가 발생했는데도 중앙은행이 최종 대부자로서의 역할을 수행하지 못한다면, 중앙은행은 통화 정책을 보다 공격적으로 완화하고 재정 부양책을 실시해 경제적 충격을 낮추기 위한 대응을 해야 할 것이다.

거품은 언젠가 반드시 터진다

금융위기가 발생하는 데엔 이유가 있다. 많은 경우 신용에 기반한 자산 가격 거품이 생기고 난 뒤 위기가 발생한다. 그 거품이 꺼지면 위기가 이어진다. 따라서 금융위기를 이해하려면 자산 가격 거품을 이해하는 것이 좋다. '유동성'과 마찬가지로 '거품' 역시 사람들이 느슨하게 사용하는 용어 중 하나다. 자산 가격은 시간이 지나면서 상승하는데, 경제활동의 양이 증가하기 때문이다. 자산은 경제 생산량에 대한 청구권이기 때문이다. 물론 자산 가격이 상당히 큰 폭으로 상승하고 있다고 해서 반드시 거품이 끼었다는 뜻은 아니다. 가정용 컴퓨터나 인터넷, 스마트폰과 같은 새로운 혁신 기술이 등장함으로써 미래 경제의 전망이 훨씬 더 밝아졌다는 의미일 수도 있다.

경제학자들에게 자산 가격 거품은 상당히 구체적인 의미를 갖는다. 자산 가격 거품은 자산 가격이 근본적인 '펀더멘털'과 무관해지고, 펀더멘털만으론 정당화할 수 없는 수준까지 상승할 때 발생한다. 거품 상황에서는 투자자의 기대가 가격을 더 끌어올림으로써 거품이 자기충족 과정을 만들어내게 된다. 투자자들은 자산 가격이 계속 상승할 것이라고 예상하고 이를 근거로 해당 자산을 매수하기 때문에, 자산 가격은 거품 영역까지 계속 상승하게 된다. 이런 낙관적인 매수가 자산 가격을 더 상승시키고, 가격 상승을 정당화한다. 그 결과 자산 가격은 기본적인 펀더멘털이 정상화할 수 있는 수준을 훨씬 더 벗어나게 된다. 이런 과정은 자산의 가치가 더 극단적인 수준에 도달할 때까지 장기간 지속될 수 있다. 실제 과거 일본에서 자산 거품이 최절정에 달했을 때 도쿄 중심가에 일왕이 거주하는 황궁 부지의 땅값이 미국 캘리포니아주 전체의 땅값보다 더 높았다는 건 널리 알려진 이야기다.[21]

여기서 까다로운 점은 자산 가격 거품은 펀더멘털을 기준으로 판단해야 하는데, 그 펀더멘털을 직접 눈으로 관찰할 수 없으니 추론할 수밖에 없다는 것이다. 펀더멘털이 무엇인가에 대한 판단은 주로 투자자들의 의견에 달려 있다. 해당 자산의 특정한 객관적 측면과 전체 경제, 세계 정세는 비교적 쉽게 파악할 수 있지만, 한 자산의 펀더멘털은 대개 앞으로 어떤 일이 일어날지에 따라 결정된다. 그런 면에서 자산 가격은 미래에 대한 전망을 현재의 단일한 가치로 할인하는 것이라고 볼 수 있다. 인생은 놀라움으로 가득하다. 미래는 아직 일어나지 않았기 때문에 과거와는 다른 결과가 나올 수도 있는 것이다.

거품에 대해 단 하나 확실한 것은 언젠가는 결국 터진다는 것이다. 또한 거품이 터지기 전까지는 그것이 거품인지를 입증할 수도 없다. 또 악명 높은 '음악이 계속 나오는 한while the music plays'이라는 효과도 있다. 설령 대부분의 투자자가 자산에 거품이 끼었다고 판단하더라도 그 거품이 얼마나 오래 지속될지는 누구도 알 수 없다. 심지어 거품이 계속되는 동안에도 그 자산에 투자해 많은 돈을 벌 수도 있다. 과거 씨티그룹의 최고경영자CEO 겸 대표였던 척 프린스Chuck Prince는 2007년 7월 《파이낸셜타임스》와의 인터뷰에서 "음악이 계속 나오는 한, 우리는 일어나 춤을 춰야 한다"라는 유명한 말을 남겼다.[22] 그러고는 "음악이 멈추고 나면, 유동성 측면에서 상황은 복잡해질 것"이라는 교훈적인 얘기도 덧붙였다.

지수화indexing 문제는 상황을 더 악화시킨다. 오늘날 많은 자금이 인덱스펀드에 투자되고 있는데, 인덱스펀드는 주식시장이나 각종 지수를 추종하도록 만들어진 펀드로, 주로 S&P500지수나 모건스탠리캐피털인터내셔널MSCI지수 등을 추종한다. 투자자들이 지수에 투자하는 것은 합당한 금융 이론으로 설명되지만, 지수를 사들이는 이른바 '패시브 투자자들'로 인해 지수나 지수 내에 있는 특정 주식에 거품이 있어도 더 많은 자금이 유입될 수 있다.

심지어 이런 문제는 특정한 벤치마크 지수를 능가하는 수익률을 목표로 적극적으로 자금을 운용하는 액티브펀드에서도 존재한다. 액티브 투자자를 위해 설계된 펀드도 지수를 기준으로 운용하기 때문에, 펀드 매니저는 '트래킹 에러tracking error'(펀드 수익률이 벤

치마크 지수의 수익률을 따라가지 못하는 상황)로 표시되는 지수의 특정 위험 한도 내에서 운용할 의무가 있다. 특정 주식이 전체 지수에서 차지하는 비율이 일정 수준에 도달하면 펀드 매니저 입장에서는 아무리 고평가되거나 거품의 영역에 진입했다고 판단하더라도 포트폴리오의 일정 비율 이상을 그 주식에 투자하지 않기가 어려워진다. 그러지 않으면 매니저가 관리하는 펀드 포트폴리오가 지수에서 너무 벗어나 고객이 설정한 위험 한도를 위반하게 된다(펀드 매니저는 이 위험을 관리한다는 것을 전제로 고객에게 펀드 운용 서비스를 판매했기 때문이다).

거품을 야기하는 그럴듯한 이야기는 투자자의 심리를 주도한다. 1980년대 후반 일본에서의 자산 가격 거품 당시에는 한 번도 하락한 적 없는 부동산 가격이 앞으로도 계속 상승할 것이라는 믿음이 널리 퍼져 있었고, 일본 경제도 곧 세계를 제패할 수 있는 '기적의 경제'로 여겨졌다.[23] 1990년대 후반 나스닥시장 버블 당시에는 시장 밸류에이션이 천정부지로 치솟으면서 주가순자산비율 PBR이나 주가수익비율PER과 같은 전통적인 가치 평가 지표는 인터넷 시대에 더 이상 적합하지 않아 이젠 무시해도 된다는 주장이 지배적이었다. 2000년대 중반 미국 주택시장 버블 때에는 모기지(우리나라의 주택담보대출)를 증권화하는 것과 같은 금융 혁신이 저소득층의 주택 소유 능력을 높여주고 GDP에서 주택 투자가 차지하는 비중을 영구적으로 끌어올렸다는 게 일반적인 설명이었다.

그러나 거품은 영원히 지속될 수 없다. 자산 가격 급등이 거품인지, 아니면 아직 밝혀지지 않은 미래 전망과 펀더멘털의 변화에 따른 정당한 상승인지에 대한 궁금증을 해결하는 유일한 방법은, 그 거품이 터질 때까지 기다리는 것뿐이다. 정의상 거품은 터지는 것이며, 만약 터지지 않는다면 그건 거품이 아니다. 이것은 거품 상황을 더 악화시킬 수 있다. 만약 거품이 터지지 않고 더 오랫동안 지속되면 자산 가격이 계속 오를 것이라고 믿는 사람들이 이를 거품이 아니라는 증거로 내세울 수 있기 때문이다!

자산 가격 거품은 전형적으로 자산 내부의 모순이 누적됨으로써 붕괴된다. 거품을 촉발시킨 이익 추구라는 동기가 거품 붕괴에도 동일하게 작용한다. 거품이 오래 지속되면 될수록 앞으로 그 거품에 참여할 수 있는 투자자의 수는 줄어든다. 반면 초기에 투자로 뛰어든 사람들은 자산을 팔아 확보할 수 있는 이익이 더 커진다. 이것은 위험한 조합이다. 차익을 실현하고자 하는 매도자가 고점 매수를 꺼리는 매수자를 압도하면, 해당 자산 가격은 급락하기 쉽다. 이는 곧 거품이라는 사실을 확인시켜 준다. 여러 재료를 넣고 부풀어 오르게 만든 프랑스 요리 수플레처럼, 거품은 두 번 상승하는 경우가 드물고, 시장은 거품 붕괴로 만들어진 조각들을 모아 그 자산에 대한 합리적 가치를 다시 산정해야 한다.

일본의 땅값 거품이 불러온 위기

자산 가격 급등과 화폐 창출에 의한 은행 신용(대출) 확대가 합쳐져 만들어진 자산 거품은 가장 위험하며 금융위기로 이어질 가능성도 가장 높다. 은행 신규 대출로 자금을 조달한 자산 가격 거품은 은행 시스템의 재무상태표에서 자산과 부채 항목 간의 위험 인식에 불일치를 초래한다. 1980년대 일본에서의 부동산 거품을 예로 들어보자.[24] 은행 대출이 극적으로 늘어나면서 주요 도시 지역에서의 부동산 가격이 치솟았고 주가도 덩달아 뛰었다(그림 6.1). 그러다 1990년대 초 두 시장이 한꺼번에 폭락하며 10년간 지속된 은행 위기를 낳았고, 일본 경제의 악명 높은 '잃어버린 수십 년'이 본격적으로 시작됐다.

1980년대에 10년간 일본 은행들은 부동산 구입을 위해 필요한 직간접적 대출을 빠르게 늘렸다. 그 결과 은행 시스템 재무상태표의 자산 항목에는 부동산 대출이, 부채 항목에는 예금이 늘어났다. 당시에는 그렇게 인식되지 않았지만, 부동산과 주식시장이 거품을 만들고 있었기 때문에 대출은 상당히 위험해지고 있었다. 대출을 받아 매입한 부동산 가격이 점차 높아지고 있었던 상황이라 나중에 큰 폭의 가격 하락을 맞이하게 될 운명이었고 그 때문에 거품이 길어질수록 신규 부동산 대출은 더 위험해졌다.

반면 은행 예금을 가진 사람에게 예금은 안전자산으로 여겨진다. 실제로 전후 일본에서는 예금에 돈을 넣었다가 손실을 본 사람이 단 한 명도 없었고, 1990년대 초 거품이 꺼지기 전까지는 '소액 예금'(1000만 엔 이하, 1990년대 초 기준으로 약 8만 달러)을 보호하기 위해 1971년 설립된 일본예금보험공사JDIC도 은행 부실로 인해 예금을 단 한 푼이라도 떼어먹는 일이 없었다.

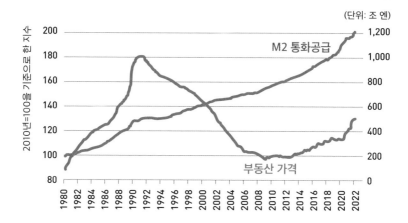

그림 6.1 일본 주거용 부동산 가격 및 M2 통화공급(1980~2022년)

(단위: 조 엔)

2010년=100을 기준으로 한 지수

M2 통화공급

부동산 가격

은행들은 부동산 구입용 대출을 지속적으로 빌려주면서 부동산 가격이 계속 상승하는 데 일조했다. 이 대출로 인해 창출된 예금은 은행 대출자로부터 부동산 매도자에게로 이동했다. 농지를 가진 농부나 토지 소유주 등 땅을 매각한 사람들의 관점에서는 부동산 가격 거품 덕에 점점 부풀려져 위험해지는 자산(토지)을 안전자산(예금)으로 전환할 수 있었다.

거품이 꺼지면서 부동산 가격은 급격하게 하락했는데, 일본 6대 대도시 지역의 상업용 토지 가격지수를 기준으로 최고점에서 최저점까지 무려 87%나 떨어졌다. 이런 일이 생기자 은행 시스템 재무상태표에서 자산 항목(부동산 대출)의 기초가 되는 부동산 가치도 급락해 시가평가해야 하는 많은 은행의 자기자본이 마이너스로 돌아서고 말았다. 마이너스 자기자본은 은행의 자산 가치가 채권자와 예금자의 자금 상환 요구를 완전히 충당하기에 충분치 않다는 것을 뜻한다.

일본 정부는 자산을 시가평가하고 부실 자산을 적극적으로 구조조정하며 은행 자본을 대규모로 재확충하는 등 문제를 정면으로 해결하는 대신에 관용적인 정책으로 금융위기에 대처했다. 은행 시스템 내 재무상태표의 자산 항목에서 은행이 부실 대출로 인해 초래한 잠재 손실의 실제 규모를 숨기면서 시간을 두고 점진적으로 처분할 수 있도록 허용해 은행이 영업이익으로 꾸준히 자본을 보충하도록 해줬다. 또 재무상태표의 부채 항목에서도 모든 예금에 대해 처음에는 5년간, 일부 비보장성 예금에는 10년간 연장된 포괄보증을 제공해 은행에 대한 압박을 줄여주었다.

하지만 이렇게 은행 시스템 재무상태표에 있는 큰 구멍을 은폐한 데다 디플레이션 압력도 커진 탓에 이 같은 접근법은 유용성이 그리 오래가지 못했다. 가장 취약한 은행부터 하나씩 파산하기 시작한 것이다. 결국 일본 정부는 은행들의 자본 확충을 위해 공적자금을 투입해야 했다. 어쨌거나 금융위기에서는 재무상태표가 가진 산술적 논리가 우세하기 마련이다.

2010년부터 2015년까지 지속된 유로존 재정 위기는 또 다른 종류의 금융위기였다. 2010년 4월 그리스의 국채 위기로부터 시작된 유로존 위기는 2015년 7월 영국 런던 연설에서 당시 유럽중앙은행ECB 총재 마리오 드라기의 몇 마디 발언으로 그 종식의 토대가 마련됐다. 그 위기가 왜 시작됐고, 어떻게 끝날 수 있었는지는 우리에게 화폐에 대해 많은 것을 알려주며, 사회가 화폐 게임의 규칙을 잘못 이해하면 얼마나 큰 경제적 어려움을 초래할 수 있는지를 잘 보여준다. 이제 다음 이야기로 넘어가 보자.

PART 3

세계 경제의
미래를 바꿀 권력

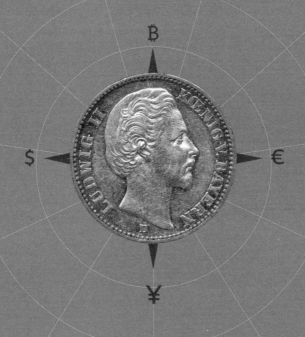

07

유로의 어리석음

ECB는 우리에게 부여된 정책 목표 내에서
유로화를 지키기 위해 모든 일을 할 준비가 돼 있다.
나를 믿어달라. 그것으로 충분할 것이다.

마리오 드라기(Mario Draghi) ECB 총재[1]

유로화는 당시 14개 회원국으로 구성돼 있던 EU의 11개 국가
가 단일 통화로 채택해 1990년에 탄생했다. 그러나 유로화는 단순
한 통화 그 이상이다. 지금은 20개국으로 회원 수가 늘어난 유로
지역—또는 유로존이라고 부른다—은 영국의 탈퇴 이후 27개 회
원국으로 구성된 EU의 초석을 형성했다. 그러나 이것은 매우 불
안정한 초석인데, 그 이유는 바로 화폐와 관련이 있다.

유로존은 '통화 동맹monetary union'이긴 하지만, 재정 동맹fiscal
union은 아니다. 따라서 적어도 완전한 동맹이라 볼 순 없고, 오히
려 심각한 결함을 가진 동맹인 셈이다. 대부분의 국가, 특히 선진

국에서는 중앙은행이 정부로부터 독립적으로 운영되긴 하지만 여전히 정부의 일부다. 통화 정책과 재정 정책도 분리되어 있고 서로 거의 독립적으로 운영되고 있지만 두 정책은 하나의 정부가 가진 두 개의 부분이며 필요할 경우엔 하나의 정책처럼 실행될 수도 있다.

하지만 유로존의 중앙은행인 ECB는 그렇지 않다.[2] ECB는 단일 주권 국가의 중앙은행이 아니다. 또한 하나의 통합정부의 일부도 아니며, 따라서 정부의 다른 부처들과 같이 볼 수도 없다. ECB는 아울러 공조하고 협력할 수 있는 하나의 재무부도, 책임을 져야 할 하나의 정부도 가지고 있지 않다. 되레 ECB는 '유로그룹'(유로화를 단일 통화로 채택한 EU 회원국들)을 구성하는 20개 회원국들 위에, 또는 그 옆에 있는 초超국가적 기관이다. 경제과 정치분야에서 ECB의 상대가 되는 유로존의 기관들은 유로존 각국의 20개 재무부와 각국 의회, 그리고 EU 집행위원회와 유럽 의회, EU 이사회, 유럽사법재판소와 같은 EU 차원의 기구들이다.

바로 이 대목에 유로화 기능 장애의 근본적 원인이 있다. 통화 동맹이 제대로 작동하려면 재정 동맹 또한 해결돼야 한다. 거시경제 정책의 통화 영역과 재정 영역 사이에 너무 큰 공간이 허용돼선 안 되며, 통화와 재정을 연결하는 톱니바퀴에 모래가 끼어서도 안 된다. 또 재정 문제는 늘 정치적 이슈와 관련되거나 이에 영향을 미치기 때문에, 정치적 통합 없이는 재정 통합을 이룰 수 없다. 그러므로 유로화에는 훨씬 더 큰 결함이 있는데, 바로 통화 동맹

(국가 통화주권의 통합)이 단순히 전문 행정적인 행위가 아니라 본질적으로 정치적 행위라는 점을 인식하지 못한다는 점이다. 통화와 재정 문제는 동전의 양면과 같으며, 이를 너무 광범위하게 분리하는 것은 경제적 위험을 자초하는 일이다.

반쯤 지어진 'EU'라는 집

EU는 복잡한 정치적 실체다. 그래서 그 내부에서 유로존과 ECB가 어디에 위치하고 있고, 어떻게 운영되는지에 대한 문제는 복잡하다. 유로화와 그것의 심각한 결함은 EU의 맥락을 벗어나서는 제대로 이해할 수 없다.

EU는 1993년 11월 마스트리흐트 조약이 발효되면서 탄생했지만, 실은 2차 세계대전 직후까지 거슬러 올라가는 예전 조약과 협정들을 전신으로 삼고 있다. EU는 경제 협력과 무역을 증대하기 위한 프로젝트로부터 시작됐다. 1951년 파리 협약에 의해 세워진 유럽 석탄 및 철강 공동체가 1957년 로마 조약에 의해 '공동 시장'에 중점을 둔 유럽경제공동체European Economic Community로 발전했고, 이후 1992년 마스트리흐트 조약에 따라 EU로 탄생했다. 유로화를 기반으로 한 통화 동맹의 기초가 된 마스트리흐트 조약에 따라 1999년 1월 전자화폐 형태로, 2002년 1월 실제 유통되는 지폐와 동전 형태로 유로화가 도입됐다.

현재 EU는 27개 국가 또는 '회원국'들로 구성돼 있다. 경제 규모 순으로 독일과 프랑스, 이탈리아, 스페인, 네덜란드 등이 회원국으로 있다. 또 정치적 실체로서 EU는 미국-멕시코-캐나다 협정과 같은 무역 블록이나 북대서양조약기구NATO와 같은 군사 동맹처럼 협력하지만 독립적인 국가들의 모임과 미국, 호주연방, 독일연방공화국, 러시아연방과 같이 단일 국가를 구성하는 국가연합 사이의 어딘가에 위치하고 있다.

EU는 회원국들이 일부 주권을 통합해 EU 차원으로 이전하고, 다른 주권은 각 국가 차원에서 유지하고 있기 때문에 중간적 지위를 차지하는 셈이다. EU 차원에서 개별 국가가 아닌 공동으로 행사하는 주권에는 통화 정책(유로존 회원국들에 한정되지만)과 이동의 자유, 무역 정책, 관세 등이 있고, 단일 국가처럼 기능한다. 또 EU에는 의회와 국기國旗, 국가國歌 등 하나의 국민 국가에서 볼 수 있는 익숙한 요소도 있다.

반면 EU 차원으로 이전하지 않고 각 국가 차원에서 개별적으로 주권을 유지하는 면에서 EU는 협력하는 여러 국가의 집합체처럼 기능한다. 예를 들어 회원국들은 재정 정책 결정(EU 차원에서의 제약을 받긴 하지만 아래에서 자세히 설명하겠다)과 외교 정책(이 분야에서 회원국들 간 조정 역할을 하는 외교 및 안보 정책 고위 대표가 있긴 하다), 외부 국경 보호(EU 차원에서 일부 지원하는 국경 및 해안경비대가 있긴 하다)에 대해선 각자 책임을 진다. 또한 회원국별로 서로 다른 언어나 뚜렷한 국가 및 지역적 특성과 문화를 가지고 있다.

EU는 또한 현재진행형이다. 애초에 EU '건국의 아버지들'[3]은 쉽고 명확한 것부터 시작하면 하나가 다른 하나로 이어질 것이라는 믿음을 갖고 완전한 기능을 갖춘 경제, 통화 및 정치 동맹으로 가는 구성 요소들을 하나씩 배치하려고 했다. 그들은 수년, 수십 년에 걸쳐 EU가 차츰 유럽합중국United States of Europe과 유사한 연방국가 모델로 발전하는 방향으로 나아가리라 예상했으며 실제로 그렇게 되고 있다. 경제와 금융, 이민, 최근의 팬데믹, 지정학적 위기와 그에 대응하면서 만들어온 조약 개정 등의 결과로 EU 차원의 국가주권 통합은 더디지만 꾸준히 진행되고 있다.

유로존 재정위기는 '금융 동맹'과 '자본시장 동맹', '재정 동맹'을 통해 (재정 주권을 모두 다 이전하는 방식은 아니더라도) 경제·통화 동맹을 더 강화하거나 야심차게 완성해야 한다는 논쟁을 촉발시켰고, 논쟁은 오늘날까지도 계속되고 있다. 이런 생각은 2012년 6월 '4인ㅅ 의장 보고서'는 물론이고 2015년 6월 '5인 의장 보고서', 2015년 3월 '유럽의 미래에 관한 유럽위원회 백서'와 같은 고위급 정치 문건에 명시돼 있다(4인의 의장은 EU 이사회와 유럽위원회, 유로그룹, 유럽중앙은행 수장들을 말하는 것이고, 5인의 의장에는 뒤늦게 참여한 것으로 알려진 유럽의회 의장이 포함된다).

재정위기 동안에 '구제금융' 펀드나 각종 기금들이 세워지는 등 유럽 체제의 결함을 보완하기 위해 많은 조치가 취해지고 새로운 기관도 만들어졌다(유럽재정안정기구EFSM, 유럽재정안정기금EFSF, 유럽안정기구ESM). 또 금융 동맹으로 가기 위한 단일감독기구, 단일정리기구, 공동 예금보험 시스템 도입과 새로운 재정협약 및 재정감시 시스템 등의 재정 준칙 프레임워크 개편, 증권시장 프로그램과 전면적 통화거래 프레임워크, 자산 매입 프로그램 등 ECB의 조치들도 이 시기에 만들어졌다.

2016년 6월 브렉시트Brexit(영국의 EU 탈퇴) 여부를 묻는 국민투표가 가결된 후 2020년 1월 31일에 실제로 영국이 EU를 탈퇴한 것은 '더욱 긴밀한 동맹'이라는 조약에 기반한 열망이 처음으로 후퇴하는 사건이었고, 그 자체로 지각변동이었다. 영국의 명목 GDP 규모는 EU에서 경제 규모가 가장 작은 18개 국가들을 모두 합친 것보다 많았다. 이 때문에 영국의 EU 탈퇴는 경제적 비중으로 볼 때는 회원국 수가 28개에서 10개로 줄어드는 것과 같았다.

유로화의 탄생

유로화는 원칙적으로 EU의 통화지만, 회원국이 유로화를 자국 통화로 채택하기 위해서는 일정한 '수렴 기준convergence criteria'을 충족해야 한다. 지금까지 총 20개 EU 회원국이 유로화를 자국 통화로 채택했는데, 그중 가장 최근 사례는 2023년 1월 1일부터 유로화를 도입한 크로아티아다. 유로화 채택은 비가역적으로 진행된다. 즉 EU 조약에는 EU를 탈퇴할 수 있는 절차는 마련돼 있지만, 유로존에는 가입 후 탈퇴할 수 있는 메커니즘이 따로 없다. 영

국은 EU를 탈퇴했지만, 유로화를 채택하지 않았고 그렇게 할 의무도 없었다.[4]

유로화는 다른 주요국의 통화와는 다른 특이한 통화다. 대부분 국가에는 가치 측정의 단위이자 교환의 매개체이고 가치 저장의 수단이 되는 국가 통화가 있다. 자국 통화를 갖는다는 것은, 300년 이상 전 세계에 존재해 온 베스트팔렌 국제관계 체제에서 국가주권의 핵심 요소다.[5] 국가 통화를 보유하는 건 국경과 군대, 법과 사법체계 등과 함께 하나의 국가가 된다는 걸 의미하는 요소다. 국가가 통화를 보유한다는 것은 국민을 하나로 묶어주고 공통의 정체성을 제공하는 언어나 국기, 국가國歌와 같은 역할을 하는 동시에 정부가 존재하고 기능할 수 있게 해준다는 점에서 매우 주권적인 행위다. 철학자 토머스 홉스Thomas Hobbes가 말한 리바이어던Leviathan(근대 국가)은 화폐를 찍어내는 인쇄기를 필요로 한다.

애초에 유로화는 '검소한 북쪽'으로 불리는 독일과 네덜란드, 핀란드 같은 국가들과 '풍요로운 남쪽'으로 불리는 이탈리아, 스페인, 포르투갈 등 두 부류의 국가들 간에 암묵적인 거래를 통해 처음 생겨났다. 검소한 북쪽 국가들은 통화 신뢰도가 높고 대개 인플레이션이 낮으면서 자국 통화 가치는 높았던 반면, 풍요로운 남쪽 국가들은 통화 신뢰도가 떨어지고 인플레이션은 높으면서 자국 통화 가치는 낮은 경향이 있었다. 유로화는 본질적으로 이탈리아, 스페인, 포르투갈, 그리고 나중에 가입한 그리스와 같은 국가들이 검소한 북쪽으로부터 독일 중앙은행인 분데스방크와 같은 통화 신뢰도와 규율을 도입하기 위한 장치였다. 대신 풍요로운 남쪽 국가들은—유로화는 다시 되돌릴 수 없는 것이기에—자국 통화 가치를 낮춤으로써 경쟁 우위를 추구하지 않기로 약속했다. 또한 안정 및 성장에 관한 협약(유로화 가치 안정을 위해 EU 국가에 GDP 대비 3%까지만 적자예산을 허용하도록 한 재정 준칙)의 엄격한 규제도 동시에 받아들임으로써 분데스방크에서 대부분 수입한 ECB의 통화 신뢰도에 재정적으로 무임 승차하지 않기로 합의했다.

유로존은 적어도 처음에는 재정 동맹이 아닌 통화 동맹으로 구상됐기 때문에 각국 정부에 재정적 제약을 가할 필요가 있다고 생각했다. 그렇지 않으면 일부 회원국이 지나치게 느슨한 재정 정책을 운영하면서 유로화의 통화 신뢰도를 악용할 수 있다고 믿었기 때문이다. ECB는 개별 국가가 아닌 유로존 전체를 위한 통화 정책을 정한다. 애초에 EU를 설계한 사람들은 개별 국가 재정에 족쇄를 채우지 않으면 느슨한 재정 정책을 펼 경향이 높다고 봤다. 왜냐하면 ECB가 전체 유로존의 통화 여건에 맞게 통화 정책을 펴고 있기 때문에 유로화 통화 동맹 중 한 국가 정도는 재정 정책을 느슨하게 운영한다 해도 희석되어 인플레이션에 큰 영향이 없을 것이라고 생각할 수 있기 때문이다. 그러나 이렇게 생각하는 국가가 늘어나 모든 국가가 한꺼번에 느슨한 재정 정책을 편다면 유로존 전체에 걸쳐 정책이 느슨해져 ECB가 더 강한 통화 긴축 정책으로 이를 상쇄해야 할 수도 있다. 그래서 EU의 설계자들은 각 회원국이 이렇게 방만한 재정 정책을 펴고 싶은 충동을 느끼지 않도록 선제적으로 엄격한 재정 준칙을 마련해 ECB가 재정 정책의 제약을 받지 않고 통화 정책을 운영할 수 있도록 여지를 주는 게 낫다고 판단한 것이다.

마스트리흐트 조약의 안정 및 성장에 관한 협약은 바로 이런 목적을 위해 설계된 것이다. 이 협약에 따르면 EU 국가들은 원칙적으로 재정적자를 GDP 대비 3% 이내로, 정부 부채 비율은 GDP 대비 60% 미만으로 유지해야 한다. 유럽위원회EC는 각국이 재정 준칙을 잘 지키는지 모니터링하고, 필요에 따라 이를 강제하는 조치를 취할 수 있다. 그리고 이것은 글로벌 금융위기와 그에 따르는 거대한 경기 침체가 가장 취약한 고리인 그리스부터 유로존 전체의 '국가 부채 위기'로 확산된 2010년 전까지는 잘 지켜졌다.

유로존이 스스로 채운 족쇄

통화 정책 관점에서 보면 유로화 출범 첫 10년은 대체로 순항하는 것처럼 보였다. 유로화가 출범하고 초기 8년간 월간 소비자물가CPI 상승률은 전년동월대비 평균 2.1%였는데, 이는 '2%에 근접하지만 2% 미만'이었던 ECB의 물가 목표치를 약간 상회하는 수준이었다.

유로화를 공용 통화로 사용하게 됨으로써 유로존 회원국들은 회원국 간 자금 이동에 따른 환율 리스크에서 벗어나게 되었다.

인플레이션이 통제되면서 차입 비용이 낮아지고 외환 리스크가 사라지면서 자금이 자유롭게 이동할 수 있었다. 유로존 내에서 경상수지 불균형이 나타나기 시작했지만, 주택시장 거품과 민간 부문의 차입에 의한 것이었기 때문에 이에 대한 경계는 거의 없었다. 한편 금융시장에서 투자자들은 유로존 내 회원국들이 발행한 국채를 리스크 측면에서 거의 동일한 수준으로 취급했고, 따라서 독일 국채와 다른 회원국들의 국채 간 금리 차이(스프레드)도 거의 사라질 정도로 좁혀졌다. 이 같은 국채 간 스프레드 축소는 단일 통화와 엄격한 재정 준칙에 기반한 경제 및 통화 동맹이 성공적이라는 것을 보여주는 증거로 받아들여졌다.

그러나 통화 동맹을 만들 때 재정 동맹은 맺지 않음으로써 유로존은 회원국들로부터 외화를 빌리는 것과 마찬가지인 상황을 만들었다. 유로화를 단일 통화로 채택하면서 각국 정부는 재정 기능을 맡을 단일 유로존 재무부를 세워 지출과 과세, 차입 등 유로존 전체의 예산과 재정 문제를 담당하게 하지 않았다. 대신 프랑크푸르트에 새로 설립한 단일 중앙은행인 ECB에 화폐를 찍어내는 인쇄기 열쇠를 모두 넘겨줬다.

이렇게 단일한 통합 재무부를 만들지 않은 것이 왜 문제가 될까? 통화 문제와 관련해 유로존의 각 회원국은 마치 미국과 같은 연방국가 시스템에서의 각 주州와 유사하다. 달러화라는 같은 화폐를 쓰면서 각자 화폐를 찍어낼 권한이 없는 미국의 각 주처럼, 유로존 국가들은 유로화라는 같은 국가 화폐를 쓰지만 개별 국가는 화폐를 발행할 권한이 없다. 컴퓨터 키보드를 몇 번 두드리는 것만으로 유로화를 맘껏 찍어낼 수 있는 능력은 개별 국가 정부나 중앙은행이 아닌 ECB에만 있다. 다만 여기에 몇 가지 예외조항은 있다. 긴급 유동성 지원이라는 프레임워크에 따라 특정한 상황에서는 유로존 개별 국가의 중앙은행은 ECB 이사회에서 3분의 2 이상의 찬성을 얻으면 자국 내 금융기관들에 직접 중앙은행 자금(유로화)을 제공할 수 있다.

재정 동맹 없이 통화 동맹만 체결하는 것은 상징성이나 이동이 잦은 시민들의 편의성 측면에서 매력적일 수 있지만 사실 매우 잘못된 선택이었다. 재정이나 예산 문제는 한 국가가 주권국가임을 나타내는 데 핵심이 되는 정치적 문제로 간주하는 것이 옳다. 그러나 1999년 유로화 채택의 토대가 된 마스트리흐트 조약을 처음 체결한 12개 국가들은 그 정도로 주권을 통합할 의도가 전혀 없었다. 유럽인에게 유로존이 만들어진 건 느슨하게 짜인 유럽 경제 공동체의 개별 회원국들이 미국과 같은 '유럽합중국'이 되는 것과 같은 거대한 헌법적 조치에 불과했을 것이다. EU를 세운 사람들은 통화 동맹을 결성하는 것이 재정 동맹만큼이나 주권의 통합을 의미한다는 사실을 깨닫지 못했거나, 설령 깨달았다 해도 그 사실을 만천하에 알리지 않았을 것이다.

EU 통화 동맹은 수년간 순조로운 재정 상황을 유지한 끝에 글로벌 금융위기와 대공황을 맞았다. 이것이 유로존을 부채 위기로 몰아넣었다. 경기 침체기에 유로존 GDP는 1년간 고점 대비 저점까지 5.7% 감소했다. 당연히 재정적자가 심화되는 가운데 그리스가 경제 통계치를 조작했다는 소식까지 들려오자 2010년 초 결국 유로존의 재정위기가 터지고 말았다. 남유럽 국가들과 아일랜드의 국채 수익률은 치솟기 시작했고, 유로존에서 가장 안전한 자산으로 꼽히는 독일 국채 수익률과의 상대적인 차이(스프레드)도 크게 벌어지기 시작했다. 본질적으로 유로존의 재정위기는 유로존에 구조적으로 심각한 결함이 있다는 걸 시장이 깨닫기 시작하는 과정이었다. 그 결함 때문에 심각한 경기 침체 아래에서 각국이 거시경제 정책 수단을 활용해 경기 회복을 촉진하는 데 큰 제약을 받고, 이 때문에 회원국이 유로존에서 탈퇴하거나 채무불이행에 빠질 수 있음을 알게 된 것이다.

유로화의 한계

경제학자에게 다음과 같은 과제를 내줬다고 가정해 보자. 어떠한 제도적 틀을 가지고 인접한 국가들을 한데 묶었을 때, 대규모의 부정적 충격에 대해 개별 국가가 대응하기 어려운 거시경제적 상황을 제안해 보라고 말이다. 글로벌 금융위기와 그에 따른 재정위기 당시 유로존의 운영 방식과 매우 유사한 거시경제 모델을 경제학자가 답으로 내놓았다고 해도 그리 놀랄 일이 아니다.

그 이유는 이렇다. 개별 국가에 최대한의 거시경제 정책의 유연성을 부여하는 방식은 다음과 같이 작동하기 때문이다. ①각국이 고유한 통화를 가지고 다른 나라로부터 독립적인 통화 정책을 펼다. ②총수요와 금융 시스템 안정에 부정적 충격이 가해질 때 대응할 수 있는 유연한 재정 정책의 틀을 갖는다. ③통화 정책과 재정 정책을 동시에 조정해 대응할 수 있는 능력을 갖춘다. ④국내 경제가 충격을 받았을 때 이를 보호할 수 있도록 시장 중심의 유연한 변동환율을 유지한다. ⑤자국 통화를 발행할 수 있는 능력을 갖는다.

이제 이런 방식과 유로존의 개별 국가들이 갖고 있는 프레임워크를 비교해 보자. 유로존 국가들은 자국만의 통화 정책이 따로 없다. 유로존 전체의 경제 여건을 보고 ECB가 판단하고 설정한 통화 정책 기조를 받아들여야만 한다. 경기 상황에 강력하게 대응할 수 있는 재정 정책을 운용할 능력도 부족하며 유로존 재정 준칙과 긴축 쪽으로 편향된 재정 정책 기조로 인해 제약을 받는다. 주요한 무역 파트너—즉, 다른 유로존 회원국들—에 대해 환율은 사실상 영구적으로 고정돼 있고, 비非유로존 국가들에 대해서만 환율 유연성을 누리고 있다. 끝으로 (긴급 유동성 지원 프레임워크라는 엄격한 예외 상황을 제외하고는) 자국 통화를 발행할 수도 없다.

그림 7.1을 보면 거시경제 유연성이 부족한 국가가 부정적인 경제 충격을 크게 받을 때 얼마나 큰 피해를 입는지 잘 알 수 있다. 2022년 2분기 기준 그리스의 실질 GDP 수준은 위기 이전 최고치 (2007년 2분기)보다 무려 24%나 낮았다. 유로존에서 경제 규모로 세 번째인 이탈리아의 실질 GDP도 이전 최고치(2008년 1분기)에 비해 3.9% 낮아졌다. 반면 현재 유로존에서 가장 강력한 경제력을 가졌

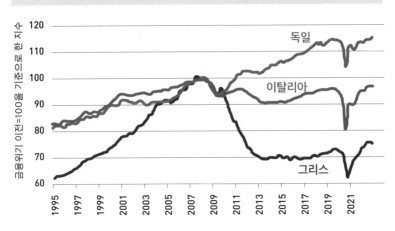

그림 7.1 글로벌 금융위기 이전 최고치 대비 실질 GDP 수준

자료 출처: 유로스타트, 세인트루이스 연방준비은행 분기 데이터

다고 여겨지는 독일의 실질 GDP는 위기 이전 최고치(2008년 2분기)
보다 26.0%, 영국은 16.2%(2008년 1분기 대비)로 각각 높아졌다.

독일이 다른 유로존 국가들보다 더 나은 경제 성장 성과를 보
인 것은 유로존에 속함으로써 유로존이 아니었을 때보다 낮은 통
화 가치라는 혜택을 누리고 있어서다. 원칙적으로 유로화 환율은
유로존에 속한 20개 회원국의 단독 환율을 가중평균한 값을 반영
한다. 우수한 수출 경쟁력이 있는 데다 역사적으로 독일 마르크화
가 강한 통화였다는 것을 감안할 때 독일만의 통화 가치는 대부분
다른 유로존 회원국과 전체 유로화 가치보다 더 높아야 한다. 이
를 달리 설명하자면 독일이 지금 당장 유로존을 떠난다는 사고 실
험을 해보면 된다. 독일이 유로존을 탈퇴하면 독일 전체 통화 가
치는 올라갈까? 대부분이 그럴 것이라고 생각할 것이다. 그렇다면

독일은 유로존에 가입함으로써 통화 가치 하락이라는 혜택을 누리고 있다고 할 수 있다.

일반적으로 심각한 경제 침체에 빠진 국가는 경제활동과 회복을 촉진하기 위해 여러 정책 수단을 동원할 수 있다. 일단 통화 정책 기조를 바꿔 중앙은행이 정책금리를 인하할 것이다. 만약 전통적인 정책금리 인하의 실탄이 소진되고 나면 양적완화를 실시할 수 있다. 재정 정책을 동원해 정부 지출과 이전 지출을 늘리고 세금은 감면해 줌으로써 대규모 적자예산을 운영할 수 있다. 이럴 때 주요 교역 상대국에 대한 통화 가치도 절하될 가능성이 높은데, 이는 수출과 국내 생산을 촉진하고 경쟁력을 높여줄 것이다. 만약 은행 시스템까지 문제가 발생하면 공적자금을 동원해 부실 자산을 정리하고 은행에 적절한 자본금을 확충해 줄 수도 있다. 또한 표면적으로 독립적인 중앙은행이라 할지라도, 위급한 상황에 정부의 돈까지 부족해지면 중앙은행이 나서서 정부 신용을 뒷받침할 것이라는 사실도 안다. 공공 재정이 악화된다고 해서 반드시 재정 정책이 제약을 받는 것은 아니며 정부의 채무불이행 위험이 생겼다고 해서 재정 여건이 더 악화하는 것도 아니다. 선진국 중에서 최악의 재정지표를 수년간 유지하는 일본은행도 10년 만기 국채 금리를 0% 안팎으로 유지할 의지와 능력을 가지고 있다(일본은행은 지난 2016년 9월부터 계속 이 같은 정책을 유지해 오고 있다).

문제는 여기에 있다. 유로존에서는 이 같은 모든 정책 수단에 제약이 있거나 문제가 있다. 유로존에서 세 번째로 큰 경제 규모를 가진 이탈리아라는 개별 국가를 생각해 보자. 글로벌 금융위기 당시 이탈리아의 실질 GDP는 5개 분기 동안에 5.4%나 줄었고, 이후 회복세를 타다가 재정위기가 터지면서 다시 줄어들었다. 2013년 1분기까지 이탈리아의 GDP는 위기 이전 최고치에 비해 9.5%나 줄었다. 유로존 회원국이던 이탈리아는 이런 상황에서도 중앙은행이 자국 여건에 맞게 조정할 수 있는 독자적인 통화 정책을 갖지 못했다. 물론 ECB가 실시한 통화 팽창 정책의 혜택을 받긴 했지만, ECB는 이탈리아라는 개별 국가가 아닌 유로존 전체를 위한 통화 정책을 수립할 뿐이다. 일례로 유로존 내에서 가장 경제 규모가 크고 ECB 통화 정책에 큰 영향력을 행사하는 독일의 2013년 1분기 실질 GDP는 위기 이전 수준보다 1.2% 높았다.

재정 정책 관점에서 보면 이탈리아는 최악의 상황을 맞았다. 마스트리흐트 조약의 재정 준칙으로 인해 이탈리아는 경기 상황에 대응할 수 있는 재정 정책 운용에서 크게 제약을 받았다. ECB가 실시한 통화 팽창 정책에서 덕을 본 것과 달리, 이탈리아는 유로존 전체의 재정확장 덕은 보지 못했다. 유로존이 재정 동맹은 아니기 때문이다. 유로존에는 경기 상황에 따라 적극적으로 재정 정책을 펼 수 있는 유로존 전체의 재정당국이 없다. EU와 유로존은 점진적으로 그런 재정 여력을 키워왔지만, 여전히 아직은 매우 제한적이고 민첩하지 못한 편이다.

또한 이탈리아는 같은 통화(유로화)를 사용하기 때문에 주요 교역 상대국인 유로존 국가들에 비해 자국 통화 가치 절하라는 혜택도 누릴 수 없었다. 유로존 국가들은 사실상 가장 경쟁력 있는 회원국인 독일의 마르크화에 대해 자국 통화를 영구적으로 고정해 왔다. 물론 유로화 자체는 변동환율로 금융위기 이후 미국 달러화에 대해 광범위한 추세로 약세를 보였지만, 이탈리아는 자국 상황만을 반영하는 환율이 아니라 모든 유로존 회원국들의 평균적인 환율 효과를 받아들여야 했다.

이탈리아와 같은 국가들은 또 하나의 문제에 직면했다. 이탈리아가 유로화 이전에 리라화를 사용할 땐 정부가 리라화로 발행된 국채를 상환할 수 있는지에 대해 어떠한 의문도 없었다. 이탈리아 정부의 일부인 이탈리아 중앙은행이 버튼 한 번만 누르는 것으로 리라화를 찍어낼 수 있었다면, 정부가 국채를 상환하는 데 필요한 그런 조치를 왜 실행하지 않겠는가? 예상치 못한 높은 인플레이션이 생길 때 투자자들은 보유한 이탈리아 국채의 실질 가치가 하락할까 걱정할 순 있지만, 국채를 처분할 때 언제든 이탈리아 정부가 은행 계좌에 원리금을 입금해 줄 것이라는 사실만은 신뢰할 수 있었다.

그러나 이탈리아가 유로화를 자국 통화로 사용하면서 상황은 달라졌다. 유로화를 찍어내는 통제권은 이탈리아 중앙은행이 아닌 ECB에 있다. 마스트리흐트 조약에 따라 ECB는 회원국 정부를 위해 자금을 조달하는 일을 하지 못하게 됐다. 중앙은행 내 정부 예금에서의 초과 인출과 직접 대출, 채권 직접 매입 등이 모두 금지돼 있다. 각국 중앙은행과 정부가 이런 금지 조항을 후회할 방법을 찾는 것과는 별개로 과연 ECB는 위기 상황에서 개별 회원국 정부를 지원할 수 있을까? 금융시장에서는 미지의 영역이었지만, 수년간에 걸친 학습 과정에서 시장은 ECB가 지원할 수 있다는 답을 스스로 찾아냈다.

정부는 자국 화폐를 찍어낼 수 있지만 외화는 찍어낼 능력이 없다. 따라서 외화로 정부가 모든 차입을 하는 것도 위험한 일이다. 그런데 설계상으로 보면 현재 유로존에서는 이런 일이 벌어지고 있다. 유로존은 각 회원국이 직접 화폐를 찍어내지 않겠다는 신뢰할 만한 약속을 통해 시장 규율을 부과하고 있다. 그렇기 때문에 그 규율의 이면에는 유로존 재정위기 때처럼 시장 혼란 상황이 와도 각 정부는 만기 도래하는 국채를 상환하지 못해 채무불이행에 처할 수 있다. 지난 2010년 유로존에서 그리스 채무 위기가 확산돼 나머지 유로존의 '주변국'인 아일랜드, 포르투갈, 스페인에 영향을 미치면서 국채 스프레드(독일 국채 대비 다른 국가 국채 금리의 차이)가 폭등했던 게 바로 이런 상황이었다(그림 7.2). 투자자들은 문제 국가들 중에서 하나 이상이 유로존을 탈퇴해 자국 통화를 다시 되살리기로 결정하거나 어쩔 수 없이 그런 상황으로 내몰릴 수 있다고 생각하기 시작했다. 그럴 경우 새 통화는 유로화 대비 급격한 평가 절하가 나타날 수 있고, 유로화로 찍었던 국채의 액면가가 낮아지는 리디노미네이션redenomination이 이뤄지고 급기야 채무에 대한 전면적인 디폴트가 나타날 것이 거의 확실하다.

결국 유로존 재정위기는 당시 ECB 총재였던 마리오 드라기가

그림 7.2 그리스와 독일 10년물 국채 금리 스프레드(1997~2022년)

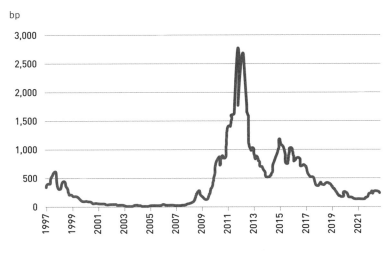

출처: 경제협력개발기구(OECD), 세인트루이스 연방준비은행(FRED) 일별 데이터

유로존이 해체되지 않도록 ECB가 필요한 모든 조치를 다하겠다는 강력한 신호를 보내면서 진정됐다. 2012년 7월 영국 런던 연설에서 드라기 총재는 "ECB는 우리에게 부여된 정책 목표 내에서 유로화를 지키기 위해 모든 일을 할 준비가 돼 있다. 나를 믿어달라. 그것으로 충분할 것이다"라고 했다. 이 같은 드라기 총재의 입장은 두 달 뒤인 그해 9월에 나온 '무제한 국채 매입 프로그램outright monetary transactions, OMT'으로 구체화됐다. OMT는 당초 계획 금액에서 단 1유로도 부족하지 않게 집행됐다. 이 조치 덕에 유로존 주변부 취약국들이 유로존을 탈퇴하거나 채무불이행에 빠지지 않으리라는 확신이 생기면서 주변 국가들의 국채 스프레드도 빠르게 좁혀졌다.

유럽중앙은행의 양적완화는 무엇이 다른가

4장에서 살펴본 대로 중앙은행이 실행하는 양적완화에 국채 매입이 포함될 경우에 양적완화는 통화 정부의 부채 차환 작업으로 볼 수 있다. 양적완화에 대한 이 같은 관점은, 중앙은행 준비금과 국채가 사실상 정부가 적자예산 운영을 통해 만들어내는 화폐의 다른 형태일 뿐이라는 사실을 잘 보여준다(물론 정부가 흑자예산을 운영하게 되면 화폐가 소멸된다).

정부 부채 관리는 대개 재정 정책의 일환이며, 그래서 재정당국의 권한으로 간주되기 때문에 양적완화는 재정 정책과 통화 정책 사이의 경계를 모호하게 만든다. 이것은 그 자체로 잘못된 것이 아니며, 중앙은행이 양적완화를 해선 안 되는 이유도 아니지만 잘 지켜봐야 할 대목이다. 중앙은행은 양적완화를 이런 식으로 설명하지 않는데, 그건 중앙은행이 정부로부터 독립된 기관으로 보이는 동시에 통화 정책도 재정 정책과 별개의 것으로 인식되길 원하기 때문이다.

주요국 중앙은행들 가운데 ECB는 글로벌 금융위기 이후 상당한 양적완화를 도입한 편에 속한다. 연준은 이미 2008년 12월에, 잉글랜드은행은 2009년 3월에, 일본은행은 2010년 10월에 각각 양적완화 정책을 발표했다. 특히 일본은행은 2013년 4월에 구로다 하루히코 총재가 취임하자마자 더 공격적인 양적완화 프로그램을 시작하기도 했다. 반면 ECB는 2014년 9월에서야 첫 의사를 밝힌 뒤 실제 양적완화를 시작한 건 2015년 1월이었다. 유럽위원회는 그보다 앞선 2004년 6월, 보다 더 급진적이고 대중에게 설명하기도 어려웠을 마이너스금리 정책을 먼저 도입했는데, 이를 보면 ECB가 양적완화를 얼마나 늦게 도입했는지 잘 알 수 있다.

ECB의 양적완화는 다른 나라 중앙은행들의 양적완화에 비해 한 가지 중요한 차이점이 있는데, 이 때문에 ECB가 양적완화를 도입하기를 주저했을 것이다. 유로존에는 통합정부가 없기 때문에 ECB의 양적완화를 통합정부의 부채 차환 작업으로 볼 수 없다는 점이다. 오히려 ECB는 20개의 회원국 정부가 발행한 국채를 직접 매입한다. 따라서 ECB의 양적완화는 본질적으로 재정적 성격이 더 강하다. ECB는 통화 정책의 '단일성singleness'을 강조하기 위해 늘 고심하고 있다. ECB의 양적완화는 회원국 정부들이 발행한 국채를 시장에서 제거하고, 이를 ECB 통화(또는 준비금)로 대체한다. ECB 통화는 유로화 국채와 같진 않지만, 어떤 면에서는 유사하기도 하다. ECB의 양적완화는 각 회원국의 국가 부채 리스크를 서로 나눠 갖게 함으로써 일종의 우회적인 또는 그림자 재정 동맹을 제공하는 것으로 볼 수 있다. 아울러 ECB가 양적완화 프로그램을 발표하면서 채택한 하나의 흥미로운 정책 때문에 이런 해석은 좀 더 복잡해졌다. 자산 매입으로 인해 발생하는 손실의 80%는 각 회원국 중앙은행이 떠안아야 한다는 정책이다. 즉, 나머지 20%의 손실은 ECB가 책임지겠다는 것이다.

위태로운 유로화의 미래

이 글을 쓰고 있는 현재 EU와 유로존은 코로나19 팬데믹이 남긴 여파에 지속적으로 대응하면서도 동시에 2022년 2월 우크라이나 침공으로 인해 러시아에 부과된 서방 경제 제재의 후폭풍이라는 또 다른 부정적인 경제 충격으로 심각한 타격을 입고 있다. 이제 다른 다양한 '동맹'과 함께 EU는 '에너지 동맹Energy Union'이 돼야 할 필요성도 전면에 부상하고 있다. 진화해 가는 EU와 유로존이 최종적인 안식처로 삼을 지점이 어디일지 분명하지 않다. 다만 분명한 것은 지금의 EU와 유로존의 동맹 형태가 지속 가능하지 않다는 사실이다. 경제 및 통화 동맹이 앞으로 재정 동맹까지 더 강화돼 완성되거나 반대로 유로화에 대한 해체 압력이 압도적으로 커질 수도 있다.

EU를 지지하는 쪽에서는 EU가 애초에 본질적으로 경제적 프로젝트가 아닌 정치적 프로젝트였다고 주장한다. 이들은 EU를 만든 원동력이 지난 반세기 동안 두 차례에 걸친 파괴적인 세계대전을 겪은 유럽인이 가지고 있던 평화에 대한 열망이었다고 지적한다. 의심할 여지도 없이 옳은 얘기다.

하지만 이 모든 것에는 역설이 있다. 지난 2012년 6월 만들어진 4인 의장 보고서에서 촉구한 대로 유로존을 제대로 된 재정 동맹으로 강화하는 다음 단계로 나아가는 데 EU 정치 지도자들이 왜 그토록 소극적인 태도를 보이는지 물어보면 유럽 전문가들은 공통적으로 그렇게 할 만한 정치적 의지가 없다고 대답한다. 유럽 국가들을 하나로 뭉치게 만들긴 했지만 이들을 진정한 재정 동맹으로 뭉치게 만들진 못했다는 모순이, 정치적 의지 부족에서 파생됐다는 사실이 극명하게 드러난다.

언젠가는 반드시 해결해야만 하는 또 다른 모순도 있다. 유럽의 논평가들이나 정책 당국자들은 재정 동맹이 필연적으로 회원국들 간의 경제적 이전을 수반하기 때문에 그 자체로 정치적 행위이며, 따라서 EU를 개혁하고 '더 긴밀한 통합'으로 이끌고 가기에는 (적어도 현재로서는) 너무나 어려운 일이라고 보는 경향이 있다. 다만 그들이 놓치고 있는 건 지금 유지하고 있는 통화 동맹 역시도 정치적 행위라는 점이다. 자국 화폐를 발행하고 통제할 수 있는 권리는 한 나라가 가진 주권의 핵심적 측면이다. 단순히 기술적이거나 편의적 측면에서 가볍게 포기할 수 있는 성질의 것이 아니라는 얘기다. 만약 EU 정치권이 유권자들에게 통화 동맹이 재정 동맹만큼이나 정치적 성격이 강하다는 사실을 잘 설명하면서 EU의 경제 및 통화 동맹을 완성하는 데 필요한 동의를 이끌어내지 못한다면, 유로화의 시대는 끝나버릴지도 모른다.

주요국 통화 가운데 유로화는 단지 한 국가의 통화가 아니라 대규모(그리고 그 규모가 계속 더 늘어나고 있는) 국가들의 연합체가 사용하는 통화라는 점에서 독특하다. 유로존 국가들은 마치 서로의 통화를 영구적으로 고정(또는 고정된 가치로 유지)한 것처럼 통화적으로 서로를 묶어왔다.[6] 그런데 유로화뿐만 아니라 달러화와 엔화, 파운드화, 인민폐[7] 등 더 다양한 통화가 글로벌 금융 세계에서 하나로 어울릴 순 없을까? 이제부터 그 주제로 넘어가 보자.

08

세계를 이어주는 국제 화폐

달러는 우리의 통화지만, 바로 당신들의 문제다.

존 코널리(John Connally) 미 재무장관[1]

유로존의 경우 여러 나라들이 유로화라는 단일 통화를 사용하지만, 일반적으로 한 나라는 자국만의 고유한 통화를 가지고 있다. 미국 달러화, 일본 엔화, 영국 파운드화, 중국 인민폐처럼 말이다. 각 국가가 고유한 통화를 쓰게 되면 그 나라 안에서 조정 문제가 해결되기 마련이다. 한 나라 안에서 모두가 동일한 통화 기준을 사용하면 경제의 수레바퀴는 원활하게 돌아간다. 그러나 고도로 상호 연결된 글로벌 세계에서는 경제와 금융활동이 한 나라의 국경에서 멈추지 않는다.[2]

무수히 많은 국가별 통화 시스템은 어떻게 함께 작동할 수 있을까? 국제 무역과 국제통화 시스템은 서로 어떤 관계가 있을까? 한 나라의 통화 정책은 다른 나라의 경제나 통화 정책에 어떤 영향을 미칠까? 외환시장에 대한 정부의 '개입intervention'은 어떻게 작동할까? 어떤 통화가 '준비통화reserve currency'가 된다는 건 무슨 의미일까? 또 준비통화가 되면 어떤 장점과 단점이 있을까? 이처럼 국제적인 측면을 이해하지 않고서는 통화에 대해 완전히 이해하는 건 불가능하다.

국제통화 이슈를 고려할 때 명심해야 하는 핵심은 이전 장에서 설명한 방식들처럼 통화는 국내 경제 안에서 만들어진다는 점이다. 통화는 국제 거래에서 서로 교환되지만, 그 과정에서 창출되는 것은 아니다. 이 본질적인 사실만 잘 알아두더라도 국제통화 문제를 이해하는 데 큰 도움이 될 수 있다.

돈은 실제로 흐르지 않는다

국제금융에서 쓰이는 언어는 혼란을 야기할 수 있다. 경제학자들은 국제수지, 경상수지 흑자 또는 적자, 자본흐름, 태화sterilized 및 불태화unsterilized 방식의 외환시장 개입—달러를 매수하면서 자국 통화를 푼 뒤 그대로 두는 것을 태화, 그렇게 풀린 자국 통화를 채권 발행 등으로 흡수해 자산 가격에 영향을 주지 않는 것을 불태화 개입이라고 한다—같은 전문 용어를 사용해 개념적 통찰력을 흐리게 만든다. 이제 이것을 이해해 보도록 하자.

돈이 국가 간에 이동하는 원인은 크게 두 가지로 나눠볼 수 있다. 하나는 재화와 서비스를 국제 거래하는 것이다. 수입하는 쪽은 재화와 서비스 구입 대금을 지불하고 수출업자는 그 대금을 받는다. 다른 하나는 국제적 투자에 따른 것이다. 한 나라의 투자자와 트레이더가 외환처럼 몇 초(이른바 고빈도 트레이더의 경우엔 밀리초) 간, 장기 투자자라면 수년간에 이르는 동안 다른 나라에 투자하길 원한다. 특히 빈도가 많고 거래대금이 큰 금융 거래는 국제무역과 관련된 거래를 주도하면서 단기적인 환율 변동을 이끌고 있다.

한 나라의 통화가 다른 나라의 통화로 거래되는 외환시장은 국제통화 시스템에서 중추적인 역할을 하고 있다. 외환시장은 한 은행 계좌의 돈을 다른 나라 은행 계좌에 그 나라의 통화로 표시된 돈으로 이동시켜 주는 수단이라고 생각하면 된다.

나의 미국 은행 계좌에 있는 100달러를 일본 은행에 있는 내 계좌로 송금한다고 생각해 보자. 그 100달러는 외환시장을 거쳐 이동한다. 중개기관의 역할이나 모든 컴퓨터 단말기, 통신 광케이블을 제외하고 나면, 나는 100달러의 은행 예금을 1만 3500엔의 일본 은행 예금을 가진 누군가와 교환하고 있다고 가정할 수 있다(현재 시점의 대략적인 엔달러 환율을 사용한 것이고, 거래 비용은 무시했다). 일본으로 송금하기 전 미국에 있는 내 은행 계좌에는 100달러가 예치돼 있고, 송금 이후에는 내 일본 은행 계좌에 1만 3500엔이 예치돼 있을 것이다. 이것은 일본 은행 계좌에 1만 3500엔을 가지고 있던 다른 누군가가 더 이상 일본은행이 아닌, 자신의 미국 은행 계좌에 100달러를 가지고 있다는 것을 의미한다.

경제학자와 시장 참가자들은 한 나라에서 다른 나라로 '흘러가는'(이동하는) 통화나 자본 관점에서 이야기한다. 앞의 예에서는 마치 내 100달러가 일어서서 혼자 일본까지 이동한 것처럼 들린다. 그러나 이것은 오해를 불러일으킬 수 있는 비유다. 재화와 서비스는 생산된 곳에서 출발해 소비가 이뤄지는 곳으로 실제로 이동한다. 물론 재화의 경우에는 이런 이동이 분명하지만, 정보의 흐름과 같은 일부 서비스의 경우에는 그 이동이 분명치 않다(정보는 무한히 복제할 수 있고 동시에 두 곳 이상에 존재할 수도 있기 때문이다).

하지만 돈은 다르다. 적어도 용어가 연상시키는 의미에서 보면 돈은 국가 간에 이동하는 것이 아니며, 서로 교환될 뿐이다. 이런 자금의 '흐름'이라는 관점에서 생각하려면 한 방향의 흐름이 다른 방향의 흐름과 반드시 일치하는 양방향 프로세스라고 보면 된다. 이러한 흐름은 실제 원장의 대변과 차변 항목이다. 두 나라 사이를 돈이 이동한다고 해서 각 국가에 있는 돈(은행 예금)의 양이 바뀌는 것은 아니며, 오직 그 돈을 소유한 사람만이 바뀌는 것이다.

내가 100달러를 미국에서 일본으로 송금했을 때도 그렇고 어떤 종류의 금전 지불을 할 때도 마찬가지다. 월마트에서 중국산 장난감을 구입할 때 나는 미국 달러로 결제하지만 그 장난감을 만든 중국 회사는 인민폐로 대금을 받는다. 그사이에 어떤 일이 벌어지는 걸까? 본질적으로는 앞에서 설명한 것과 같은 과정이 일어난다. 다시 말하지만 컴퓨터 단말기나 외환시장 트레이더, 백오피스 결제 과정 등 외환시장의 복잡성은 여기서 생략한다. 간단히 말해 중국 회사는 (중국에서 만든 장난감을 미국에 팔아서) 중국 내 법인 계좌에 100달러에 해당하는 인민폐를 더 갖게 된다. 물론 어떤 중국 회사는 100달러의 판매 대금을 중국에 인민폐로 들여오지 않고 미국에 있는 현지 법인 계좌에 달러화 그대로 가지고 있을 수도 있다. 어떤 경우라도 중국이 미국으로 상품을 수출하는 이면에는 미국과 중국 은행 계좌에서 각각 미 달러와 중국 인민폐의 소유권이 바뀌는 금전적 거래가 수반된다.

다른 예를 들어보자. 파운드화 펀드를 운용하는 영국 런던의 헤지펀드가 한국 주식에 대한 투자자산 비중을 늘린다고 해보자(이때 이 펀드가 환리스크를 헤지하지 않고 위험을 감수한다고 하자). 단순하게 단계별로 어떤 일이 일어날까? 이 펀드는 영국에 있는 은행 예금 중 일부 파운드화를 한국 원화로 환전한다. 즉 한국에 있는 누군가가 가지고 있는 은행의 원화 예금을 같은 금액의 파운드화 예금과 맞바꾼다는 뜻이다. 이렇게 파운드화를 원화로 환전한 펀드가 그 돈으로 한국 주식을 사면, 주식을 매도한 쪽은 은행 계좌에 더 많은 원화 예금을 보유하게 된다. 純효과를 따지면 파운드나 원화 은행 예금 금액에는 변화가 없지만, 한국 주식에 대한 영국인의 소유권과 영국 은행 예금에 대한 한국인의 소유권이 더 늘어나게 된다.

경제학자와 시장 참가자들은 런던에 본사를 둔 헤지펀드의 한국 주식 투자를 '자본의 흐름'이라고 설명하지만, 오해의 소지가 있는 표현이다. '자본capital'은 여러 의미로 사용되는 경제 용어 중 하나이며, 명확하게 사용하지 않으면 혼란을 줄 수 있다. 한 나라의 자본스톡에는 공장과 창고, 교통 및 통신 인프라, 컴퓨터와 통신장비, 주거용 및 상업용 부동산(건물) 등이 포함되고, 이것은 재화와 서비스 생산을 창출하는 데 사용되며 이전 기간에 이뤄진 누적 투자에 의해 존재한다. 이런 자본은 대개 '흘러갈'(이동할) 수 없다. 종종 땅에 볼트로 고정된 경우도 많아 움직이지 못한다. 만약 자본이 이동한다면 그건 국제 무역의 일부일 뿐이며, 경제학자들이 말하는 '자본 흐름capital flows'은 아니다. 경제학자들은 앞의 예에서 설명한 금융자산의 소유권과 이와 관련된 위험 분포의 변화를 의미할 때 이 용어를 사용한다. 만약 화폐적인 무엇인가가 이동하고 있다면, 그것은 (물론 그런 경우도 가끔씩 있지만) 달러화가 가득 든 여행 가방이 아니라 컴퓨터 메세지가 빛의 속도에 가깝게 이동하는 것일 가능성이 높다.

경제학자들이 일상적으로 자본 흐름이라 부르는 것은 실제 자본의 흐름을 촉진하는 경우가 많다. 한 개발도상국이 자본설비로 꽉 들어찬 현대식 공장을 건설할 계획을 가지고 있다고 치자. 이 프로젝트에 필요한 자금을 조달하기 위해 미국 은행에서 달러 대출을 받을 수 있다. 개발도상국의 공장 소유주는 달러 예치금을 이용해 해외 제조업체에서 자본설비를 구매한다. 달러화는 미국과 국제 금융 시스템을 옮겨 다니고, (공장 소유주가 구입한) 자본설비는 해당 개발도상국으로 배송된다. 이때 달러화는 은행 시스템 내에서만 순환할 뿐이며, 실제 국경을 넘어 흘러가는 것은 실물 자본인 자본설비인 것이다. 이렇게 자본설비가 이동할 수 있는 것은 달러화 대출을 집행할 수 있는 금융기관의 능력 덕택이다.

월마트에서 중국산 장난감을 구입하는 예로 다시 돌아가 보자. 내가 달러화로 인민폐를 구입하는 것은 중국에 있는 누군가가 인민폐로 달러화를 구입한다는 것이기 때문에 실제 돈이 흘러가는 것은 아니다. 하지만 이 거래에 초점을 맞춰보면 나는 인민폐를 사용해 장난감을 구입하기 때문에 내 달러화는 줄어들게 된다. 반면 중국에 있는 누군가는 인민폐가 줄어든 대신 내가 갖고 있던 달러화를 갖게 된다. 그리고 중국에 있는 또 다른 사람들(장난감 공장 주인과 근로자들)은 줄어든 인민폐를 갖게 된다. 이때 달러화는 미국 은행 시스템 내에서 이동하고, 인민폐는 중국 은행 시스템 내에서 이동하지만, 순수한 결과로는 장난감이 중국에서 미국으로 이동하고, 중국에 있는 누군가는 더 많은 달러화를 갖게 된다. 이런 최종적인 결과 때문에 달러화가 중국으로 흘러 들어가는 것처럼 보인다. 하지만 그렇지 않다. 차라리 중국 신용(대출)이 미국으로 흘러간다고 얘기하는 편이 더 나을 수도 있다.

앞서 설명한 사례에선 100달러를 1만 3500엔으로 바꾸려는 나의 욕구가 일본에 있는 1만 3500엔을 미국에 100달러로 옮기려고 하는 누군가의 욕구와 정확하게 일치한다는 전제를 깔고 있다. 하루에도 수없이 많은 국가 간 거래가 이뤄지고 있기 때문에 개별적인 거래 수준에서는 같은 금액을 다른 방향으로 송금하려는 사람 (거래 상대방)을 찾는 건 별로 문제 될 게 없다. 내가 가진 100달러 는 외환시장이라고 하는 큰 바다에 비해 하나의 작은 물방울에 불 과하다.

하지만 모든 거래를 고려했을 때 한 방향 또는 다른 방향에서 불균형이 발생하면 어떤 일이 생길까? 다른 모든 거래는 체결되어 서로 상쇄되고 난 후에, 내가 일본에 100달러를 보내고 싶은데 일 본에서는 미국으로 1만 3500엔을 보내려는 사람이 없다고 상상해 보자. 일본은행 예금 1만 3500엔을 사려고 100달러를 가지고 있 지만, 그 반대편에서 그 교환 비율로는 엔화를 팔려는(달러화를 사려 는) 사람이 없는 상황이라고 생각해 보면 된다.

이제 고정 환율에 대비되는 유연 환율, 또는 변동환율이라 불리 는 개념으로 들어가자. 엔화 환율이 조금 전 1달러 대비 135엔에 서 134.99엔으로 약간 내려가면(엔화 가치가 약간 높아지면) 엔화를 팔 고 달러를 매수하도록 유도하게 되고, 그러면 엔화 환율은 다시 올 라간다. 유연 환율은 엔화와 달러화 사이의 환율이 항상 한 방향 또 는 다른 방향으로 움직임으로써 양쪽 모두 통화를 서로 교환하려 는 거래 당사자들이 있다는 것을 의미한다. 그러니 환율이 끊임없 이 변동하는 것은 당연한 일이다.

먼델의 불가능한 삼위일체

국제통화 문제와 관련해 노벨 경제학상을 받았던 캐나다의 저명한 경제학자인 로버트 먼델Robert Mundell의 이름을 딴 '불가능한 삼위일체Impossible Trinity'라는 개념은 놀라운 통찰력을 제공한다.[3] 그는 한 국가가 다음과 같은 세 가지를 동시에 가질 수 없다고 주장했다. 국내외 자유로운 자금 이동(개방 자본계정)과 국내 통화 정책의 통제 능력, 고정 환율(다른 주요 통화, 주로 미국 달러화에 고정된 환율)이 그 세 가지로, 이 중에서 두 가지만 동시에 가질 수 있다는 게 먼델의 주장이다.

만약 한 나라가 국내외 자유로운 자금 이동을 허용하면서도 국내 통화 정책을 계속 통제하려면, 환율을 고정할 수 없게 된다. 또 한 나라가 자유로운 자금 이동을 허용하면서도 고정 환율을 유지하려면, 국내 통화 정책에 대한 통제권을 유지하지 못하게 된다. 아울러 국내 통화 정책을 통제하고 고정 환율을 유지하려는 나라는, 자금이 자유롭게 드나드는 것을 포기해야만 한다.

A라는 국가가 자금이 자유롭게 드나들 수 있도록 허용하고, 국내 통화 정책에 대한 통제력을 유지하면서 고정환율을 유지하길 원한다고 가정해 보자. 만약 A국가 통화에 자국 통화 가치를 고정시킨 B국가가 있고, A국가의 중앙은행이 B국가보다 정책금리를 높게 설정하면 외환 트레이더들은 두 나라 간 금리 차이를 이용해 수익을 내고자 할 것이다. 그때 금리가 더 낮은 B국가 통화를 매도

하고 A국가 통화를 무제한으로 매수할 인센티브가 생긴다. 이렇게 A 통화를 사는 투자자가 늘어나면 A 통화 가치가 절상되는데, 이때 A국가 중앙은행이 자국 통화의 가치 절상을 막으려면 외환 거래자들에게 자국 통화를 무제한으로 공급해야 한다. 단순히 통화를 찍어내는 것으로 가능하다. 즉 A국가가 B국가보다 높은 수준으로 정책금리를 설정하면서 고정 환율제를 유지하려면 무제한으로 통화를 늘려야 하고, 결국 통화 정책에 대한 통제를 잃게 된다는 것이다.

반대로 A국가 중앙은행이 B국가보다 정책금리를 낮은 수준으로 설정한다고 가정해 보자. 그러면 외환 트레이더들은 금리 차이로 수익을 얻기 위해 (금리가 상대적으로 낮은) A국가 통화를 무제한으로 매도하면서 B국가 통화를 매수하려는 인센티브를 갖게 된다. 이때 자국 통화 가치가 평가절하되는 걸 막기 위해 A국가의 중앙은행은 외환 거래자들에게 B국가의 통화를 무제한으로 공급해야 하는데, A국가는 자국 통화가 아닌 B국가의 통화를 마음대로 찍어낼 수 없기 때문에 그렇게 할 수 없다. 물론 축적해 둔 B국가 통화의 준비금을 내다 팔 순 있겠지만, 오래지 않아 모두 소진될 것이고 그 시점부터 고정 환율은 포기해야 할 것이다.

이런 일이 생기지 않게 하기 위해서는 자유로운 자금 이동을 허용하고 국내 통화에 대한 통제를 유지하고자 하는 중앙은행은 스스로 환율이 자유롭게 변동될 수 있도록 해야 한다. 환율은 두 나라 간의 금리 차이를 상쇄하는 방식으로 변동한다. 금리가 더 높은 국가의 통화는, 상대국에 비해 금리가 더 높을 것으로 예상되는 기간 이후에는 절하될 것이다. 이 같은 환율의 '불리함'은 금리 차이에 따른 이점을 정확하게 상쇄할 것이다.

어떻게 환율은 앞으로 통화가치가 떨어질 것으로 예상되는 수준까지 갈 수 있을까? 첫째는 통화 가치 절상이다. 다시 말하지만 환율이 끊임없이 변동하는 건 당연한 일이다. 투자자들이 두 나라 사이의 미래 정책금리 차이에 대한 기대치를 수정할 때마다 환율은 위나 아래로 움직이려는 압박을 받게 된다.

A라는 국가가 자금의 자유로운 유출입을 허용하고 환율을 고정시키는 동시에 국내 통화 정책을 통제하려 한다고 가정해 보자. 자금의 자유로운 이동을 허용하면서 고정 환율제를 유지하려면 자국 정책금리를 환율이 고정된 나라의 금리에 맞춰 유지해야 한다. 그렇게 되면 두 나라 간의 금리 차이를 이용해 이익을 얻으려는 자금 이동 유인이 사라지게 된다. 이렇게 자국 정책금리를 타국 금리에 맞추면 사실상 국내 통화 정책에 대한 통제력을 잃게 되며, 통화를 고정시키는 국가(보통은 미국)에 통화 정책의 통제력을 넘겨주게 되는 꼴이다.

이제 A국가가 국내 통화 정책에 대한 통제권을 유지하고 환율을 고정시키는 동시에 자금이 자유롭게 드나들 수 있도록 하고 싶다고 가정해 보자. 이 나라가 통화 정책 통제권과 고정 환율제를 모두 달성할 수 있는 유일한 방법은 자금의 이동을 제한하는 것뿐임을 알게 될 것이다. 이렇게 함으로써 금리 간 차익거래를 통해 이익을 추구하는 세력이 금리 차이를 지속적으로 이용할 수 없게 만들 수 있다.

정부가 외환시장에 개입하는 이유

외환 개입은 무엇을 뜻하는 것일까? 어떤 군대가 외환시장에 몰려가 참전한다는 뜻일까? 다행히 그건 아니다. 외환 개입은 그보다 훨씬 더 평범하다. 중저中低개발국이 미국 달러에 자국 통화 가치를 고정해 두거나 최소한 관리하고 있는 상황에서, 경제 상황이 통화 가치 절상 압력을 가하고 있다고 가정해 보자. 이 국가는 수출주도형 개발 전략을 추구하고 있으며, 그래서 자국 통화 가치가 너무 크게, 또는 너무 빠르게 절상되는 것을 원치 않을 수 있다. 수출업체들의 경쟁력을 약화시킬 수 있기 때문이다. 이런 결과를 방지하기 위해 중앙은행은 때때로 자국 통화를 매도하고 미국 달러를 매수하는 방식으로 외환시장에 개입해야 한다. 한 나라의 제도적 장치가 어떠하고, 외환시장 개입을 결정하는 주체가 누구냐에 따라 중앙은행은 독자적으로, 또는 재무부의 지시를 받아 시장에 개입할 수 있고 재무부를 대신해 개입하는 경우도 있다. 이렇게 외환시장에 개입해 중앙은행이 사들인 뒤 쌓아둔 달러를 '외환보유고foreign exchange reserves'라고 한다.

여기서 주의해야 할 또 다른 함정이 있다. 그건 바로 외환보유고는 은행이 중앙은행 내 예금계좌에 보유하고 있는 은행 시스템의 준비금과는 다르며, 이 둘을 혼동해선 안 된다는 점이다. 연방준비제도Federal Reserve System, 호주준비은행Reserve Bank of Australia, 인도중앙은행Reserve Bank of India에서 공통적으로 사용하는 '준비금 reserve'은 첫 번째가 아닌 두 번째 의미의 준비금이다. 실제 재무부와 국부펀드 등이 아니라 중앙은행이 보유하고 있는 외환보유고의 경우 중앙은행 재무상태표에서 자산 항목에 계상된다. 반면 은행 시스템의 준비금은 중앙은행 재무상태표의 부채 항목에 들어간다. 이 두 종류의 준비금 사이에는 연관성도 있다. 중앙은행이 외환시장에 개입할 땐 은행 시스템 내에 준비금을 창출함으로써 외환보유고를 확보하게 된다. 즉 다른 나라의 통화를 사들이기 위해 자기 나라의 통화를 만들어내는 셈이다.

그런 차원에서 경제학 교과서는 외환시장에 개입하는 두 가지 방식인 태화와 불태화를 엄격하게 구분한다. 즉 외화를 사들이기 위해 늘린 국내 통화 공급(준비금)을 다시 줄이기 위해 채권을 매각하는 태화와 그렇지 않은 불태화를 달리 보는 것이다. 대부분의 경우 운영 절차에 따라 태화 방식의 외환 개입을 실행한다. 재무부가 외환시장 개입을 담당하는 경우 재무부는 시장 개입 이후에 대개 재정증권을 발행한다. 이 증권을 발행함으로써 준비금을 흡수하면 외환 개입 과정에서 창출된 준비금 증대 효과가 상쇄되는 것이다. 중앙은행이 외환 개입을 담당하는 경우에는 중앙은행이 개입에 따른 준비금 창출 효과를 상쇄하기 위해 준비금을 흡수하는 공개시장조작에 나선다. 다만 예외적으로 중앙은행이 양적완화를 시행하는 경우에는 외환시장 개입을 하나의 수단으로 사용하기도 한다.

어쨌든 외환시장 개입의 효과는 각국 정부가 외환보유고를 축적하도록 유도한다는 것이다. 이런 외환보유고를 구성하는 통화를 우리는 자연스럽게 '준비통화'라 부른다. 전 세계 180여 개 국가의 통화 가운데 이 준비통화라고 할 수 있는 것은 불과 몇 개뿐이다.[4] 2022년 2분기 기준으로 세계 외환보유고는 미국 달러화 기준으로 총 12조 400억 달러에 이른다. 모든 외환보유고가 미국 달러화로만 구성된 것은 아니지만, 이 중 달러화 비율은 59.5%에 이르러 전 세계 통화 중 가장 큰 비중을 차지하고 있다. 유로화가 19.8%, 일본 엔화가 5.2%, 영국 파운드화가 4.9%, 중국 인민폐가 2.9%, 캐나다 달러가 2.5%, 호주 달러가 1.9%로 각각 그 뒤를 잇고 있다.[5] 외환보유고를 가장 많이 쌓아두고 있는 상위 5개국을 보면 중국(미국 달러화 기준으로 3조 2200억 달러 상당)과 일본(1조 2000억 달러 상당), 스위스(8830억 달러), 러시아(5680억 달러), 대만(5520억 달러) 순이다.[6] 이 국가들이 높은 외환보유고를 쌓아두고 있다는 것은, 그만큼 이 나라들이 최근 수년간 외환시장에 많이 개입해 왔다는 사실을 반영한다.

한 나라가 다른 통화 대비 자국 통화 가치 절상 압력을 낮추기 위해 자국 통화를 매도하면서 다른 통화를 매수하는 개입을 많이 하면 할수록 외환보유고 규모도 덩달아 늘어나게 된다. 일반적으로 정부는 외환보유고의 대부분이나 전부를 가장 안전하면서도 언제든 현금화할 수 있는 유동성 좋은 자산인 국채로 보유하고 싶어 한다. 최근 몇 년간 외환보유고의 일부를 국부펀드로 옮기는 나라들이 늘고 있는데, 조금 더 위험하고 유동성도 낮아지더라도 더 높은 수익을 얻기 위한 것이다.

세계 통화라는 것은 없고 그런 세계 통화를 찍어낼 세계 정부도 없지만, 적어도 준비통화는 각국 경제에서 자국 통화가 하는 역할과 유사한 역할을 세계 경제에서 수행하고 있다. 준비통화, 특히 그중에서도 지배적인 통화인 미국 달러화는 조정 문제를 해결하고 화폐의 세 가지 기능인 가치 측정의 단위, 교환의 매개체, 가치 저장의 수단 등의 기능을 수행하고 있다. 특히나 달러화는 국제 무역이나 금융에서 훨씬 더 중요한 역할을 해내고 있다.[7] 국제 무역의 상당 부분이 미 달러화로 가격을 책정하거나 청구하고(가치 측정의 단위), 결제하며(교환의 매개체), 외환보유고를 보유한 국가와 금융 포트폴리오 내에 국채와 여타 미국 달러화로 발행된 증권을 보유한 투자자들에게 중요한 가치 저장의 수단이 되어주기도 한다. 실제 외국인과 해외 투자자들은 미국 국채 발행 총액에서 연준 보유분을 포함해 거의 3분의 1을 가지고 있다.[8]

호주에 있는 철광석 생산업체가 일본에 있는 제철소에 철광석을 공급하는 경우를 생각해 보자. 두 회사는 철광석을 사고파는 가격을 책정하고 결제하는 데 호주 달러나 일본 엔화를 사용할 수도 있지만, 대부분 미 달러화를 사용하는 것을 선호한다. 특히 글로벌 철광석 시장에선 대부분의 회사가 미국 달러 결제를 원한다. 농산물이나 광물, 가공식품과 같이 표준화된 제품을 거래하는 국제시장에서는 구매자와 판매자가 모두 같은 통화를 사용할수록 시장 규모가 더 커지고 유동성과 효율성도 높아지며 다양한 상품의 가격과 시장 상황을 더 수월하게 비교할 수 있다. 특히 상품 트레이더라면 상품 간 차익거래도 더 쉬워지는 중요한 네트워크 효과와 승자독식 효과가 존재한다. 그런 점에서 당연히 대부분 글로벌 원자재는 미국 달러로 호가되고 거래된다.

이렇게 지배적인 기축통화가 되면 큰 이점도 생긴다. 한 국가가 기축통화의 지위를 얻으려면 세계 경제와 군사 부문에서 강국으로 자리매김해야 하지만, 한번 기축통화국이 되고 나면 상대적으로 국력이 다소 떨어진다 하더라도 그 지위를 계속 유지할 가능성이 높아진다.

상품 가격이 결정되는 방식

많은 국제 원자재가 미국 달러로 호가되고 거래된다고 해서, 그 통화로만 가격이 책정되고 결정되는 건 아니다. 다른 통화들도 가격에 영향을 미친다.

원유시장을 예로 들어보자. 원유의 현물 가격은 매일 바뀌며 글로벌 경제지표 가운데 가장 많은 사람이 예의 주시하는 지표 중

그림 8.1 수요곡선과 공급곡선

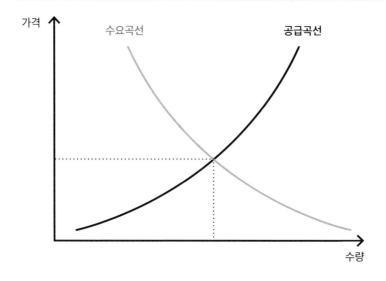

하나다. 이 원유 가격은 미국 달러화로 표시되며, 거의 대부분의 거래도 달러화로 이뤄진다. 이렇다 보니 모든 통화가 유가 결정 과정에 참여한다는 사실에 고개를 갸우뚱거릴 수도 있다. 이것은 달러 환율이 움직일 때 원유(또는 이와 유사한 글로벌 원자재)의 현물 가격을 결정하는 달러의 수요곡선과 공급곡선도 함께 움직이기 때문이다(그림 8.1).

원유에 대한 글로벌 수요곡선은 궁극적으로 자국 통화로 원유를 구입하는 전 세계 모든 수요자의 총수요를 나타낸다. 원유의 수요곡선 중 일부는 일본에서의 원유 수요인데, 이 수요곡선은 고정되어 있는 반면 일본 엔화가 미국 달러화에 대해 평가 절상되고 있다고 가정해 보자. 이제 달러화로 표시되는 원유 가격에 비해 엔화로 표시되는 가격이 예전보다 낮아질 것이다. 수요곡선은 가격과 수요량이 우하향 곡선을 그리는데,[9] 이 말은 가격이 낮아질수록 더 많은 수요가 생겨난다는 것이다. 일본 소비자(또는 소비자들을 대신해 구매하는 기업)는 엔화 가치가 절상되면 이전보다 더 많은 원유 수요를 보일 것이다. 그러면 미 달러 수요곡선은 오른쪽으로 이동하게 된다.

이제 공급곡선도 움직이지 않고 엔화 가치가 달러화에 대해 강해진다고 생각해 보자. 공급곡선은 가격과 공급량이 우상향 곡선을 그리는데, 가격이 높아질수록 공급량도 늘어난다는 뜻이다. 공급에 변화가 없다는 가정하에 달러화가 약세를 보이면 국제 유가가 상승하고 반대로 달러화가 강해지면 유가는 하락할 것이다. 일본에서의 원유 수요가 늘어났기 때문에 달러 가격이 상승해야 하고, 이런 수요를 충족하기 위해 더 많은 원유가 공급되고 미국 소비자의 일부 수요가 억제되는 두 가지 일이 복합적으로 일어날 수 있다.

공급곡선의 움직임에도 비슷한 논리가 적용된다. 전 세계 원유 공급은 수십 곳에 이르는 국가에서 이뤄진다. 각 국가의 원유 생산업체들은 미국 달러로 표시되고 거래되는 유가를 상대하지만, 많은 비용은 자국 통화로 발생한다. 국제 유가는 달러로 표시된 공급곡선과 수요곡선이 만나는 지점에서 결정되지만, 글로벌 공급곡선은 모든 산유국들의 공급곡선을 합친 것인 만큼 각국의 국내 비용을 강하게 반영할 수밖에 없다.

일본은 원유를 생산하지 않는 국가인 만큼 이번엔 캐나다의 원유 생산과 관련된 글로벌 공급곡선 일부를 가져와 보자. 캐나다 공급곡선은 고정돼 있지만 캐나다 달러가 미국 달러에 비해 절상된다고 가정해 보겠다. 이제 미국 달러로 표시되는 모든 유가에 대해 캐나다 달러로 표시되는 가격은 이전보다 더 낮아질 것이다. 공급곡선은 가격과 공급량이 우상향―가격이 낮아질수록 공급량이 줄어드는―하기 때문에 캐나다의 원유 생산업체들은 이전보다 적은 양의 원유를 공급할 것이고 미 달러 공급곡선은 왼쪽으로 이동하게 된다.

　설명을 단순화하기 위해 수요곡선이 이동하지 않는다고 가정하고, 수요곡선이 가격과 수요량의 관계에서 우하향 곡선을 그린다는 걸 염두에 두자. 그러면 캐나다 달러가 강해지고 미국 달러가 약해질 때 달러화 기준 유가는 상승하고 생산량은 줄어들 것이다. 즉 수요에 변화가 없다고 가정하면 달러가 약세를 보일 때 국제 유가는 상승하고, 반대로 달러가 강세를 보이면 국제 유가는 하락하게 된다. 캐나다산 원유 공급이 감소하는 만큼 달러화 원유 가격이 상승하는데, 이런 공급 감소를 흡수하기 위해서는 원유 수요가 줄어들고 캐나다 생산업체들이 원유를 조금 더 생산하도록 유도하는 두 가지 일이 한꺼번에 일어날 수 있다.

　미국 달러와 같은 준비통화가 존재하고 이 때문에 국제 상품시장과 국제 무역 및 금융이 단순해진 것처럼 보이지만, 부분적으로 착각이라는 사실을 강조하기 위해 이렇게 설명을 단순화한 것이다. 실제 경제활동은 수많은 각 국가의 통화로 이뤄지며, 하나의 통화 또는 소수의 통화를 국제통화로 사용하면 여러 국가 통화의 고유한 복잡성이 눈에 잘 띄지 않게 될 뿐이다.

현실에서 환율 변동—다른 통화에 대한 한 통화의 가치와 구매력 변동—은 달러 표시 상품시장의 수요곡선과 공급곡선을 모두 변화시켜 달러 가격의 변동을 유발한다. 또한 환율 변동은 두 나라 통화 간의 환율만이 아니라, 끊임없이 변동하는 수많은 통화 간의 환율까지도 반영하는 것이다. 이렇게 모든 통화 간 환율 변동에 미치는 영향을 일일이 파악하는 것은 어려운 일이지만, 다행스럽게도 불필요한 일이다. 시장 내 여러 가지 분산된 활동은 이 모든 것을 다 반영함으로써 관련된 가격 신호를 통해 모든 사람이 볼 수 있는 결과물로 요약해 주고 있기 때문이다.

미국과 사우디아라비아의 거래

흔히 원유시장을 얘기할 때 사우디아라비아를 비롯한 중동 산유국들이 원유를 팔면서 판매대금으로 받고 나중에 다시 미국 금융 시스템으로 유입돼 '재활용'되는 미국 달러인 '페트로달러 Petrodollars'가 많은 비중을 차지한다. 이런 페트로달러 시스템에 대해 많은 이들은 미국과 사우디아라비아 두 나라가 마치 다른 의미 있는 선택을 한 것처럼 비밀리에 맺은 특별한 거래에 그 뿌리를 두고 있다고 생각하지만, 실제로는 상당 부분 그렇지 않았다.

우리가 앞선 2장에서 살펴본 국가 회계의 항등식은 특정 기간—예를 들어 한 달, 한 분기, 1년 등—의 경상수지 흑자나 적자가 해당 기간 전 세계에 대한 금융 청구권의 증가나 감소를 나타낸다는 통찰력을 제공한다. 한 나라가 재화와 서비스 무역, 투자소득, 일방적인 이전의 결과(해외 원조와 근로자들의 송금 등)로 전 세계 다른 나라들로부터 더 많은 수입을 얻는다면 그 나라의 경상수지는 흑자가 된다. 그 반대의 경우, 즉 순수입이 더 적으면 경상수지 적자 상태가 된다.

일본을 예로 들어보자. 일본은 지난 40년간 평균적으로 GDP 대비 3%에 가까운 경상수지 흑자를 기록해 왔다. 그 이유는 일반적으로 수입보다 수출이 많았고, 외국인이 해외 투자 형태로 일본에 투자한 대가로 일본이 지불해야 하는 금액보다 누적된 해외 투자에서 벌어들이는 수익이 더 많았기 때문이다. 전체적으로 모든 걸 상쇄하고 보면 세계 모든 국가들이 일본에 대해 부채를 쌓아가고 있다. 일본이 1990년 이후부터 세계 최대의 순純채권국 지위를 유지해 오고 있다는 점을 통해 이를 잘 알 수 있다.[10]

전 세계 다른 국가들에 대한 일본의 청구권은 달러와 여타 엔화 이외의 통화로 표시된 자산에 대한 것이다. 일본을 제외한 나머지 국가들은 엔화 자산을 생산하지 않는다. 경상수지 흑자를 내면서 다른 나라들의 순채권자인 일본을 비롯한 국가들은 외화 자산에 대한 청구권을 외화로만 축적할 수 있다. 만약 일본이 경상수지 적자를 내거나 일본 인구가 충분히 고령화되어 이 같은 해외 청구권을 현금화해야 하는 단계가 되면, 일본은 해외에서 수령하는 것보다 더 많은 달러와 외화 자산을 지급해야 하며 그 차액은 그동안 축적해 온 해외 자산에서 나올 것이다.

사우디아라비아나 최근 수십 년간 대규모 경상수지 흑자를 기록하고 있는 원유 수출국들은 일본과 같은 처지에 놓여 있다. 이들 국가는 경제 규모와 수입을 흡수하는 능력에 비해 원유 수출이 매우 크기 때문에 대규모 경상수지 흑자를 유지해 오고 있다. 미국은 오랫동안 세계에서 가장 큰 경제 대국이며 원유를 많이 수입해 왔기 때문에, 원유가 풍부한 작은 원유 수출국들은 미국과 선진국에 대해 대규모 금융 청구권을 축적해 왔다. 사우디아라비아의 경우 경상수지 흑자의 반대편에 있는 페트로달러 '재활용'이 되지 않았다.

미국이 가진 '엄청난 특권'

흔히들 미국은 세계적으로 지배적인 기축통화국이라는 지위 덕에 큰 혜택을 누리고 있다고 한다. 프랑스 재무장관이었던 발레리 지스카르 데스탱Valery Giscard d'Estaing이 자국 통화로 국제 무역과 차입을 할 수 있는 미국의 능력을 설명하면서 이를 미국의 '엄청난 특권'이라고 표현한 것으로 유명하다.[11] 국제 무역과 금융 거래 대부분이 미국 달러화로 표시된다면, 국제 무역과 금융을 하는 미국인은 이를 본질적으로 국내 경제활동으로 여길 것이다. 거래 조건을 따지거나 사업을 하기 위해 미국 달러를 외화로 환전하는 것을 군이 걱정해야 할 필요가 없는 것이다. 이것은 단순히 편리한 정도가 아니다. 상대방은 자국 통화를 달러로 바꾸면서 환전에 따른 리스크를 부담해야 하고 환전으로 인한 거래 비용을 물어야 하거나 환 헤지 비용까지 부담해야 한다.

따라서 기축통화를 보유한 국가에는 편리한 일일 수 있지만, 다른 전 세계 국가들에는 비효율적이고 불공평한 일이 될 것이다. 특히 이 때문에 '엄청난 특권'이라는 비판에 내재된 불만과 분노의 원천이 되기도 한다. 누구도 기축통화를 법으로 지정한 것은 아니며, 시장 참가자들의 행동이 자연스럽게 그런 지위를 부여한 것이다. 20세기, 특히 2차 세계대전 이후 미국 달러가 최고의 기축통화로 부상한 것은 미국이 압도적으로 지배적인 경제와 군사 강국이었기에 가능했다. 각 국가가 서로 다른 통화를 사용해 국제 무역과 투자에 참여하고, 전 세계 대부분 국가에서 그렇듯이 환율이 변동하는 한 외환 리스크는 생겨날 수밖에 없다.

여기서 유일한 문제는 누가 그 위험을 부담하느냐는 점이다. 일반적으로는 경제 규모가 크고 부유한 국가가 규모가 작고 가난한 국가보다 그런 환 리스크를 더 잘 감당할 수 있지만, 현실적으로 위험을 다른 국가에 전가할 수 있는 쪽은 경제 규모가 크고 부유한 국가들이다. 즉 외환 리스크와 비용을 감당할 능력이 가장 떨어지는 국가들이 가장 큰 부담을 떠안게 된다는 얘기다.

이런 엄청난 특권은 그 혜택을 누리는 국가에 몇 가지 단점이 될 수도 있다. 기축통화를 보유한다는 것은 그 통화를 보유한 국가가 전 세계에 충분한 달러를 공급해 달러 수요를 충족시켜야 한다는 뜻이기에 달러화 공급은 대규모로 지속적으로 이뤄져야 할 가능성이 높다. 여기에선 미국과 나머지 국가들에 대해 얘기하고 있기 때문에, 미국이 전 세계에 공급해야 하는 달러는 미국으로 들어오고 나가는 모든 자금 흐름을 합산하고 상쇄하고 난 순純공급을 기준으로 하는 것이다. 한 나라가 다른 나라에 자국 통화를 순공급한다는 것은 다른 나라로부터 수취하는 돈보다 더 많은 돈을 해외로 지급한다는 뜻인 만큼 그 나라는 경상수지 적자 상태로 운영된다는 의미가 된다.[12]

실제로 지난 50년간 미국의 경상수지 적자는 평균적으로 GDP의 2.2%였으며, 최근 25년 동안만 놓고 보면 그 비율은 평균 3.3%까지 높아지게 된다. 다른 나라들이 미국에 대해 쌓아두고 있는 달러 청구권이 엄청나게 많다는 뜻이다. 그럼에도 불구하고 미국 달러가 앞으로도 수십 년간 계속해서 전 세계에서 주요한 기축통화 지위를 유지하려면, 많은 달러에 목말라하는 전 세계에 달러화를 지속적으로 공급해야만 하는 것이다.

연준, 명실상부한 세계의 중앙은행

미국이 세계를 지배하는 기축통화를 가지고 있는 데 따른 또 다른 잠재적 문제는, 많은 사람이 세계의 중앙은행으로 여기는 연준에 특별한 책무을 부여하고 있다는 점이다. 그러나 연준의 책무는 미국 경제를 돌보는 것이지, 다른 나라 경제를 돌보는 게 아니다. 달러가 가지는 국제적 역할을 고려하더라도 연준은 미국의 이익에 부합하고 자신의 책무와 일치하는 경우에만 필요한 조치를 취할 것이라 주장하고 있고, 늘 이런 방식으로 이 문제를 교묘하게 피해가고 있다. 이 때문에 연준은 여전히 불편한 입장에 처할 수 있다.

그런 경우 중 하나가 글로벌 금융위기 때였다. 글로벌 금융 시스템에서 달러화가 차지하는 중요도가 워낙 크다 보니 2008년 9월 리먼 브라더스 파산 이후 전 세계 은행들은 커져버린 거래 상대방 리스크에 대비하기 위해 앞다퉈 달러화를 비축하기 시작했다. 이렇게 되자 글로벌 달러 자금 조달시장은 유동성 경색을 겪게 됐다. 이에 따라 연준은 다른 나라 중앙은행들과 맺었던 기존 달러 통화스와프 거래 한도를 늘리고 통화스와프 계약을 맺는 외국 중앙은행 수를 확대하는 조치로 위기 상황에 대응했다. 이처럼 달러 통화스와프를 통해 연준은 해외 중앙은행을 거쳐 글로벌 시장에 달러화를 공급하고 있다. 이 같은 달러 통화스와프는 코로나19 팬데믹이나 글로벌 금융위기 당시 연준의 재무상태표를 확대하게 된 주

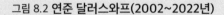

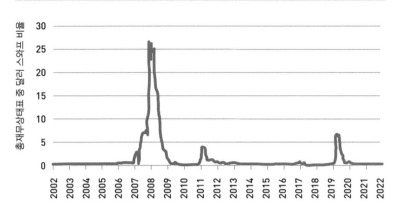

그림 8.2 연준 달러스와프(2002~2022년)

자료 출처: 연준, 세인트루이스 연방준비은행(FRED) 주별 데이터

요 동인이었다(그림 8.2). 2008년 9월 15일 리먼 파산 이후부터 처음 최대 규모에 도달한 그해 12월 17일까지 연준의 재무상태표 규모는 1조 3290억 달러로 144%나 불어났고, 증가액 가운데 39%가 중앙은행 간 달러 통화스와프 비중이었다.

스와프의 작동 방식에 대해 연준은 연준이 보유하고 있는 달러를 외국 중앙은행이 가진 그 나라 통화와 맞바꾸는 것처럼 설명한다. 또 미래의 정해진 날짜에 서로 교환된 환율로 되돌릴 수 있는 것으로 설명하기도 한다. 특히 연준과 통화스와프 거래를 하는 상대인 중앙은행이 달러를 빌려주는 은행이 아니라 그 나라의 중앙은행이기 때문에 환율이나 신용 위험으로부터 보호된다는 점도 강조하고 싶어 한다. 연준은 통화스와프에 대해 다음과 같이 설명하고 있다.

"연준은 외국 중앙은행에 미국 달러를 제공한다. 동시에 외국 중앙은행은 거래 당시의 시장 환율에 따라 연준에서 받는 달러와 같은 금액의 자국 통화를 연준에 제공한다. 양측은 첫 번째 거래와 동일한 환율을 적용해 다음 날이나 최장 9개월까지 지정된 미래에 두 통화의 양을 다시 교환하기로 합의했다. 두 번째 거래의 조건은 미리 정해져 있기 때문에 중간에 환율이 변동되더라도 최종적인 결제 금액은 바뀌지 않는다. 따라서 이런 스와프 거래에는 환율이나 기타 시장 위험이 없다."[13]

2009년 7월 9일 미 하원 통화 정책 증언에 참석했던 벤 버냉키 당시 연준 의장은 앨런 그레이슨Alan Grayson 하원의원이 통화스와프에 대해 질문하자 다음과 같이 대답했다.

"세계적으로 달러가 부족한 상황에서 많은 외국 은행들이 우리 시장으로 몰려와 달러를 사려고 한다면, 미국 시장금리가 높아지고 시장 변동성도 커질 수 있다. 우리가 한 일은 여러 주요국 중앙은행과 달러와 해당 국가 통화를 맞바꾸는 것이다. 예를 들어 ECB와의 통화스와프라면 달러를 유로화와 맞바꾸는 것이다. ECB는 우리와 맞바꾼 달러를 가져가 유로존 내에 있는 은행들에 빌려주고, 이것은 글로벌 시장에서 달러화의 조달금리를 낮추는 데 도움이 된다."[14]

실제 연준은 재무상태표에 준비금으로 표시되는 새로운 달러를 창출하고, 해외 중앙은행들을 통로로 삼아 이 달러를 글로벌 시장에 공급하는 역할을 한다. 연준은 명실상부한 세계의 중앙은행인 셈이다.

이 책에서는 많은 통화 영역을 다루고 있지만 중앙은행과 정부 재무부, 상업은행 및 투자은행, 국가 통화, 그리고 시간과 공간을 초월해 상업과 경제활동의 수레바퀴에 윤활유를 붓는 다양한 형태의 화폐 등 현대 주권 기반의 통화 시스템을 모두 포함하고자 했다. 그러나 2009년 이후 글로벌 금융위기의 여파로 우리가 살고 있는 파괴적인 정보와 디지털 시대에 걸맞게 완전히 새로운 형태의 화폐인 암호화폐cryptocurrency가 등장했다. 오늘날 화폐에 관한 어떤 책도, 암호화폐에 대한 설명과 화폐 시스템을 뒤흔들 수 있는 잠재력을 평가하지 않고는 쓸 수 없다. 이제 다음으로 넘어가 보자.

09

암호화폐가 변화시킨 돈의 미래

**현대 세계를 괴롭히는 유령, 바로 암호화폐의 무정부 상태라는
유령이 있다. 일어나라. 우리가 잃을 것은 철조망뿐이다.**

티모시 C. 메이(Timothy C. May)[1]

이 책 원서의 부제인 '정부와 은행은 어떻게 화폐를 창출하고 우리 모두를 번영케 하는가'다. '정부'와 '은행'이라는 단어 옆에 '컴퓨터'나 '컴퓨터 알고리즘'이라는 표현이 붙어 있지 않다. 2010년대 초반부터 비트코인과 이더리움, 여타 암호화폐에 대한 폭발적인 관심이 생겨난 것을 감안할 때, 왜 그러지 않았을까 하는 의구심이 들기도 한다.

암호화폐는 기술을 기반으로 한 21세기 화폐 혁신으로, 앞으로 금융 생태계 내에서 영구적인 지위를 차지할 가능성이 높다. 하지만 일부 암호화폐 에반젤리스트crypto-evangelists나 암호화폐 무정부

주의자crypto-anarchists의 바람과는 달리, 암호화폐가 주권(또는 주권통제) 화폐를 대체하기는커녕 그 지위에 심각하게 도전할 가능성조차 매우 희박해 보인다.

암호화폐는 컴퓨터 네트워크상에 디지털 형태로만 존재하는 화폐다. 암호화 기술을 통해 관리되고 전송되며, 중앙기관이나 중개기관이 따로 개입하지도 않는다. 암호화폐의 역사는 2008년 10월 31일로 거슬러 올라간다. 바로 그날 사토시 나카모토Satoshi Nakamoto라는 이름을 사용하는 특정인(그는 아직까지도 베일에 싸여 있다)이 「비트코인: 개인 간(P2P) 전자현금 시스템」이라는 제목의 9페이지짜리 온라인 백서를 처음 발표했다.[2]

현재 전 세계에는 약 2만 1961개에 이르는 암호화폐가 있으며, 미국 달러 기준으로 모든 암호화폐의 시가총액은 8569억 달러에 이르고 있다.[3] 많은 금액처럼 보이지만, 전 세계 총통화M2 공급량의 약 1% 수준에 불과하다.

암호화폐를 진지하게 받아들여야 하는 이유는 적어도 네 가지로 꼽을 수 있겠다. 가장 큰 이유는 암호화폐 세계의 반란적인 정신이다. 암호화폐 개발자와 사용자, 프로모터 등 다수는 정부가 통제하는 기존 화폐 시스템에 강한 불신과 혐오감을 가지고 있다. 그래서 그들은 화폐의 생산과 사용에 중앙기관이나 중개기관이 필요 없는 세상을 꿈꾸고 있다. 사토시 나카모토가 처음으로 비트코인 개념을 내놓은 시기가, 글로벌 금융위기의 한가운데에서 각국 정부와 중앙은행이 글로벌 금융 시스템 붕괴를 막기 위해 필사적으로 노력하던 때였다는 건 우연이 아닐 것이다. 이 비트코인 창시자는 2009년 1월 9일에 첫 암호화폐 거래를 기록하면서 후손들에게 「영국 총리, 은행에 대한 두 번째 구제금융 임박」이라는 기록을 남겼다.[4]

두 번째 이유는 역사의 흐름과 관련 있다. 세계는 인터넷의 폭발적인 성장과 모든 것의 디지털화로 급속한 기술 혁신을 겪고 있다. 앞으로 몇 년, 또는 몇십 년 내에 암호화폐가 어떻게 발전할지 누가 알 수 있겠는가? 19세기 후반에 자동차가 처음 등장했을 때에도 마차와 말은 교통수단으로 꽤나 확고하게 자리 잡고 있었다.[5]

세 번째 이유는 이 장 후반부에서 살펴보겠지만, 수천 년 동안 이어져 온 화폐시장에 암호화폐가 등장하면서 중앙은행과 정부도 혁신 압박을 받고 있다는 점이다.

마지막으로, 암호화폐가 국가 주도의 화폐 시스템을 심각하게 대체하지는 못하더라도 어떤 형태로든 기존 법정화폐에 지속적으로 도전할 가능성이 높기 때문이다.

이름에서 알 수 있듯이 암호화폐는 컴퓨터 과학과 암호학의 세계에서 발전했다. 은행가와 중앙은행 관료, 재무부 관료 등으로 이어지는 세계와는 매우 다른 괴짜들의 세계다. 이 주제는 매우 기술적이고 혼란스러울 수 있으며, 아주 빠르게 진행될 수 있다. 여기서는 간단하게 설명해 보겠다.

위협적인 암호화폐의 등장

비트코인과 이더리움, 여타 암호화폐는 디지털 방식으로만 존재한다. 그러나 디지털이라는 점이 암호화폐를 특별하게 만드는 건 아니다. 오늘날엔 (암호화폐뿐 아니라) 대부분의 화폐도 은행과 중앙은행, 기타 금융기관 등이 관리하는 디지털 원장에 기록돼 디지털 형식으로 존재한다. 지난 2022년 11월 현재 미국 내에서 2조 3000억 달러 규모의 실물화폐(지폐와 동전)가 유통되고 있는데, 이는 미국 M2 통화 공급량의 약 10%에 불과하다. 2022년 2분기 기준으로 가계 금융자산은 총 108조 7000억 달러에 이르지만, 이 가운데 실물화폐는 약 2%에 그치고 있다. 현대 사회의 화폐에서는 압도적으로 디지털 화폐 비중이 높은데, 경제적 기록을 남기고 경제활동을 촉진하기 위해 화폐가 점차 디지털화하고 있는 최근 상황에 비춰 보면 이 같은 수치는 그리 놀라운 게 아니다.

오히려 암호화폐를 특별하게 만드는 차별성은 암호화폐가 사용하는 디지털 기술과 그 기본 철학이다. 암호화폐들의 기반이 되는 사토시 나카모토의 혁신은 암호화 기술을 사용해 중앙기관이나 게이트 키퍼가 없는 시스템상에서 '이중지불double spending' 문제를 해결한 것이다. 이중지불 문제란 동일한 디지털 화폐가 두 번 이상 사용되지 않도록 하는 문제를 말한다. 이메일을 보내고 수신자가 그 이메일을 받아도, 보낸 사람은 여전히 이메일을 가지고 있고 이 메일을 다른 사람이나 여러 사람에게 다시 보낼 수 있다. 보통의 경제적 재화와 달리 정보는 매우 저렴한 비용으로 거의 무한히 복제할 수 있으며, 한 사람이 소비한다고 해서 다른 사람이 소비하는 것을 막을 수는 없다. 만약 디지털 화폐가 이메일 메시지와 같다면 모든 사람이 잠재적인 화폐 찍는 인쇄기가 될 수 있다. 그렇게 된다면 내가 받은 디지털 화폐가 다른 사람에게는 전송되지 않으리라는 신뢰가 무너지고 말 것이다.

전통적인 금융 시스템은 분산돼 있는 경제 전반의 결제 시스템 일부를 중앙집중화하고 상대적으로 소수의 금융 중개자(특히 중앙은행과 상업은행, 신용카드 및 직불카드업체, 결제 서비스 사업자, 청산소, 증권거래소 등)가 거래를 중개하고 검증함으로써 이런 이중지불 문제를 해결한다.

일례로 매달 전기요금을 납부할 때 다음과 같은 상황이 발생한다. 전력회사는 200달러가 적힌 청구서를 은행에 보낸다. 나는 은행 측에 미리 내 계좌에서 전기요금을 납부해 달라고 승인해 뒀기 때문에 은행은 전력회사 요청에 곧바로 내 계좌에서 200달러를 인출해 전력회사 은행 계좌에 그 금액을 입금하는 작업을 수행한다. 이처럼 신뢰할 수 있고 규제를 받는 은행과 같은 중개기관이 은행 시스템 내에서 돈의 이동을 기록하는 원장을 관리하므로 200달러는 사라지고 이 돈은 다시 사용할 수 없게 된다.

신용카드를 이용해 음식점에서 먹은 식사나 식료품, 온라인에서 구매한 제품을 결제할 때는 상황이 조금 더 복잡해지긴 해도 신뢰할 수 있는 중개기관이 디지털 금융원장 간 돈의 이동을 집계하는 원칙은 동일하게 적용된다. 이 경우 신용카드사가 나를 대신해 결제하는데, 신용카드사의 은행 계좌에서 자금을 인출해 재화와 서비스를 제공한 사람의 은행 계좌에 입금한다. 그 후 한 달에 한 번씩 은행이 내가 한 달간 사용한 전체 지출액을 내 은행 계좌에서 인출해 신용카드사의 은행 계좌에 입금하게 된다. 신용카드사는 은행이나 기타 저비용으로 운전자본을 제공해 주는 기관으로부터 신용 한도를 확보하고 있기 때문에, 가맹점에 대금을 지급하는 시점과 카드 사용자로부터 대금을 받는 시점 사이의 간극을 메울 수 있다. 이를 통해 신용카드사들은 금리 스프레드만큼을 벌어들인다.

암호화폐는 블록체인 또는 '분산원장distributed ledger'이란 기술로 중개자를 제거함으로써, '중앙화된 중개와 규제를 통한 신뢰' 시스템을 근본적으로 무너트린다. 암호화폐에 대한 전문 용어는 물론이고 세부 내용도 난해하며 다양한 변형은 있지만, 비트코인 블록체인은 다음과 같이 작동한다.[6] 누가 어떤 비트코인을 가지고 있는지와 그 소유권에 관련된 거래내역 정보는 전 세계에 퍼져 있는 여러 컴퓨터(컴퓨터 '노드')에 동일한 파일(블록)로 존재한다. 비트코인으로 거래하는 사람들은 누구나 볼 수 있는 공개 키public key와 비트코인 소유자들 간에만 알 수 있는 비공개 키private key라는 두 개를 이용해 접속하는 가상지갑을 사용한다.

내가 재화와 서비스, 자산 또는 달러를 얻기 위해 교환의 대가로 내가 가진 하나 또는 일부 비트코인을 상대방에게 전송한다고 가정해 보자. 내가 상대방에게 비트코인 소유권을 이전한다는 사실은 새로운 거래 블록에 기록되며, 누군가가 (이에 대해 곧 자세히 설명할 것이다) 매우 복잡한 암호화 문제를 푸는 경우에만 생성돼 기존 블록에 추가된다. 누군가 이 문제를 해결하고 그 답이 맞으면 그 결과가 컴퓨터 네트워크로 전송되고 그 안에 포함된 거래의 유효성을 검사하는 새로운 블록이 승인돼 블록체인에 추가된다.

이 독창적이고 탈중앙화된 시스템에는 중앙기관이나 게이트 키퍼가 존재하지 않는다. 일단 시스템이 설정되고 실행되면 시스템 내에서 자율적으로 생성되는 암호화 문제에 의존하게 된다. 그 문제의 해답을 찾아 네트워크에 전파하는 것은 새로운 거래 블록을 유효한 것으로 받아들이고 각 노드가 블록체인에 그 블록을 추가하게 하는 핵심이다. 결과적으로 탈중앙화된 네트워크에서 각 노드는 독립적으로 존재하지만, 누가 무엇을 소유하고 있고 어떤 거래를 일으켰는지에 대한 정보는 정확하게 동일한 블록체인상에 남게 된다.

그렇다면 탈중앙화된 네트워크가 거래 블록의 유효성을 검증했다고 받아들이거나 어떤 의미에서 '신뢰'해야 하는 이유는 무엇일까? 그 답은 사토시 나카모토가 암호화 문제를 푸는 사람이 시스템을 속이고 이중지불을 시도하는 하이테크 사기꾼이 아니라, 합법적이고 선의를 가지고 행동하는 사람이라는 걸 설득력 있게 증명했기 때문이다. 더 정확히 말하면 암호화 문제를 푸는 것은 엄청난 연산 능력을 가진 개인이 아니라 개인이 소유한 컴퓨터다.

그런데 왜 사람들(암호화 문제를 푸는 사람들)은 거래 블록의 유효성을 검증하기 위해 컴퓨터를 설치하고 막대한 자원을 소비하는 걸까? 애초에 사토시 나카모토가 처음으로 비트코인 블록체인을 출시했을 때는 암호화 문제를 풀고 시스템을 지속적으로 운영할 컴퓨터 은행을 세우기 위해 사람들을 채용할 중앙기관이 필요하지 않았다. 이것이 비트코인과 그 자손인 암호화폐의 또 다른 기발한 면을 보여주는 것으로, 이 블록체인은 암호화 문제를 풀기 위해 노력한 사람들에게 새로 '발행된' 비트코인을 보상으로 지급한다. 이 때문에 문제를 풀어내는 사람들을 '채굴자miner'라고 부른다. 과거 개척자들과 마찬가지로, 아무도 이들에게 무엇을 해야 할지 알려주지 않지만, 그들은 수익을 얻으려는 동기 하나만으로 행동하게 된다. 이런 방식으로 새로 발행된 비트코인은 채굴자가 거래 블록을 검증하는 과정을 통해 유통된다.

이 밖에도 비트코인에는 몇 가지 흥미로운 특징이 더 있지만, 비트코인을 본떠 만들어진 다른 암호화폐들이 그 특징을 모두 공유하는 것은 아니다. 우선 비트코인은 2141년에 마지막으로 채굴될 것으로 예상되는 총채굴 개수가 2100만 개로 미리 설정돼 있다. 둘째, 새로운 블록을 검증하고 블록체인에 추가해 새로운 비트코인을 보상받기 위해 필요한 암호화 문제 해결의 난도는 갈수록 높아진다. 셋째, 10분에 하나씩 발생하는 새로운 블록을 검증하기 위해 채굴자에게 보상으로 지급하는 비트코인의 양이 4년마다 절반으로 줄어들게 된다. 현재 비트코인은 이미 1800만 개 이상이나 채굴된 상태이기 때문에 앞으로 채굴할 수 있는 비트코인은 줄어들 것이다.

비트코인의 이러한 특징은 19세기와 20세기 초 금본위제 시대와 2차 세계대전 이후 브레튼우즈 체제에서의 금환본위제로 거슬러 올라가는 글로벌 통화 체제에서 금이 수행했던 역할을 모방한 것이다. 리처드 닉슨Richard Nixon 대통령이 갑작스럽게 미국 달러 가치와 금 가격 간의 연결고리를 끊겠다고 선언한 1971년 8월의 닉슨 선언으로 브레튼우즈 체제는 막을 내렸고, 변동환율 시대가 열렸다.[7] 물론 매장량이 알려져 있진 않지만 전 세계에 묻힌 금의 양은 아마도 고정돼 있을 것으로 추정되며, 광물 개발 기술의 발전은 차치하고라도 원칙적으로 시간이 지남에 따라 금을 찾아내고 캐내는 일은 더 어려워질 것이다.

아울러 통화당국은 명목 경제 성장률에 맞춰 고정된 비율로 통화 공급을 늘리는 것을 목표로 해야 하며, 적극적인 통화 정책을 추구하려는 시도는 피해야 한다는 밀턴 프리드먼Milton Friedman의 유명한 명제 역시 비트코인의 특징을 떠올리게끔 한다.[8] 하지만 이것은 실제보다 더 분명한 사실이다. 연간 비트코인 유통량 증가율은 꾸준히 줄어들고 있고 앞으로도 계속 줄어들 것이다.

사토시 나카모토의 독창적이지만 복잡한 메커니즘은 일석삼조의 효과를 제공한다. 비트코인 거래가 검증되고, 채굴자는 이를 통해 새로운 비트코인을 얻게 되며, 새 비트코인은 유통된다. 다만 비트코인과 유사한 '작업증명Proof-of-Work' 프로토콜을 사용하는 암호화폐를 채굴하는 데에는 엄청난 양의 전기가 사용된다는 치명적 결함이 있는 것도 사실이다. 한 연구에 따르면 비트코인 채굴은 전 세계 전력 생산량의 약 0.55%를 소비하는 것으로 추정된다.[9] 기후 변화 우려가 커지고 있는 현시대에서는 그리 좋은 모습이 아니다.

그러나 암호화폐 업계, 더 일반적으론 실리콘밸리에서는 하나의 걸림돌이 또 다른 혁신의 기회가 될 수 있는 법이다. 작업증명을 대체할 수 있는 '지분증명Proof-of-Stake'이라는, 전기가 전혀 필요하지 않은 또 다른 블록 검증 방식이 개발된 것이다. 지분증명은 블록을 검증하는 역할을 하는 사람이 거래를 진행하기 위해서는 해당 암호화폐를 일정량 이상 보유하도록 했다. 방식만 다를 뿐 작업증명과 지분증명 프로토콜은 모두 동일한 효과를 달성하는 것을 목표로 하고 있다. 채굴자가 사기에 가담하거나 블록체인 기록을 임의로 바꾸는 걸 상상조차 못 하게끔 하고, 여러 컴퓨터 노드에 분산된 블록체인 기록을 그대로 유지하도록 하는 것이다.

지금까지는 주로 최초의 암호화폐인 비트코인과 그와 유사한 후속 암호화폐에 초점을 맞췄다. 그러나 2009년 비트코인이 처음 출시된 이후 수많은 혁신과 발전이 있었고, 수천 개의 암호화폐와 1조 달러에 육박하는 암호화폐 시장의 시가총액이 이러한 빠른 진화를 증명하고 있다.

예를 들어 비트코인 다음으로 가장 대중적으로 인기 있는 암호화폐인 이더리움과 같은 암호화폐는 '스마트 계약smart contract'을 작성하고 실행할 수 있다. 이런 스마트 계약은 특정한 조건만 충족되면 사람의 개입 없이도 자동으로 계약이 실행되고 암호화폐로 지급과 결제가 이뤄진다. '토큰token'은 스마트 계약 결제와 같이 해당 네트워크에서 다양한 거래 목적으로 사용할 수 있는 기존 블록체인 위에 있는 암호화폐다. 이더리움의 토큰은 '이더ether'라고 부르는데, 2022년 12월 6일 기준으로 토큰 하나는 1265달러에 거래되고 있다. 가장 혁신적인 토큰 유형 중 하나인 '대체불가능 토큰NFT'은 블록체인에 저장된 디지털 자산이다. 테더tether와 같은 '스테이블코인stablecoin'도 있다. 이것은 토큰 발행량만큼 법정화폐를 '전액' 보유함으로써 암호화폐 가치를 법정화폐(주로 미국 달러화)에 고정하는 것을 목표로 한다. 이는 가끔씩 부활하는 과거 '내로 뱅킹narrow banking'(은행 예금에 상응하는 규모의 준비금을 중앙은행에 예치하도록 해 뱅크런을 막고자 하는 개념) 아이디어를 연상시킨다.[10] 암호화폐는 '코인공개ICO'라는 수단을 통해 가상화 자산과 여타 온라인 비즈니스 모델의 벤처기업을 위한 새로운 자금(법정화폐) 조달의 원천이 되기도 한다.

권위에 대한 도전

암호화폐는 단순히 디지털 시대의 금전적 기술 혁신에 관한 이야기만은 아니다. 새뮤얼 헌팅턴의 유명한 표현을 빌리자면, 암호화폐 운동에는 '세계관의 충돌'이라는 측면도 있다.[11] 대부분의 암호화폐 에반젤리스트는 정부와 중앙은행, 대형 은행이 통화 시스템을 중앙집중적으로 통제해야 한다는 생각을 거부한다. 오히려 이들은 탈중앙화되고 민주화된 화폐와 금융의 세계를 열망하며, 정부 전문 관료와 거대 자본자가 아닌 '우리 국민들'이 화폐 문제를 통제하길 원한다.

이런 암호화폐 신봉자들에게 중앙 권력이 없는 블록체인은 단순히 온라인 디지털 시대에 맞는 깔끔한 기술 혁신 정도가 아니라, 억압적이고 수탈적인 관료와 금융 엘리트의 족쇄를 벗어던지고 시민들이 화폐의 자율성을 되찾을 수 있도록 해주겠다는 급진적 기술이다. 암호화폐 커뮤니티에선 기존 통화 시스템의 실패와 인기 없는 은행 구제금융에 대한 인식, 혁명적이고 새로운 인간 중심의 접근 방식에 대한 필요성을 동일선상에 놓고 보는 경향이 있다.

암호화폐가 기존 통화 시스템을 혼란에 빠트리거나 심지어 대체할 수 있는 잠재력을 가지고 있는가를 평가할 때 기반 기술인 블록체인과 (이를 활용한) 가장 널리 알려진 응용 분야인 암호화폐를 구별해서 바라보는 것이 유용하다. 상업적 세계는 블록체인을 수용해 정보 공유와 기록 보관, 데이터베이스 관리, 물류 등의 분야는 물론이고 금융과 의료, 운송, 부동산 등의 분야에서 분산원장 기술의 실제 활용 사례와 적용을 모색하고 있다. 여기서 아이러니한 점은 중앙기관이나 게이트 키퍼가 없다는 점이 아니라, 효율적인 정보 공유와 기록 보관을 가능하게 하는 블록체인의 분산원장

특성이 가장 큰 매력으로 작용한다는 점이다. 따라서 비즈니스 세계에서 블록체인을 적용하는 대부분 사례는 복잡한 채굴 인센티브 구조가 필요한 퍼블릭 또는 오픈 블록체인이 아니라, 프라이빗 또는 '허가형' 블록체인을 채택하고 있다. 허가형 블록체인에서는 블록체인 소유자가 누가 블록체인에 접근할 수 있는지, 누가 새로운 블록에 진입할 수 있는지를 통제한다.

블록체인 기술은 바코드, QR코드, 스마트폰, 월드와이드웹www을 뒷받침하는 기술 등 우리가 흔히 당연하게 여기는 현대 정보화 시대의 중요한 컴퓨터 및 디지털 기술의 대열에 합류할 수 있을 만큼 혁신적이고 변화무쌍한 기술이다. 그러나 암호화폐는 통화 환경을 지배하는 것은 고사하고, 법정화폐와 경쟁할 수 있는 능력을 키우는 데도 훨씬 더 제한적으로 보인다.

법정화폐의 높은 벽

암호화폐를 제대로 평가하기 위해서는 화폐의 세 가지 측면인 가치 측정의 단위, 교환의 매개체, 가치 저장의 수단으로 볼 필요가 있다. 이 중 어느 하나의 측면에서도 암호화폐는 국가 기반의 법정화폐에 맞설 강력한 도전자로서의 면모를 갖추지 못하고 있다.

암호화폐, 심지어 그중에서 가장 지배적인 비트코인과 이더리움조차 가치 측정의 단위로 의미 있게 사용되지 못하고 있다. 그

나마 일부 틈새 암호화폐 커뮤니티나 다크웹이라는 어두운 공간에서 사용되는 정도다. 즉 재화와 서비스, 자산의 가격을 비트코인이나 여타 암호화폐로 표시하거나 비교하는 건 아직도 쉽지 않다. 재화와 서비스, 자산을 거래하는 데 암호화폐를 사용하는 경우에도, 그 가격은 미국 달러화로 표시하고 기록할 가능성이 높다.

또한 암시장 정도를 제외하고는 암호화폐가 교환의 매개체, 즉 공간 간 또는 사람 간에 금전적 가치를 이전하는 수단으로 흔히 쓰이는 일도 없다. 암호화폐 거래대금은 지난 2021년에 15조 8000억 달러에 달한 것으로 보고됐지만, 대부분 암호화폐 거래소에서 다른 암호화폐나 법정화폐로 암호화폐를 거래한 것일 뿐이다. 거래가 아닌 투기가 암호화폐에 대한 수요를 주도하고 있는 셈이다. 암호화폐가 결제 시스템으로서 어떤 식으로든 우월하거나 거래소 양측에서 법정화폐를 주고받는 거래 비용을 상쇄할 수 있을 만큼 충분히 우월해지지 않는 한 암호화폐를 가치 측정의 단위로 삼고 교환의 매개체로 사용하는 건 큰 의미가 없다.

기존 은행의 중개 시스템에서, 특히 국경을 넘나들며 송금하거나 돈을 이체할 때 생기는 더딘 속도와 높은 비용에 대한 불만이 잠재적인 암호화폐 사용자들의 큰 관심을 불러일으켰다. 스테이블코인은 바로 이 문제에서 핵심적인 아이디어를 얻었다. 미국 달러 가치에 고정된 대부분의 스테이블코인은 20세기 인프라와 프로토콜에 의존하는 전통적인 은행 간 송금 시스템(BIC/SWIFT 시스템) 대신 블록체인을 사용해 송금할 수 있는 기능을 제공한다.

2019년 페이스북은 전 세계인의 결제 시스템 접근성을 획기적으로 높여 주겠다며 스테이블코인인 리브라Libra—나중에 디엠Diem으로 바뀌었다—를 출시하기로 하면서 큰 호응을 얻었다. 하지만 그 계획은 무산되고 말았다. 글로벌 결제 인프라는 말할 것도 없고, 새로운 국가 결제 인프라를 구축하는 것도 그나마 개념화하는 정도만 쉽지 실제 구현하기는 어렵다.

비트코인과 여타 암호화폐는 가치 저장의 수단으로서 어떤 역할을 할 수 있을까? 이 점에 대해서는 많은 혼란이 있다. 미국 달러가 좋은 가치 저장의 수단이라는 것은 시간이 지나도 구매력을 합리적으로 잘 유지한다는 뜻이다. 즉 인플레이션율이 너무 높지 않아야 한다는 걸 의미한다. 3장에서 살펴본 것처럼 여러 이유로 대부분 국가의 중앙은행들은 2%의 인플레이션율을 통화 정책의 목표로 삼고 있다. 현금으로 돈을 보유한 사람은 1년에 2%씩 구매력이 떨어지는 걸 경험하지만, 은행 정기예금이나 머니마켓 뮤추얼펀드에 돈을 넣어두면 구매력의 98%를 보존하는 데서 그치지 않고 그 이상의 구매력을 유지할 수도 있다는 의미다.

암호화폐 신봉자들은 미국 달러화 기준 비트코인 가격이 시간이 흐를수록 가파르게 상승하고 있다면서, 이를 비트코인이 훌륭한 가치 저장의 수단이라는 증거라고 말한다(그림 9.1). 이들은 비트코인의 공급(발행량)이 제한돼 있는 가운데 앞으로 더 많은 사용자와 팬이 생겨날 것이라고 기대하면서 비트코인의 달러 가격이 계속 상승할 것이라고 자신한다. 그러나 그림 9.1에서 보듯이 비

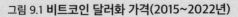

그림 9.1 비트코인 달러화 가격(2015~2022년)

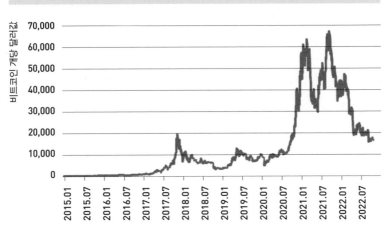

자료 출처: 코인베이스, 세인트루이스 연방준비은행(FRED) 일별 데이터

트코인 가격 역시 개별 주식이나 환율처럼 위험자산으로서 변동성이 큰 움직임을 보여주고 있다.

위험자산은 시간에 따라 구매력을 이전하는 데 사용되기에 가치 저장의 수단으로 볼 수 있다. 다만 위험자산은 가격이 쉽사리 오르내릴 수 있는 만큼, 고도로 분산된 포트폴리오가 아닌 이상 개별적인 가격 변동 위험을 가지고 있기 때문에 그다지 좋은 가치 저장 수단이라고 보긴 어렵다.

이 글을 쓰고 있는 시점에 비트코인 가격은 1만 7052달러인데, 가격이 7735달러였던 2020년 1월 1일에 비트코인 1개를 사서 들고 있는 사람은 비트코인을 훌륭한 가치 저장의 수단이라고 주장하겠지만 6만 7510달러였던 2020년 11월 8일에 투자했다가 75%

정도 손실을 보고 있는 투자자는 다른 주장을 할 가능성이 높다. 2022년 11월 바하마에 본사를 둔 암호화폐 거래소인 FTX의 파산은 암호화폐 자산이 얼마나 위험한 것인지를 부각해 주었다. 더 미묘하고도 실질적인 면도 있다. 비트코인 가치 측정의 단위나 교환의 매개체로서의 기능을 거의 하지 못하기 때문에, 설령 가치 저장의 수단이 된다 하더라도 비트코인은 그 자체보다는 미국 달러화의 가치를 저장해 주는 (위험한) 수단이라 할 수 있다. 다른 모든 암호화폐도 마찬가지다.

중앙은행이 하는 일 중에서 중요한 부분은 물가 안정이며 법정화폐의 전반적인 구매력을 안정적으로 유지시키는 것이다. 비트코인과 여타 암호화폐는 이와 같은 중앙기관을 없애 많은 사람에게 매력적으로 받아들여지고 있지만, 역설적으로 바로 그 점이 좋은 가치 저장의 수단이라는 측면에서 부족한 점이 될 수 있다. 비트코인과 암호화폐의 경우 그 구매력을 안정적으로 유지시켜 줄 책임을 가진 중앙기관이나 정부가 존재하지 않는다. 달러로 표시되는 비트코인 가격도 변동성이 높기 때문에 위험한 달러 자산이라 할 수 있지만, 비트코인 인플레이션율은 존재하지도 않고 이를 통제할 정부나 중앙은행도 당연히 없다.

비트코인과 암호화폐는 비록 틈새시장에 그칠지라도 금융 생태계와 투자 환경에서 영구적인 일부분이 될 가능성이 높다. 한편으로는 암호화폐 및 자산 트레이딩, 스마트계약, 토큰, ICO, NFT, 여타 암호화폐 혁신과 관련된 결제 메커니즘 등의 형태로 온라인 디지털 경제에서 중요한 역할을 담당할 수도 있다. 사람들이 온라인상에서 더 많은 시간을 보내고 경제활동도 온라인으로 빠르게 옮겨 감에 따라 마일리지나 회원 포인트 등과 같이 편리하다는 이유로 비트코인이나 여타 암호화폐를 결제 수단으로 쓰거나 심지어 가치 저장의 수단으로 사용하는 건 그리 놀라운 일이 아니다. 그러나 포인트 인센티브와 마찬가지로 암호화폐는 항상 법정화폐 시스템에 연결돼 있고, 따라서 법정화폐에 대한 교환비율(법정화폐로 표시되는 암호화폐의 가격)의 지배를 받는다.

한편 암호화폐는 화폐이기보다는 가상자산으로서 더 많은 기능을 하기도 하는데, 그 때문에 비트코인을 '디지털 금digital gold'에 비유하기도 한다. 램프의 요정과도 같은 암호화폐를 다시 램프 안에 넣을 수는 없을뿐더러 넣어서도 안 된다. 물론 암호화폐가 부분적으로는 전통적인 폰지 사기의 양상을 보이기도 하지만,[12] 이를 믿는 진정한 신봉자들이 충분히 존재하며 기존의 통화 시스템이 갖는 내재적 불확실성도 충분하기 때문에 암호화폐에 대한 투기적 수요가 견실하게 유지될 수 있는 것이다. 암호화폐, 또는 적어도 현재 진행 중인 치열한 다원주의적 경쟁에서 살아남게 될 암호화폐는 수집 가능한 예술품이나 앤티크 가구, 희귀 우표나 동전, 고급 와인, 과거 유명인들이 쓰던 물건 등과 같이 법정화폐 가치를 저장하는 수단으로 영구적인 지위를 차지할 수 있다. 그러나 암호화폐가 가지는 가장 큰 영향은, 국가가 통제하는 통화 시스템에 대한 파괴적 효과—조지프 슘페터Joseph A. Schumpeter의 용어를 좋은 의미로 사용했다―일 수 있다.

암호화폐의 운명과 미래

비트코인과 여타 암호화폐의 등장은 전 세계 중앙은행들을 뒤흔든 대표적인 사건이자 그들에게 경각심을 불러일으키는 계기가 됐다. 암호화폐의 등장은 세 가지 측면에서 중앙은행들에 도전이 되고 있다.

첫째, 암호화폐는 전통적인 은행 시스템 기반의 결제 시스템에 대한 직접적 대안을 제공한다는 것이다. 중앙은행은 경제 내 결제 시스템을 관리 감독하고 어느 정도 운영할 책임도 갖고 있다. 3장에서 살펴본 대로 거래 결제는 궁극적으로 중앙은행이 발행한 은행권이나 눈에 보이지 않는 준비금과 같은 화폐로 이뤄진다. 내가 동네 빵집에서 커피와 도넛을 사면서 10달러짜리 지폐를 건네면 중앙은행의 부채 항목이 달라진다. 헤지펀드가 100만 달러 상당의 주식을 매수하면 헤지펀드의 은행 계좌와 주식 매도자의 계좌 사이, 그리고 여러 은행이 관련된 경우엔 중앙은행에 있는 은행들의 준비금 계좌 사이에서 돈이 오고 간다. 배후에서 중앙은행은 이 모든 금전적 거래활동이나 상거래가 이뤄질 수 있도록 가장 기초적인 인프라를 제공하고 운영한다. 암호화폐는 이러한 기능을 빼앗을 수도 있다.

둘째, 중앙은행이 가지는 핵심적인 정책 목표인 통화 정책 수행과 금융 안정성 유지에 혼란이 생길 수 있다는 것이다. 설계상 중앙은행을 포함한 그 어떤 중앙기관도 암호화폐의 통화 공급을 통제할 수 없다. 비트코인의 공급량은 총 2100만 개로 제한돼 있지만, 이더리움을 비롯한 다른 많은 암호화폐들은 공급량이 제한돼 있지 않다(이더리움은 연간 공급량만 제한돼 있다). 암호화폐의 기반이 되는 블록체인과 '채굴' 기술을 고려할 때, 그리고 기존의 새로운 암호화폐가 충분히 확산된다고 가정할 때—궁극적인 승자는 아직 발명되지 않았을 수도 있다—암호화폐의 통화 공급은 중앙은행의 통제 범위를 벗어나 급격히 늘어날 수 있다.

이것은 금융 안정성에 대한 우려를 불러일으킬 수도 있다. 과도한 통화량 증가는 종종 금융 불안정을 초래할 수 있으며, 잠재적으로 암호화폐 생태계에 거품을 만들어내고 금융위기를 낳을 수도 있다. 암호화폐가 기존 통화 시스템을 대체하지 않고 함께 번성하며 공존한다 해도, 서로 간에 파급 효과나 전염의 여지가 있을 수밖에 없다. 왜냐하면 암호화폐 가격이 미국 달러화로 표시되기 때문에 암호화폐와 기존 통화 시스템은 사실상 일심동체라 할 수 있기 때문이다. 또는 우리가 아직 상상조차 할 수 없는 미래의 'Y2K 문제와 암호화폐의 만남'과 같은 현상도 발생할 수 있다.

셋째는 좀 더 철학적이고 실존적인 문제다. 광적인 암호화폐 지지자들은 중앙은행과 은행을 '적'으로 여기면서 이들이 망해버리길 원한다. (그런 맥락에서) 암호화폐는 단순히 반짝이는 새로운 디지털 장난감이나 계속 확장해 가는 최신 기술 혁신 정도가 아니라, 자본주의의 뿌리 깊은 구조적 특징인 큰 정부와 큰 은행, 고위직들에 의한 경제 통제, 소수에 대한 착취 문제를 풀어줄 해결책이 될 수 있다.[13]

놀랍지 않게도 중앙은행은 더디게 움직이고 보수적이며 관료적인 조직이기 때문에 암호화폐가 금융 분야에 처음 등장했을 때 대응하기를 주저했다. 중앙은행 중에서도 가장 앞선 위치에 있는 연준은 특히 더 신중한 접근 방식을 취했다. 글로벌 금융위기의 여파를 극복하고 필요에 따라 양적완화와 신용완화, 포워드 가이던스forward guidance(향후 통화 정책 기조에 대한 선제적 안내), 마이너스 금리, 수익률 곡선제어YCC 등과 같은 미지의 정책들을 탐색하는 데 몰두해야 했던 중앙은행들은 암호화폐가 등장한 처음 몇 년 동안은 암호화폐의 발전을 지켜보면서 눈치만 살피기에 급급했다.

그 후로 각국 중앙은행들은 암호화폐에 더 많은 관심을 기울이고 있다. 거의 대부분의 주요국 중앙은행과 국제결제은행BIS, 국제통화기금IMF, 세계은행WB 등 관련 국제기구들이 암호화폐를 연구하면서 대응 마련을 고민하기 시작했다.[14] 대체로 중앙은행들은 '이겨낼 수 없다면 함께 가자'는 식의 태도를 취했다. 중앙은행들은 암호화폐의 기반이 되는 블록체인 기술이 혁신적이며 결제 시스템과 더 넓은 통화 및 금융 시스템의 수호자로서 이를 주도하는 혁신을 육성하고 부분적으로 채택하는 데 도움을 줄 필요가 있다는 걸 인식하고 있다.

중앙은행들은 '중앙은행 발행 디지털 화폐CBDC'를 연구하고 일부는 그 도입을 추진함으로써 암호화폐가 이 세계에 던진 도전에 맞서고 있다.[15] 중앙은행들은 스스로 두 가지 진지한 질문을 던지고 있다. ①암호화폐를 둘러싼 기술과 시장 발전에 어떻게 대응해야 하는가 ②새로운 형태의 디지털 화폐를 직접 도입하기 위한 계획을 세워야 하는가. 한 가지 이슈는 중앙은행이 블록체인, 디지털 토큰, 스마트계약과 같은 암호화폐 기술을 도입하는 것이 타당한가, 바람직한가, 실용적인가 하는 기술적인 물음과 관련돼 있다. 중앙은행들은 질문을 통해 새롭게 부상하고 진화하는 기술이 절실히 필요로 하는 기술과 운영상의 전문성을 쌓을 기회를 얻을 수 있다. 하지만 이런 노력의 핵심은, 경제에서 현금의 중요성이 줄어드는 상황에 중앙은행이 지폐와 동전에 대한 대안으로 디지털 화폐를 발행하는 것을 고려해야 하느냐는 질문으로 귀결된다.

먼 미래의 이야기이긴 하지만 중앙은행이 대중에게 직접 디지털 화폐를 발행하는 건 매우 의미 있는 일이 될 것이다. 은행권은 중앙은행의 직접적 책임이며 은행 예금과 동일한 가치로 교환할 수 있다. 일반 대중은 은행의 (디지털) 부채를 은행 창구나 ATM에서 돈으로 찾거나 입금하는 방식으로 언제든 중앙은행의 (종이) 부채로 바꿀 수 있다. 하지만 중앙은행의 종이 부채를 디지털 또는 전자 부채로 바꿀 수는 없다. 은행과 공인된 금융기관만이 디지털 준비금 계좌를 통해 그럴 권한을 가질 수 있기 때문이다.

현재 민간 부문에서는 신용카드와 직불카드뿐만 아니라 다양한 모바일 결제서비스와 디지털 지갑 등 대중이 일상적인 상거래에서 디지털 화폐를 사용할 수 있도록 모든 종류의 전자결제 시스템을 제공하고 있다. 중앙은행이 전자 형태의 달러인 e-달러, e-유로, e-인민폐와 같은 디지털 버전의 은행권을 만들 수 있는 기술을 가지고 있다면, 그리고 암호화폐의 발전이 시사하는 바가 있다면 그렇게 해야 할 이유는 충분하다.

실제로 중국과 에콰도르, 스웨덴 등 여러 중앙은행이 CBDC를 시범적으로 발행하는 파일럿 제도를 시작했고, 바하마는 2020년 10월 샌드달러sand dollar라는 이름의 CBDC를 도입하기도 했다. 이들은 모두 공인받은 은행이 운영하고 있다.[16] 미국인들이 보유하고 있는 또 다른 형태의 정부 부채인 미국 국채의 경우 이미 지난 2016년에 마지막으로 종이 국채가 자취를 감추고 디지털 또는 전자 형태로만 발행되고 보유되고 있다는 점을 감안하면 미국에서도 이 같은 CBDC 도입에 대한 설득력이 높아진다고 할 수 있겠다.

중앙은행의 디지털 화폐 CBDC의 유통

중앙은행이 은행들뿐만 아니라 일반 대중을 상대로 CBDC를 발행한다면 어떻게 작동할까? CBDC는 어디서 유통될까? 여기엔 네 가지 가능성이 있는데, 대중이 은행권을 CBDC로 교환하거나, 은행 예금을 CBDC로 전환하거나, 정부가 CBDC를 사용해 적자 예산을 충당하거나—이를 적자예산의 '화폐화' 또는 방식에 따라서는 '헬리콥터 머니'라고 한다—중앙은행이 CBDC를 발행해 자산을 매입하거나 양적완화를 실시할 수도 있다(자세한 내용은 '기술적 자료'를 참고하라).

우선 CBDC를 도입하는 첫 번째 원론적 이유는 현재 종이로 되어 있는 화폐를 디지털로 만든다는 것이다.

두 번째, 현재 대중이 은행 예금 일부를 결제 목적으로 보유하고 있기 때문에 CBDC 도입은 자연스러운 결과일 수 있다. 중앙은행은 CBDC를 도입하면 금융위기 상황에서 뱅크런이 발생할 가능성이 높아질 것이라 우려하지만, 그렇다고 해서 CBDC 도입을 피하기보다는 금융위기가 발생하지 않도록 하는 것이 더 중요하다. 더욱이 중앙은행은 CBDC 발행량을 제한할 수도 있다.

세 번째, '재정 정책 우위fiscal dominance'(중앙은행 통화 정책이 재정 당국의 자금 조달 수요에 종속되는 상황)라는 망령을 불러일으킬 수 있다는 점에서 중앙은행의 독립성을 지지하는 사람들에게는 혐오감을 줄 수 있지만, 디스인플레이션과 디플레이션, 경기 침체가 거시경제의 주된 위협이 되고 중앙은행이 정책금리 조정이라는 실탄을 모두 소진했을 때 유용할 수 있다. 글로벌 금융위기 이후 10년 이상 지속됐던 이런 상황은 팬데믹과 이에 대한 정책적 대응 덕에 대부분 국가에서 높은 인플레이션으로 대체됐지만, 앞으로 언제든 비슷한 일이 벌어질 수 있다.

네 번째, 은행 시스템을 우회해 중앙은행 재무상태표라는 활에 또 다른 화살을 제공하는 것으로, 영국 노동당 당수였던 제러미 코빈Jeremy Corbyn이 정책 제언 차원에서 만든 용어인 '민중을 위한 양적완화People's QE'의 한 형태가 될 수 있다.

CBDC의 도입은 '프로그램가능화폐programmable money'(스마트 계약으로 불리는 사전 합의나 지정된 조건을 암호화폐 내에 컴퓨터 프로그램으로 자동 실행할 수 있도록 한 디지털 화폐)의 사용과 관련해 훨씬 더 급진적인 가능성을 열어준다.[17] CBDC가 단순히 컴퓨터에 기반한 원장의 디지털 항목이 아니라 경제 상황과 정부 정책 결정에 대응할 수 있는 스마트 계약과 같은 기능이 내재된 미래를 상상해 보자. 한 가지 가능성은 CBDC에도 통화 정책 변수로 사용할 수 있는 이자율을 부과하는 것이다. 이렇게 되면 중앙은행은 법정화폐로 자금이 이탈할 것을 크게 걱정할 필요 없이 마이너스 금리를 부과할 수 있고, CBDC를 은행권으로 바꾸는 걸 제한하거나 아예 은행권을 완전히 없앨 수도 있다.[18] 또 다른 가능성은 정부가 CBDC를 확장적 또는 긴축적 재정 정책의 수단으로 활용하는 것이다. 더 디스토피아적인 가능성으로는 정부가 CBDC를 사용해 특정한 종류의 정부 지출과 그에 따른 사회적 행동을 제한하거나 장려하고, 이를 '감시 국가'를 위한 도구로 배포하는 것이다.[19]

이렇듯 중앙은행들은 CBDC 도입을 검토하는 것처럼 가장해 암호화폐에 적극적으로 대응하고 있다. 중앙은행들은 통화 정책과 재정 정책의 개념적 구분과 운영상 분리를 유지하는 기존 거시경제 정책의 큰 틀, 즉 재무부와 정부 지원을 받는다는 점에서 전적으로 신중하고 보수적인 입장을 견지하고 있다. 암호화폐가 중앙은행과 정부가 화폐를 발행하고 규제하는 독립적 지위를 대체하는 것은 말할 것도 없고, 그 지위에 심각하게 도전할 가능성도 거의 없다. 오히려 암호화폐 혁신이 불러일으키는 파괴적인 힘이 시간이 지날수록 통화 정책과 재정 정책의 경계를 모호하게 만듦으로써 주권화폐 시스템을 재편하는 데 도움을 줄 가능성이 더 높아 보인다.

돈에 관한 5가지 성찰

경비병은 처음엔 망원경으로, 그다음에는 현미경으로, 이후에는 오페라
안경으로 그녀를 늘 바라보고 있었다. 마침내 그는 "당신은 잘못된 길로
가고 있습니다"라고 말하며 창문을 닫고선 사라졌다.

루이스 캐럴(Lewis Carroll)[1]

나는 다섯 가지 성찰을 끝으로 돈의 권력에 관한 이 책을 마무
리하고자 한다.

첫째, 프레임워크에 관한 성찰

첫 번째 성찰은 경제의 수요 측면을 관리하기 위한 현재 정책
프레임워크의 비非일관성, 부적절성, 그리고 그 개혁의 필요성과
관련이 있다. 3장에서 설명한 바와 같이 프레임워크는 통화 정책
과 재정 정책을 개념적으로, 또한 운영상으로도 엄격하게 분리하
되 물가 안정과 완전고용을 보장하기 위한 총수요 관리의 일차적

책임을 통화 정책에 부여하는 것을 기반으로 삼고 있다. 대신 정부는 중앙은행이 필요한 통화 정책 결정을 내릴 수 있도록 '독립성'을 제공한다.

다만 프레임워크에는 몇 가지 문제점이 있다. 통화 정책 외에 재정 정책에도 중요한 총수요 관리 요소가 있다는 점이다. 정부는 세금을 인상함으로써 총수요를 억제해 인플레이션을 낮출 수 있는데, 이는 마치 중앙은행이 통화 정책에서 정책금리를 인상하는 것과 같은 효과를 낼 수 있는 재정 정책이다. 총수요 관리의 한 축은 정치 영역과 무관한 전문관료 조직(중앙은행)에 맡기면서, 총수요 관리의 다른 한 축은 정치인의 손에 맡기는 이유는 무엇일까?

이에 대해 일반적으로는 두 가지 답이 제시되고 있다. 첫째는 통화 정책만으로도 인플레이션을 통제할 수 있으며 특히 확장적 재정 정책이 초래하는 인플레이션 유발 효과를 상쇄할 수 있기 때문에 중앙은행이 한 축을 담당해야 한다는 것이고, 둘째는 그럼에도 재정 정책이 본질적으로 분배 문제를 수반하고 각 부문별로 차별적 영향을 미칠 수밖에 없기 때문에 정치 영역이 다른 한 축을 맡아야 한다는 것이다.

하지만 통화 정책만으로 인플레이션을 통제할 수 있다는 대답은 최근의 역사적 경험을 통해서 볼 때 그 기반이 흔들리고 있다. 일본의 만성적 디플레이션과 팬데믹 이전부터 미국 등지에서 제기됐던 구조적 장기 침체에 대한 우려는 통화 정책이 제로금리에 근접할 땐 재정 정책의 도움을 필요로 한다는 것을 시사한다. 또한 팬데믹 이후 경기 회복 과정에서 주요 선진국에서의 인플레이션이 급등한 것은, 인플레이션을 통화 정책에만 맡겨야 한다는 개념에 의문을 제기할 수 있다. 재정 정책이 분배 문제를 수반하기 때문에 정치 영역에 맡겨야 한다는 답변 역시 의구심을 낳고 있다. 통화 정책 역시 금융부문의 부실을 초래하는 등 분배 문제를 일으키거나 부문에 따라 차별적 영향을 미치고 있기 때문이다.[2] 독립적인 중앙은행 관료들은 이런 점을 무시하고 싶겠지만, 그렇다고 해서 정부도 이를 무시해야 한다는 의미는 아니다.

총수요를 관리하든 분배 문제를 개선하든 통화 정책과 재정 정책 간의 긴밀한 공조와 공동 대응은 필요하다. 문제는 현재의 운영 및 개념적 프레임워크로는 두 정책 간의 공동 대응은커녕 정책 간 조정도 여의치 않다는 점이다. 이것이 중앙은행의 독립성을 신봉하는 이들에게 오히려 혐오감을 불러일으킬 수도 있다. 총수요 관리를 통화 정책과 재정 정책의 공동 책임으로 분명히 못 박는 한편 통화 정책의 분배 및 부문별 영향을 보다 명확하게 인식할 수 있도록 정책의 프레임워크를 재구성하는 것을 고려해야 한다.[3]

둘째, 통화 정책과 재정 정책 문제에 대한 성찰

두 번째 성찰은 통화 정책과 그와 관련된 재정 정책 문제에 대해 우리가 얘기하고 생각하는 방식을 점검할 시점이 됐다는 것이다. 현재 우리가 쓰는 용어는 기존의 제도적 프레임워크와 사고 방식을 반영하고 있다. 어느 정도까지는 괜찮지만, 주요 이슈에 대한 추론이 어려워져 건전한 정책 결정에 도움이 되지 않는다. 언어적인 해답은 없지만, 몇 가지 문제는 나열해 볼 수 있다.

먼저 현재 우리가 '통화 정책'과 '재정 정책'이라고 부르는 것을 논의하는 데 더 좋은 표현 방식을 찾아야 할 필요가 있다. 재정 정책은 매우 통화적인monetary 속성을 가지고 있다. 앞서 2장에서 살펴본 것처럼 적자예산 규모는 국내와 해외에 있는 개인과 기업이 행하는 무수히 많은 분산된 경제적 의사결정을 통해 동시에 결정되기 때문에, 정부가 그(적자예산 규모) 목표를 정할 순 없다. 그러나 중앙은행과 마찬가지로 정부도 국민들에게 수표를 지급하거나 세율을 조정함으로써 경제에 투입되는 순純구매력을 조정해 수요에 영향을 미칠 수 있다.

이런 맥락에서 '정부 지출spending'과 '정부 비용지출expenditure'의 의미도 더 명확하게 구분해 이해할 필요가 있다. 이 용어는 GDP에 직접적으로 포함되는 소비와 투자에 대한 정부 지출과 정부가 사회복지 급여의 일부 또는 재량적 소득이전으로 민간 부문에 넘기는 돈이라는 두 가지 아주 다른 활동을 포괄하는 데 사용된다. 팬데믹과 그에 따른 정책의 결과로 2020년 미국 연방정부의 재정 적자는 2019년에 비해 2조 1500억 달러 증가했지만, GDP에 대한 정부의 직접지출(명목 기준)은 1690억 달러 증가하는 데 그쳤다. 늘어난 적자의 대부분은 정부가 기업과 가계를 살리기 위해 돈을 찍어내서 공급하는 통화 정책에서 비롯된 것이다.

중앙은행이 총수요를 관리하는 일을 '금융 여건 정책financial

conditions policy'이라고 부르는 편이 좋을 것 같다. '신용 및 금융여건 정책'을 줄여서 부르는 말이다. 중앙은행은 한 경제 내의 수요(공급에 대비되는 개념)와 인플레이션 전망이 어떤지에 따라 수요를 억제하거나 부양하거나 혹은 현행대로 유지할지 판단하며, 그 판단에 따라 금융 여건을 긴축할지, 완화할지, 또는 지금 수준으로 유지할지에 초점을 맞춰 경제주체들과 의사소통을 진행할 수 있다. 중앙은행은 정책금리를 조정하거나 재무상태표의 규모와 자산 구성을 조정하는 등 필요한 정책 조치를 독립적으로 결정할 수도 있지만, 정부의 재량적 지출 계획이나 경제 성장에 영향을 미치는 정책을 고려해 재정당국과도 긴밀하게 협의해야 한다.

정부 부채도 이제는 사라져야 할 낡은 용어라 할 수 있다. 이제는 국채를 준비금이나 은행권처럼 상환해야 할 부채로 생각하지 말고, 만기 이월roll over해야 하는 부채로만 생각하면 된다. '정부가 만들어낸 돈'이라고 말할 때 은행권과 준비금을 포함시키되 중앙은행이 보유한 국채는 상쇄시키면 되고, 그렇게 하면 국채를 언젠가 상환해야 하는 악몽으로 걱정해야 할 필요가 없을 것이다. 정부가 만들어낸 돈이 경제가 흡수할 수 있는 능력을 넘어서 경제에 구매력으로 투입돼 인플레이션을 유발하게 될 경우, 정부가 만들어낸 돈의 양이 과도하다고 판단할 수 있다. 그러나 이때도 우리는 인플레이션을 억제하기 위해 경제 정책을 어떻게 바꿀지 걱정하면 되지, 국가의 지급능력까지 걱정할 필요는 없다.

끝으로 정부가 지출 프로그램을 새롭게 만들거나 확대하려고 할 때 그 재원을 어떻게 마련할 것인지, 즉 지출 프로그램에 들어가는 돈을 어디서 조달할 것인지는 걱정하지 않아도 된다. 다만 필요한 재원을 새로 창출하기 위해 경제의 어떤 부분에서 자원을 방출할 것인지만 논의하거나 생각하면 된다. 이 모든 복잡한 경제활동을 돈과 관련된 용어로 단순화하는 건 매우 편리한 일이고, 그 자체로 돈의 힘이기도 하다. 그러나 경제활동을 돈과 관련된 용어로 단순화할 때 연관된 경제적 제약은 무엇인지, 즉 돈이 아니라 실제 자원이 무엇이고 그것이 얼마나 생산적으로 사용될 수 있는지에 대해 우리 스스로를 속여선 안 된다.

셋째, 상업은행의 본질에 관한 성찰

세 번째 성찰은 상업은행의 본질에 관한 것이다. 우리는 공공 부문과 민간 부문을 나누고, 정부나 국가와 시장을 나눠 그들 사이에 뚜렷한 선을 긋고, 은행을 공공 부문과 정부가 아닌 민간 부문과 시장 쪽에 배치하는 경향이 있다. 그러나 현실은 이처럼 둘을 분명하게 구분 짓기 어려우며 훨씬 더 복잡하다.

1장에서 살펴본 것처럼 특히 상업은행은 화폐의 창출과 유통에서 중앙은행 및 정부와 밀접한 관계를 맺고 있다. 은행은 화폐를 창출하고 경제활동을 위한 자금을 조달해 주며, 그 과정에서 통화정책(의 효과)을 실물경제로 전달해 주는 조력자 역할을 한다. 상업은행들의 재무상태표는 중앙은행의 재무상태표와 연결돼 있고 정부의 재정 운영이나 통화 창출과 얽혀 있으며, 종종 금융위기의 진원지가 되기도 한다. 그래서 은행이 금융당국으로부터 엄격한 규제를 받는 건 그리 놀라운 일이 아니다.

은행은 흔히 '금융 중개자'로 불린다. 가계로부터 지출을 끌어 모아서 기업의 생산이나 투자에 필요한 자금을 조달해 주는 식의 역할을 하기 때문이다. 은행들은 예금을 수신해 대출해 준다. 그러나 이 책에서 살펴본 바와 같이, 그리고 일부 경제학자들이 이해하는 바와 같이 현실은 상당히 다르다. 기업이 공장을 지을 수 있도록, 개인이 집을 지을 수 있도록 대출해 주는 은행들의 중요한 역할은 가계나 기업이 필요한 자원을 끌어모을 수 있도록 필요한 구매력을 제공하는 것이다. 은행이 무無에서부터 창출하는 돈은 한 사회의 자본스톡에 추가되는 투자로, 그 자체로 저축이라는 경제적 활동이다. 공장 조립라인에서 일하는 근로자와 집을 짓는 벽돌공이 자기 은행 계좌에 월급이 입금되는 걸 확인할 때쯤엔 이미 관련된 투자와 저축이 이뤄지고 난 다음일 것이다. 은행 장부에 변화가 생기는 것도 사후에 기록되는 일일 뿐이다. 우리는 흔히 상업은행을 예금 수취기관이라고 하지만, 실은 대출기관 또는 예금보호기관이라고 부르는 것이 더 정확한 표현일 수 있다.

이것은 왜 중요할까? 신비롭고 복잡한 현상을 이해하는 데서 오는 지적 만족감도 있겠지만, 은행이 단순히 평범한 자본주의적 비즈니스 기업이 아니라는 점을 강조하기 위함이다. 국가에 기반을 둔 통화 시스템의 핵심이라는 특권을 부여받고 그 결과로 엄격한 규제를 받는 은행은 공공 부문과 민간 부문을 넘나들면서 그 둘 사이의 경계를 모호하게 만들고 있다. 글로벌 은행들의 최고경영진은 은행에 부과되는 규제 부담에 대해 불만을 토로하며, 특히 자본 적정성 요건과 관련해 규제 완화를 요구하기도 한다.[4] 이런 규제의 상당 부분이 합리성이나 실효성에서 논란을 야기하긴 하지만, 은행들이 특별한 지위에 있으며 그 때문에 면밀한 규제가 필요하다는 사실에는 누구나 동의할 것이다.

넷째, 달러화의 기축통화 지위에 관한 우려와 성찰

네 번째 성찰은 지금까지 미국 달러화가 누려온 지배적인 기축통화 지위에 영향을 줄 수 있는 최근 상황이 우려스럽다는 것이다. 2022년 기준 러시아의 우크라이나 침공에 대응해 미국은 G7 및 EU의 회원국들과 함께 러시아에 전례 없는 금융 및 경제, 군사제재를 가했다. 부분적으로나마 러시아 금융기관들과 중앙은행을 미국 및 글로벌 금융 시스템으로부터 차단하는 것을 목표로 한 것이다. 러시아가 보유한 외환보유고를 동결하고 러시아의 주요 은행들이 전 세계 은행 간 자금 이체를 가능케 하는 글로벌 송수신 시스템인 국제은행 간 통신협정SWIFT에 접근하지 못하도록 차단하는 조치 등이 포함됐다.[5]

앞서 2021년 탈레반이 아프가니스탄을 장악한 이후에도 미국은 이란, 시리아, 베네수엘라 등에 대해 외환보유고와 기타 자산 동결 조치를 한 바 있다. 그러나 이런 국가들과 달리 러시아는 구매력 평가 기준으로 세계 6위의 경제대국이며[6] 세계 최대 경제대국인 중국과도 가까운 동맹국이다. 또 G20 회원국이면서 유엔 안전보장이사회의 상임 이사국이기도 하다. 이런 러시아를 상대로 금융 제재를 가한다는 건 금융 제재의 강도를 크게 높이는 것이며, 8장에서 살펴본 대로 장기적으로 미국 달러의 지배적 기축통화 지위를 약화시킬 위험이 있다. 또한 전 세계에서 진행 중인 지각변동, 특히 서방 패권에 인질로 잡히지 않으려는 중국의 부상과 관련된 경제 및 금융 변화를 가속화할 수도 있다.[7]

미국과 G7, EU 파트너 국가들은 달러화를 기반으로 한 무역 시스템과 금융의 지배력 덕에 이런 영향력을 행사할 수 있었다. 다만 이런 지배력과 경쟁우위가 불변하는 것은 아니다. 미국이 늘 이러한 지위를 독점하거나 당연시할 수도 없다. 많은 국가가 달러화의 혜택을 누리려고 기꺼이 사용하고자 하기 때문에 달러화의 지위가 유지되는 것이다. 다만 미국의 행동은 많은 국가들의 셈법에 영향을 미친다. 기존의 시스템이 주는 이점이 아무리 크더라도 달러화에 의존하는 데 따르는 비용이나 위험을 키우는 미국의 행동이 계속 이어진다면 기축통화 지위도 위태로울 수 있다.

미국과 G7, EU 국가들은 지정학적 목표를 달성하기 위해 금융 권력을 휘두르고 싶은 유혹을 받을 수 있지만, 이런 행동은 근시안적일 수 있다. 오히려 장기적으로 미국 달러화의 국제적 역할을 약화시키고 중국과 러시아, 여타 국가들이 국제 무역과 금융, 은행 업무에서 달러에 대한 의존도를 낮추는 대신에 독자적인 경쟁 인프라와 제도를 개발하도록 하는 강력한 인센티브를 제공할 수 있다. 프랑스 대통령이었던 지스카르 데스탱의 유명한 표현을 빌리자면, 미국은 '엄청난 특권exorbitant privilege'을 누리며 글로벌 기축통화국의 지위를 유지하고 있지만 그 지위를 적국에 대한 지정학적 무기로 활용할 수는 없다. 두 가지 모두를 동시에 가질 수는 없는 것이다.

다섯째, 화폐경제와 실물경제 디지털화에 관한 성찰

다섯 번째 마지막 성찰은 화폐경제와 실물경제라는 쌍둥이 경제가 점점 더 디지털화함에 따라 이 둘이 불가피하게 수렴하고 있다는 사실이다. 이미 1999년에 앨런 그린스펀Alan Greenspan 전 연준 의장은 컴퓨터화, 그와 관련된 기술적 혁신과 정보집약적 서비스로의 수요 이전으로 인해 말 그대로 GDP의 무게가 가벼워지고 있다고 지적한 바 있다.[8] 무어의 법칙(마이크로 칩에 저장 가능한 데이터 양이 24개월마다 2배씩 증가한다는 법칙)이 아직 폐기될 기미를 보이지 않고 있는 만큼, 이런 추세는 지속될 것으로 보인다.

이는 화폐의 미래에 있어서 어떤 의미이고, 경제생활의 구조를 어떻게 바꿔놓을 수 있을까? 이 흥미로운 질문에 답하기엔 미래를 내다볼 수 있는 나의 수정구슬이 너무 뿌옇다. 팬데믹이 발생한 지 6개월이 지난 시점에 연준은 인플레이션을 목표치인 2%까지 끌어올리기 위해 고심했고, 인플레이션이 두 자릿수에 근접한 지금은 오히려 인플레이션을 낮추기 위해 동분서주하고 있다. 불과 얼마 전까지도 '로봇의 부상'과 인공지능AI이 '일자리 없는 미래'를 초래할 것이라고 경고해 온 인지과학자들[9]은 이제 팬데믹의 여파로 극심한 노동력 부족을 목도하고 있다.

지난 2021년 11월에 열렸던 유엔기후변화협약 당사국총회 COP26에서 글래스고 기후협약이라는 획기적 합의를 통해 전 세계적인 협력 없이는 기후변화 대응이 성공할 수 없음을 입증했음에도, 그 협약서의 잉크가 채 마르기도 전에 러시아는 우크라이나 동부에서 8년간의 전쟁을 확대했고, 그 결과 세계 주요 강대국들이 서로의 목을 조이고 있는 상황이다.

먼 미래는 말할 것도 없고, 미래를 예측한다는 건 가장 위험한 일이다. 그러나 한 가지 분명한 것은 돈은 여전히 전 세계를 움직이고 있으며 앞으로도 그럴 것이라는 사실이다.

기술적 자료

중앙은행과 은행 시스템의 재무상태표 메커니즘

자본 항목을 무시하고 단순히 중앙은행이 국채만 보유하고 있다고 가정한 중앙은행의 재무상태표를 살펴보자(표 10.1).

변화량으로 표현한 중앙은행의 재무상태표는 다음과 같은 항등식으로 나타낼 수 있다.

$$\Delta 정부\ 채권(GBCB) = \Delta 준비금(R) + \Delta 정부\ 예금(GD) + \Delta 은행권(BK)$$

$$여기서\ \Delta 정부\ 채권(GBCB) = \Delta 은행권(BK) = 0 이라고\ 가정하면,$$

$$\Delta 준비금(R) + \Delta 정부\ 예금(GD) = 0$$

표 10.1 **중앙은행의 재무상태표**

자산	부채
정부 채권(GBCB)	준비금(R)
	정부 예금(GD)
	은행권(BK)

또는 Δ준비금(R) = $-\Delta$정부 예금(GD)

정부가 적자예산을 운영할 때 Δ정부 예금(GD<0 이고 은행 시스템에 준비금을 투입한다. 구어체로 얘기하자면 '돈을 찍어내는 것'이다. 흔히 중앙은행이 돈을 찍어낸다고 말하지만, 이 경우 돈을 찍어내는 것은 정부(재무부)다.

그렇다면 정부가 경제에 투입하는 돈은 어디서 조달할 수 있을까? 이 간단한 설정에서의 답은 정부가 돈을 만들어내거나 돈을 존재하게 만든다는 것이다. 정부의 한 기관인 중앙은행이 정부 계좌의 초과 인출을 허용한다고 가정해 보자. 그러면 정부는 원하는 만큼 적자예산을 낼 수 있다(얼마든지 돈을 찍어낼 수 있다). 정부 예금(GD)이 마이너스 영역으로 내려갈수록 준비금(R)은 더 많이 올라간다. 이를 방치하면 언젠가는 인플레이션으로 이어질 수 있기 때문에 중앙은행에 '독립성'을 부여한 것이다. 운영상 정부는 중앙은행에 정부 예금(GD)이 마이너스가 되도록 요구하지 않기로 약속하고, 중앙은행이 보유할 국채 증권(GB)의 양에 대한 결정권을 정부 스스로가 아닌 중앙은행에 위임한다.

표 10.2 은행 시스템의 재무상태표

자산	부채
준비금(R) 대출(L) 정부 채권(GBBK)	예금(D) 자본(E)

정부는 적자예산이 생기면 일반적으로 민간 부문에 국채를 발행한다. 이제 Δ준비금(R)=$-\Delta$정부 예금(GD)은 반대 방향으로 작용한다. 정부 예금(GD)은 증가하고 준비금은 감소한다.

은행을 이해하기 위해 은행 시스템의 단순화한 재무상태표를 살펴보자(표 10.2). 변화량으로 표현하면,

$$\Delta \text{준비금(R)} + \Delta \text{대출(L)} + \Delta \text{정부 채권(GBBK)} =$$
$$\Delta \text{예금(D)} + \Delta \text{자본(E)}$$
$$\Delta \text{준비금(R)} = \Delta \text{정부 채권(GBBK)} = \Delta \text{자본(E)} = 0 \text{이라고 가정하면,}$$
$$\Delta \text{대출(L)} = \Delta \text{예금(D)}$$

이것은 은행 신용 창출의 기본적인 방정식이다. 은행은 대출을 할 때 예금을 창출한다.

은행이 예금을 받으면 어떻게 될까? 예금은 다른 은행의 예금(이 경우 은행 시스템 전체에 순유입이 0이 되는 경우)이나 일반 대중이 중앙은행에 예치하는 경우 등 어딘가에서 들어와야 한다. 개별 은행

이 아닌 은행 시스템 전체에 초점을 맞춰보자. Δ대출(L)=Δ정부 채권(GBBK)=Δ자본(E)=0이라고 가정하면 다음과 같아야 한다.

$$\Delta준비금(R) = \Delta예금(D)$$

은행 시스템 전체가 예금을 받으면 지급준비금이 증가한다. 중앙은행의 재무상태표를 보면 명확하게 알 수 있다. Δ정부 채권(GBCB)=Δ정부 예금(GD)=0, 따라서

$$\Delta은행권(BK) = - \Delta준비금(R)$$

은행권이 줄어들면 준비금도 같은 금액만큼 증가해야 한다. 실제로 준비금(R)이 변할 수 있는 이유는 세 가지뿐이다. 중앙은행 재무상태표의 항등식을 재정렬하면 이렇다.

$$\Delta준비금(R) = \Delta정부\ 채권(GBCB) - \Delta정부\ 예금(GD) - \Delta은행권(BK)$$

준비금은 ①중앙은행이 국채(또는 다른 자산)를 취득하거나 ②정부 예금이 줄어들거나(적자예산이 증가하기 때문에) ③대중이 은행권에 대한 수요를 줄일 때 증가한다.

Δ정부 예금(GD) = Δ은행권(BK) = 0이라고 가정하면,

$$\Delta \text{정부 채권(GBCB)} = \Delta \text{준비금(R)}$$

이것이 양적완화의 기본 방정식이다. 중앙은행은 원칙적으로 한도 없이 '화폐를 찍어내'(준비금을 증가시켜) 자산을 취득할 수 있다. 키보드를 두드리기만 하면 디지털 원장 항목이 나타나기 때문에 중앙은행이 준비금(R)을 늘리는 것은 그리 어렵지 않다.

중앙은행이 은행이 보유한 국채를 매입하는 방식으로 양적완화를 실시하면 Δ대출(L)=Δ예금(D)=Δ자본(E)=0이 되기에 다음과 같다.

$$\Delta \text{준비금(R)} = - \Delta \text{정부 채권(GBBK)}$$

은행이 중앙은행에 국채를 매도하는 대가로 준비금(R)을 받는다. Δ정부 채권(GBCB)=Δ정부 채권(GBBK)이므로 채권은 은행 시스템의 재무상태표에서 중앙은행의 재무상태표로 이동한다. 양적완화는 많은 준비금(R)을 만들어내기에 은행이 '이 준비금을 빌려줄 수 있다'고 생각할 수 있다. 은행 시스템 재무상태표 항등식은 이를 암시하는 것처럼 보인다. 결국 Δ정부 채권(GBBK)=Δ예금(D)=Δ자본(E)=0이라면 다음과 같이 보일 것이다.

$$\Delta \text{준비금(R)} = - \Delta \text{대출(L)}$$

그러나 중앙은행의 재무상태표에서 준비금(R)을 변화시킬 수 있는 건 세 가지뿐이며 대출(L)은 그중 하나가 아니다. 따라서 Δ정부 채권(GBBK) = Δ예금(D) = Δ자본(E) = 0이면 Δ준비금(R) = Δ대출(L) = 0이라는 결론이 나와야 한다. 만약 여기서 대출받는 실체가 가계와 기업이라면 은행이 지급준비금을 대출할 수 있는 방법은 없다.

준비금과 은행 대출 사이에 어떤 연관성이 있는 걸까? 그렇다. 하지만 직접적이진 않고 간접적인 관계를 가진다. 은행은 대출할 때 예금을 창출하고, 대출자가 그 예금 중 일부를 은행권으로 전환하면 그만큼 지급준비금이 줄어든다(ΔR = -ΔBK). 그러나 '은행이 지급준비금을 대출하는 것'과는 거리가 멀다. 또한 은행이 초과 지급준비금(양적완화로 인해 늘어난 지급준비금)을 중앙은행에 '파킹 parking'하고 있다는 식의 발언을 종종 듣는데, 마치 은행에 다른 선택의 여지가 없는 것처럼 들린다. 사실은 그렇지 않다. 은행은 준비금(R)에 영향을 미치는 세 가지 요소를 직접 통제할 수 없기 때문에 반드시 '파킹'해야 하는 것이다.

양적완화가 은행이 '대출'할 수 있는 준비금(R)을 창출하지 못한다면 무슨 소용이 있을까? 정부 채무증권이 매입 자산인 경우 양적완화는 통합정부가 채무증권(GBBK 또는 GBPB, 일반인이 보유한 국채)을 상환하고 이를 중앙은행 화폐(R)로 만기 이월하는 일종의 부채 재융자 작업으로 생각할 수 있다. 준비금(R)과 국채 증권(GB)은 연결 정부 부채의 두 가지 형태일 뿐이다. 양적완화를 통해 정부는 자산으로서 완벽한 대체물이 아닌 준비금(R)과 국채 증권(GB)을 전환할 수 있으며, 이를 통해 자산 가격을 변경하고 금융 상황을 완화하는 '포트폴리오 재조정 효과'를 기대할 수 있다. 하지만 기껏해야 매우 미미한 효과에 그칠 것이기 때문에 양적완화는 그다지 강력한 경기 부양책이 될 수 없다.

앞서 정부가 적자예산을 집행할 때 준비금을 창출한다는 사실을 살펴봤다. 또한 은행 재무상태표에는 이렇게 만들어진 준비금에 대응하는 은행 예금도 함께 만들어진다.

$$\triangle \text{대출(L)} = \triangle \text{정부 채권(GBBK)} = \triangle \text{자본(E)} = 0,$$
$$\text{따라서 } \triangle \text{준비금(R)} = \triangle \text{예금(D)}$$

정부가 채권을 발행하면 지급준비금이 흡수돼 사라지지만, 예치금이 소멸되는지 여부는 채권을 누가 매입하느냐에 따라 달라진다. 은행이 채권을 매입하면 예금이 아니며, 그렇지 않으면 예금이 된다. 예치금은 근본적으로 적자예산과 은행의 신용 창출이라는 두 곳에서만 생겨난다. 이것은 대수학으로 알 수 있다. 은행 자기자본(E)에서 추상화하면 위의 두 가지 재무상태표 항등식은 각각 다음과 같이 쓸 수 있다.

$$\text{준비금(R)} = \text{정부 채권(GBCB)} - \text{정부 예금(GD)} - \text{은행권(BK)}$$
$$\text{그리고 준비금(R)} = \text{예금(D)} - \text{대출(L)} - \text{정부 채권(GBBK)}$$

이를 결합하고 재배치하면 다음과 같이 된다.

$$예금(D) = 정부\ 채권(GBCB) + 정부\ 채권(GBBK) + 대출(L)$$
$$- 은행권(BK) - 정부\ 예금(GD)$$

또는 국채증권(GB)=정부 채권(GBCB)+정부 채권(GBBK)+채무증권
(GBPB)일 경우에는

$$예금(D) = 국채증권(GB) + 대출(L) - 채무\ 증권(GBPB)$$
$$- 은행권(BK) - 정부\ 예금(GD)$$

즉 은행 예금 잔액은 총국채(누적 적자예산에 중앙은행이 직접 보유하고 있는 채권 또는 아직 미상환 채권을 상환하는 데 사용되지 않은 예산 잉여금을 더한 금액)와 은행 총 대출에서 일반인이 보유한 국채와 은행권, 중앙은행에 예치된 정부 예금을 뺀 금액과 같다. 예금은 정부가 국채를 일반 대중에게 매각할 때 관련 적자예산을 집행함으로써 생성된 예금을 소멸시키기 때문에 일반 대중이 국채를 보유한 금액만큼 감소한다. 은행권은 은행에서 나오기 때문에 예금은 대중이 보유한 은행권의 양만큼 줄어든다.

마지막에 정부 예금을 차감하는 이유는 정부가 중앙은행에 플러스 예금을 보유하고 있다면 ①정부가 중앙은행을 상대로 채권을 발행하고, 중앙은행이 이를 여전히 보유하고 있거나 ②정부가

흑자예산을 낸 후에도 이 자금으로 국채를 상환하는 데 사용하지 않았기 때문일 수 있다.

이번에는 중앙은행 디지털 화폐(CBDC)가 어떻게 화폐에 진입할 수 있는지 알아보기 위해 간소화된 중앙은행 재무상태표의 부채 측면에 이를 추가해 보겠다.

$$\triangle\text{중앙은행 디지털화폐(CBDC)} = \triangle\text{정부 채권(GBCB)} - \triangle\text{준비금(R)}$$
$$- \triangle\text{정부 예금(GD)} - \triangle\text{은행권(BK)}$$

다른 조건을 각각 일정하게 유지하면 CBDC가 유통될 수 있는 방법은 네 가지임을 알 수 있다.

1. 대중이 지폐를 CBDC로 교환할 수 있다.

$$\triangle\text{중앙은행 디지털화폐(CBDC)} = - \triangle\text{은행권(BK)}$$

($\triangle$정부 채권(GBCB) = $\triangle$준비금(R) = $\triangle$정부 예금(GD) = 0이라고 가정)

2. 대중은 은행 예금을 CBDC로 교환할 수 있으며, 은행 예금을 인출하면 준비금이 같은 금액만큼 감소한다.

$$\triangle\text{중앙은행 디지털화폐(CBDC)} = - \triangle\text{준비금(R)}$$

($\triangle$정부 채권(GBCB) = $\triangle$정부 예금(GD) = $\triangle$은행권(BK) = 0이라고 가정)

3. 정부는 중앙은행이 CBDC를 발행해 대중에게 순지급(적자 자금 조달)을 할 수 있다.

$$\Delta \text{중앙은행 디지털화폐(CBDC)} = - \Delta \text{정부 예금(GD)}$$

(Δ정부 채권(GBCB) = Δ준비금(R) = Δ은행권(BK) = 0이라고 가정)

4. 중앙은행은 새로 생성한 CBDC로 결제해 대중으로부터 국채(또는 여타 자산)를 사들일 수 있다.

$$\Delta \text{중앙은행 디지털화폐(CBDC)} = \Delta \text{정부 채권(GBCB)}$$

(Δ준비금(R) = Δ정부 예금(GD) = Δ은행권(BK) = 0이라고 가정)

역자 후기

   나와 폴 시어드 박사와의 만남은 지금으로부터 13년 전으로 거슬러 올라간다. 내가 뉴욕 특파원으로 부임하던 당시, 정부 부채한도 상한 증액을 둘러싼 정치권 공방으로 인해 미국이라는 세계 최강대국의 국가신용등급이 강등되는 사건이 벌어졌고, 유로존에서는 그리스로부터 촉발된 재정 위기가 확산되기 시작한 때였다.

   이런 혼란 속에서 앞으로 미국과 글로벌 경제가 어디로 갈 것인지 그 방향성을 가늠해보는 인터뷰를 요청하기 위해 백방으로 수소문하던 차에 우연히 S&P에서 수석부사장과 이코노미스트를 겸직하고 있던 폴 시어드 박사를 알게 됐다. 먼 아시아의 한 국가에서 온 일면식도 없는 특파원의 요청을 흔쾌히 수락한 그는, 그렇게 나의 뉴욕 특파원 시절 첫 인터뷰이interviewee가 됐다.

   월가에서 쌓은 오랜 관록과 특유의 통찰은 물론이고 친근한 아저씨 같은 배려와 선함을 갖춘 폴 시어드 박사는 나에게 감사한 인물로 각인됐고, 한국에 돌아온 뒤에도 나는 가끔씩 이메일을 통해 안부를 묻곤 했다. 코로나19로 인한 팬데믹으로 전 세계 경제와 금융시장이 흔들릴 때 나는 다시 그를 떠올렸고, 첫 인터뷰 이후 10년 만인 2021년에 줌Zoom을 통해 화상 인터뷰를 했다.

이 13년간의 인연이 나로 하여금 『돈의 권력』이라는 책을 번역해 보겠다는 무모한 도전을 가능케 했다. 한 언론사의 편집국장이라는 중책을 맡아 좌충우돌하면서도 쉬는 날을 기꺼이 반납하고 스터디 카페에서 작업을 완수할 수 있었던 동력이 되어준 폴 시어드 박사에게 모든 고마움을 전하고 싶다.

현실의 경제 세계에서 그가 기대고 있는 현대화폐이론MMT은 분명 비주류의 영역이긴 하다. 정부가 세금을 걷는 만큼만 써야 한다는 균형 예산 개념을 부정하는 MMT 이론은, 정부가 돈을 찍어내 인프라나 복지 등에 투자하면 할수록 시중에 많은 돈이 풀려 소비와 투자가 늘어나고 경제도 살아난다고 본다. 따라서 인플레이션이 유발되지 않는 한 무한대로 돈을 찍어내는 것을 용인해야 한다는 것이다.

전통을 중시하고 보수적이기로 정평이 나 있는 신용평가업계에서 잔뼈가 굵은 그가 이 같은 MMT에 친화적인 생각을 갖고 있다는 게 의아하기도 하지만, 자신이 수석 이코노미스트로 있던 리먼브라더스가 금융위기의 파고 속에서 무너지고, 역시 자신이 몸 담고 있던 S&P가 미국 국가신용등급을 강등하는 혼란상을 직접 목도했던 경험이 큰 역할을 했으리라 짐작한다.

사실 MMT도 초超인플레이션을 초래할 만큼의 돈을 찍는 것을 옹호하진 않는다. 인플레이션이 발생하지 않는 범위 내에서의 돈 풀기를 주장하며, 균형 재정에 집착한 나머지 위기가 번지고 있는데도 재정을 확대해 경기를 부양할 수 있는 골든타임을 놓치는 우를 범하지 말아야 한다고 말한다.

팬데믹이 한창이던 지난 2021년, 한국에서도 더 많은 나라빚을 내서 피해를 입은 가계와 기업을 도와야 하는지를 두고 한바탕 논쟁이 벌어졌다. 당시 인터뷰에 응했던 폴 시어드 박사는 한국의 재정 건전성이 좋고, 상대적으로 다른 선진국에 비해 팬데믹 중 재정적자를 덜 늘렸다고 지적하며 "지금은 경제에 도움이 되는 방향으로 재정과 통화 정책을 펴야 한다"고 했다. 그러면서 "이제 선진국인 한국이 과거 개발도상국 마인드에서 벗어나, 다른 선진국들처럼 더 강력하고 완전한 경기 회복을 뒷받침하는 쪽으로 가야 한다"고도 조언했다.

팬데믹이 지나고 난 상황에서 돌이켜 보면, 당시 한국 정부의 부채 증가율은 여타 선진국에 비해 그리 높은 편이 아니었다. 오히려 가계와 기업 등 민간 부채가 가장 큰 폭으로 늘어났다. 그 결과 인플레이션을 잡고 민간 부채를 줄이기 위해 한국은행은 기준 금리 인상을 이어갔고, 이 고통은 민간이 고스란히 감내해야 했다. 어찌 보면 정부가 부채를 충분히 늘리지 못한 탓에 민간의 부채가 증가했고, 나중에 이를 줄이기 위해 고통을 겪어야 했던 것일 수도 있다.

논란의 여지도 있지만, MMT의 아이디어를 채용한 것처럼 보이는 일본의 아베노믹스(과감한 통화완화와 재정지출 확대를 통해 경기를 되살려 디플레이션에서 벗어나도록 한 경제 정책)는 최근 일본 경제의 부활이라는 부분적인 성공을 확인했다. 아울러 구조적인 경기 둔화를 경험하고 있는 중국도 20년 만에 양적완화에 나서며 일본의 전철을 밟으려는 듯하다.

물론 MMT로 모든 현실 경제를 다 설명할 순 없지만, MMT가 제공하는 몇몇 제안들은 위기 상황이나 구조적 침체 상황에서 분명 대안적인 옵션이 될 수 있을지도 모른다.

이정훈

들어가며

1 Thomas Hobbes, *Leviathan: with Selected Variants from the Latin Edition of 1668*, edited, with introduction and notes, by Edwin Curley, Indianapolis: Hackett Publishing Company, 1994, p76(토머스 홉스, 『리바이어던』, 동서문화사, 2021).

2 중앙은행은 경제시스템 내에서 독립적인 기관으로 운영되지만, 오늘날에는 정부의 일부다. 그럼에도 이 책에서 나는 종종 중앙은행이 정부의 일부가 아닌 것처럼, 일반적인 용법에 따라 '정부와 중앙은행'이라고 표현하고 있다.

3 W. Stanley Jevons, *Money and the Mechanism of Exchange*, New York: D. Appleton and Company, 1875.

4 비트코인과 기타 암호화폐들은 새로 만들어진 것이기도 하고 정부로부터 인가를 받지 않았기 때문에 가치 측정의 수단으로서 미국 달러화가 가진 지위에 도전할 가능성이 매우 낮다. 다만 교환의 매개체로서 제한된 역할을 하거나 일부 위험한 자산의 가치를 저장하는 수단으로서는 어필할 수 있을 것이다. 이에 대한 더 자세한 내용은 9장에서 설명하겠다.

5 모든 경제활동이 국내총생산(GDP)으로 포착되는 것은 아니며, 포착된 모든 경제활동이 시장 거래를 수반하는 것은 아니다. Diane Coyle, *GDP: A Brief but Affectionate History*, Princeton, NJ: Princeton University Press, 2014.

6 연준은 개인소비지출(PCE)지수라는 다소 상이한 지표를 물가 목표로 삼고 있다. 2013년부터 2022년까지 최근 10년간 PCE지수를 기준으로 미국 물가는 소비자물가지수(CPI)에 비해 평균 0.3%p 정도 낮게 측정되고 있다.

7 Jeremy J. Siegel, *Stocks for the Long Run: The Definitive Guide to Financial Market*

Returns and Long-Term Investment Strategies, 5th ed., New York: McGraw-Hill, 2014(제러미 시겔, 『주식에 장기투자하라』, 이레미디어, 2015).

8   Yuval Noah Harari, *Sapiens: A Brief History of Mankind*, New York: HarperCollins, 2015, p177(유발 하라리, 『사피엔스』, 김영사, 2015).

9   미국 은행 시스템이 거의 붕괴되기 직전이었던 2008년 8월 기준으로 그해 9월 미국 상업 은행의 총예금은 6조 8716억 5000만 달러였고, 은행 준비금(준비금으로 산출되는 금고 내 현금 포함)과 기타 금고 현금은 622억 6000만 달러로 예금액의 0.9%에 불과했다(세인트루이스 연방준비은행 FRED 경제 데이터를 활용해 계산한 것). 이를 통해 4장에서 논의할 글로벌 금융위기와 양적완화 이전에 은행 시스템 내 재무상태표가 어떻게 운영됐는지를 보여주고자 한다.

10 David Graeber, *Debt: The First 5,000 Years*, London: Melville House, 2014(데이비드 그레이버, 『부채, 첫 5,000년의 역사』, 부글북스, 2021).

11 미국 재무관은 미국 조폐국과 조판 및 인쇄국, (켄터키주 요새 도시인) 포트 녹스 Fort Knox에 있는 미국 금괴보관소 등을 감독하는 업무를 맡고 있다.

12 이 시스템이 19세기 후반부 미국에서 어떻게 형성되기 시작했는지를 보여주는 흥미로운 역사 자료 참고: Roger Lowenstein, *Ways and Means: Lincoln and His Cabinet and the Financing of the Civil War*, New York: Penguin Press, 2022.

13 미국에서는 민간 연구자들로 구성된 독립 비영리 조직인 전미경제연구소(NBER) 내 경기사이클 측정위원회가 경기침체 여부를 공식적으로 판단하고 있다. 일반적으로는 실질 경제성장률이 2분기 연속 하락할 경우를 경기침체라고 보지만, 이 위원회는 다양한 경제지표들을 활용해 침체 여부를 판단한다. NBER은 2007년 12월을 시작으로 2009년 6월에서야 경기 대침체가 끝났다고 판단했다.

1장. 화폐를 만드는 세 가지 방법

1   John Maynard Keynes, *A Treatise on Money*, Volume 1, The Pure Theory of Money, London: Macmillan and Co., 1930, p6, 31.

2   Glyn Davies, *A History of Money: From Ancient Times to the Present Day*, 3rd ed., Cardiff: University of Wales Press, 2002; Niall Ferguson, *The Cash Nexus: Money and Power in the Modern World, 1700-2000*, New York: Basic Books, 2002; Niall Ferguson, *The Ascent of Money: A Financial History of the World*, New York: Penguin, 2008(니얼 퍼거슨, 『금융의 지배』, 민음사, 2016); David Graeber, *Debt: The First 5,000 Years*, London: Melville House, 2014(데이비드 그레이버, 『부채, 첫 5,000년의 역사』, 부글북스, 2021); Felix Martin, *Money: The Unauthorized Biography*, New

York: Knopf, 2013(펠릭스 마틴, 『돈』, 문학동네, 2019).

3 L. Randall Wray, *Understanding Modern Money: The Key to Full Employment and Price Stability*, Cheltenham, UK, and Northampton, MA: Edward Elgar, 1998, ch. 3; David Graeber, *Debt: The First 5,000 Years*, London: Melville House, 2014, ch. 2(데이비드 그레이버, 『부채, 첫 5,000년의 역사』, 부글북스, 2021).

4 M. Keith Chen, Venkat Lakshminarayanan, and Laurie R. Santos, "How Basic Are Behavioral Biases? Evidence from Capuchin Monkey Trading Behavior", *Journal of Political Economy*, 114 no. 3, 2006, pp517~537.

5 준비금은 중앙은행 재무상태표상 우측(부채) 항목에 있다. 그리고 만약 재무부가 아닌 중앙은행이 외환보유고를 보유해 관리한다면, 외환보유고는 중앙은행 재무상태표의 좌측(자산) 항목에 포함된다.

6 그 외에도 국가별로 몇 가지 다른 항목들이 있는데, 예금계좌(중앙은행이 정부의 은행 역할을 한다), 역환매조건부채권(준비금을 일시적으로 흡수하는 데 사용된다), 중앙은행의 자본계정 등이 이에 해당된다.

7 자본 적정성 요건은 2007년부터 2009년까지 있었던 글로벌 금융위기에 대응하는 과정에서 유의미하게 강화됐다.

8 예를 들어, 연준은 '순거래 계좌'로 정의되는 예금에 대해 다음과 같은 최소 준비금 요건을 부과하고 있다. 1690만 달러까지는 준비금 비율이 0%이고, 1690만 달러에서 1억 2750만 달러까지는 3%, 그보다 위는 10%다. 2020년 3월 연준은 국채와 (정부 보증) 모기지담보부증권을 대규모로 사들이는 양적완화를 시행하면서 무의미해진 최소 준비금 요건을 예금 규모에 상관 없이 0으로 인하했다.

9 글로벌 금융위기에 대응하기 위한 부실 자산 구제 프로그램(TARP)법의 일환으로, 2008년 10월에 연준은 준비금에 대해 이자를 지급할 수 있는 법적 권한을 얻었다.

10 Stephanie Kelton, *The Deficit Myth: Modern Monetary Theory and the Birth of the People's Economy*, New York: Public Affairs, 2020, particularly ch. 1(스테파니 켈튼, 『적자의 본질』, 비즈니스맵, 2021); Warren Mosler, *Seven Deadly Innocent Frauds of Economic Policy*, Christiansted, St.Croix: Valiance Co., 2010, particularly pp13~30; L. Randall Wray, *Understanding Modern Money: The Key to Full Employment and Price Stability*, Cheltenham, UK: Edward Elgar, 1998, particularly ch. 4.

11 Paul Sheard, "Helicopter Money and the Monetary Garden of Eden", S&P Global Ratings RatingsDirect, May 2016.

12 현대통화이론MMT에 관한 참고: Stephanie Kelton, *The Deficit Myth: Modern Monetary Theory and the Birth of the People's Economy*, New York: Public Affairs, 2020(스테파니 켈튼, 『적자의 본질』, 비즈니스맵, 2021); William Mitchell, L.

Randall Wray, and Martin Watts, *Macroeconomics*, London: Red Globe Press, 2019; Warren Mosler, "Soft Currency Economics", mimeo, 1994; Warren Mosler, *Seven Deadly Innocent Frauds of Economic Policy*, Christiansted, St. Croix: Valiance Co., 2010; L. Randall Wray, *Modern Money Theory: A Primer on Macroeconomics for Sovereign Monetary Systems*, 2nd ed., Basingstoke: Palgrave Macmillan, 2015.

13 Eric Tymoigne, "Modern Money Theory, and Interrelations Between the Treasury and Central Bank: The Case of the United States", *Journal of Economic Issues 48*, no. 3, 2014, pp641~662; Eric Tymoigne, "Government Monetary and Fiscal Operations: Generalising the Endogenous Money Approach", *Cambridge Journal of Economics 40*, no. 5, 2016, p1317~1332.

14 정부의 중앙은행 계좌는 재무부 재무상태표의 자산 항목에, 중앙은행 재무상태표의 부채 항목에 각각 표시된다. 따라서 이는 통화정부의 재무상태표에서 양쪽 항목에 동시에 들어가 서로 상쇄된다.

15 만약 비은행권 민간 부문이 국채를 매입하게 되면 재정 적자가 은행 예금에 미치는 영향은 사라지지만, 은행이 국채를 사들이게 되면 예금이 만들어진다. 자세한 내용은 '기술적 자료'를 참고하라.

16 이 문장의 뒷부분에는 어떤 조건이 붙긴 한다. 우리가 1달러 예금이 어떻게 탄생하는지 추적해 볼 때, 정부의 적자예산과 무관하게 정부가 지출한 1달러까지 추적할 수 있다. 정부의 적자예산은 (정부가 채권을 발행해 적자의 일부나 전부를 흡수하지 않는 한) 은행 시스템 내 은행 예금을 증가시킨다. 그러나 정부가 세수를 늘릴 때 인출되는 예금은 정부가 국민에게 서비스 제공 대가를 지급하거나 사회복지 이전 지출로 생겨나는 예금과는 다르다. 다만 화폐의 대체 가능성 때문에 특정한 달러와 그 미세한 흐름을 추적하는 건 다소 모호할 수 있다.

17 주가수익비율(PER)은 주당순이익(EPS)을 주식가치로 나눈 값으로, 한 기업의 주식 가치를 측정하는 보편적인 잣대로 쓰인다. 이때 분자와 분모에 발행 주식 수(환매하지 않고 발행한 주식 수)를 모두 곱하면 이는 총수익 대비 시가총액 비율이 되지만, 그 비율 자체는 변하지 않는다.

18 일부 국가들은 이미 인구가 줄고 노동력이 감소하기 시작했다. 그러나 인구가 줄어들더라도 충분한 자본 축적과 기술적 혁신만 있다면 경제는 계속 성장할 수 있다. Charles Goodhart and Manoj Pradham, *The Great Demographic Reversal: Ageing Societies, Waning Inequality, and an Inflation Revival*, Palgrave Macmillan, 2020(찰스 굿하트·마노즈 프라단, 『인구 대역전』, 생각의힘, 2021).

2장. 막대한 정부 부채에 대한 오해와 진실

1   Frank N. Newman, *Freedom from National Debt*, Minneapolis, MN: Two Harbors Press, 2013, 32.

2   Warren Mosler, *Seven Deadly Innocent Frauds of Economic Policy*, Christiansted, St. Croix: Valiance Co., 2010, particularly pp14~16.

3   Abba P. Lerner, "Money as a Creature of the State", *American Economic Review 37*, no. 2, 1947, pp312~317.

4   여기서 '세대'라는 단어는 특정 시점에서의 '젊은 세대'나 '나이든 세대'라는 뜻보다는 특정 시점에 살고 있는 모든 사람들을 지칭하고 있다. 실제 시간이 지속적으로 흐르고 있기 때문에 경제학자들은 '겹치는 세대들'에 대해 얘기하고 '겹치는 세대 모델'을 구성함으로써 보다 정교하게 분석해야 한다.

5   Abba P. Lerner, "Functional Finance and the Federal Debt", *Social Research 10*, no. 1, 1943, pp38~51.

6   Alvin H. Hansen, *Full Recovery or Stagnation?*, London: Adam and Charles Black, 1938; Lawrence H. Summers, "The Age of Secular Stagnation: What It Is and What to Do About It", *Foreign Affairs*, March/April 2016, pp2~9.

7   경제학자들은 대중이 국채를 순자산으로 여기는지, 혹은 그렇게 여겨야 하는지에 대해 오랫동안 논쟁을 벌여왔다. 유명한 고전 경제학자인 데이비드 리카도의 이름을 단 엄격한 리카도 학파는 대중은 나중에 세금이 부과돼 정부가 국채를 상환할 것으로 기대하며, 이 때문에 향후 세금 부채의 할인된 현재 가치가 채권 가치와 정확하게 같기 때문에 국채는 순자산이 아니라고 본다. Robert J. Barro, "Are Government Bonds Net Wealth?", *Journal of Political Economy 82*, no. 6, 1974, pp1095~1117.

3장. 인플레이션의 시대

1   Milton Friedman, *Money Mischief: Episodes in Monetary History*, San Diego: Harcourt Brace & Company, first Harvest edition, 1994, p49(밀턴 프리드먼, 『화폐 경제학』, 한국경제신문, 2024).

2   Friedman, *Money Mischief*, p262(밀턴 프리드먼, 『화폐 경제학』, 한국경제신문, 2024).

3   연준, 1996년 7월 2~3일 연방공개시장위원회(FOMC) 회의 의사록, https://www.federalreserve.gov/monetarypolicy/files/FOMC19960703meeting.pdf, p51.

4   Ben S. Bernanke et al., *Inflation Targeting: Lessons from the International Experience*,

Princeton, NJ: Princeton University Press, 1999.

5　2019년 기준으로 직불카드와 신용카드, 차세대 금융결제공동망(ACH), 자기앞수 표 지급 등 비현금 결제 규모는 1742억 달러, 하루 평균 4억 7700만 달러에 이른 다. Federal Reserve System, "The 2019 Federal Reserve Payments Study", December 2019, https://www.federalreserve.gov/newsevents/pressreleases/files/2019-payments-study-20191219.pdf, As of June 30, 2022; 2022년 6월 30일 기준으 로 미국 내 연방예금보험공사(FDIC) 보증 은행 수는 4771개다. Federal Deposit Insurance Corporation, "FDIC Statistics at a Glance", June 30, 2022, https://www. fdic.gov/analysis/quarterly-banking-profile/statistics-at-a-glance/2022jun/fdic.pdf.

6　Jeremy Stein, "Overheating in Credit Markets: Origins, Measurement, and Policy Responses", remarks at a research symposium sponsored by the Federal Reserve Bank of St. Louis, Missouri, February 7, 2013, https://www.federalreserve.gov/ newsevents/speech/stein20130207a.htm, p17.

7　연준은 소비자물가지수(CPI) 대신에 다소 상이한 지표인 개인소비지출(PCE)지수 를 타깃으로 통화 정책을 펴고 있다. 지난 25년간 연간 CPI는 PCE지수보다 월 평 균 0.4%p 정도 높았다. 연간 PCE지수는 2020년 3월에 1.3%였는데, 이전 12개월간 은 평균 1.5%였다. 이후 12개월간 평균 1.2%로 유지되다가 2021년 3월부터 높아져 2022년 6월에는 무려 7%라는 정점을 찍었다.

8　Milton Friedman, "Quantity Theory of Money", in *The New Palgrave: Money*, eds. John Eatwell, Murray Milgate, and Peter Newman, 1st American edition, New York: W. W. Norton & Company, 1989, p10.

4장. 세계는 왜 막대한 돈을 찍어냈는가?

1　Ben S. Bernanke, "Deflation: Making Sure 'It' Doesn't Happen Here", remarks at the National Economists Club, Washington, DC, November 21, 2002, https://www .federalreserve.gov/boarddocs/speeches/2002/20021121/default.htm.

2　모든 중앙은행은 법적, 행정적 틀에서 운영되지만 세부 사항은 국가마다 다르다. 중 앙은행은 은행에 대출해 주기 위해 은행으로부터 취득하거나 담보로 받을 수 있는 자산의 종류도 국가별로 다양하게 제한하고 있다. 유동성과 안전성, 중립성 때문에 자국 정부가 발행한 국채를 가장 보편적으로 선호하지만, 다양한 민간 자산을 매입 할 수도 있다. 어떤 경우에는 정부 허가를 받는 조건으로, 또 어떨 때는 독자적으로 매입한다.

3　'기술적 자료' 참고. Paul Sheard, "Repeat After Me: Banks Cannot and Do Not 'Lend

Out' Reserves", *Standard & Poor's Ratings Services RatingsDirect*, April 13, 2013.

4 '기간 프리미엄'은 투자자가 자금을 장기간 묶어두는 데 따른 보상(베이시스포인트로 측정)을 의미한다. '듀레이션'은 채권이나 채권 포트폴리오 만기까지의 가중 평균 기간(연 단위로 측정) 또는 이자율 변화에 대한 민감도(단위 수익률 변화 당 가격 변화율로 측정)를 의미한다.

5 연준은 양적완화의 일환으로 국채와 함께 모기지담보증권(MBS)도 대량으로 매입했다(2022년 6월 국채 보유액 최고 5조 7700억 달러, 2022년 4월 MBS 보유액 최고 2조 7400억 달러). MBS는 국채와 약간 다른데, 모기지는 채무불이행이 생기지 않는 한 결국 상환되기 때문에 만기까지 보유하면 연준 재무상태표에서 사라진다. 또한 모기지 대출자가 은행 예금을 이용해 모기지를 소멸(상환)시키기 때문에 금융 시스템에서 완전히 사라진다.

6 '상환'이라는 단어에 따옴표를 붙인 이유는 이것이 통합정부 내에서 국채와 정부 예금이 각각 중앙은행과 정부(재무부) 재무상태표의 양쪽, 즉 반대편에 있는 두 항목을 상쇄시키는 작업이기 때문이다.

7 이 언급은 그룹 이글스가 1976년에 발표한 유명한 곡에 등장하는 신화적인 호텔을 모티브로 삼았다.

8 3장에서 설명했듯 양적완화를 실시하는 중앙은행이 준비금에 대해 이자를 지급하지 않는다면, 정책금리를 인상하기 전에 양적완화를 통해 창출한 초과 준비금을 모두(또는 적어도 대부분) 흡수해야 한다. 2006년 3월 일본은행이 5년간의 양적완화 종료 선언 이후 그렇게 초과 준비금을 흡수했지만, 일본의 경우 다른 나라에 비해 양적완화 규모가 작았기 때문에 약 4개월 만에 이 작업을 매우 일찍 마무리할 수 있었다.

9 Board of Governors of the Federal Reserve System, "Statement Regarding Monetary Policy Implementation and Balance Sheet Normalization", January 30, 2019, https://www.federalreserve.gov/newsevents/pressreleases/monetary20190130c.htm.

5장. 부의 번영과 불평등

1 Thomas Sowell, *Basic Economics: A Common Sense Guide to the Economy*, 5th ed., New York: Basic Books, 2015, p269(토머스 소웰, 『베이직 이코노믹스』, 물푸레, 2008).

2 Forbes, "The World's Real-Time Billionaires", https://www.forbes.com/real-time-billionaires/#152665583d78.

3 Forbes, "The World's Real-Time Billionaires", https://www.forbes.com/real-time-

billionaires/#152665583d78.

4   JP Morgan Chase & Co. 2022 Annual Meeting of Shareholders Proxy Statement, p6, https://www.jpmorganchase.com/content/dam/jpmc/jpmorgan-chase-and-co/investor-relations/documents/proxy-statement2022.pdf.

5   Forbes, "The World's Real-Time Billionaires", https://www.forbes.com/real-time-billionaires/#152665583d78.

6   spotrac, "NBA Player Earnings", https://www.spotrac.com/nba/los-angeles-lakers/lebron-james-2257/; Forbes, "The World's Real-Time Billionaires", https://www.forbes.com/real-time-billionaires/#152665583d78.

7   Smiljanic Stasha, "The State of Homelessness in the US—2022", Policy Advice(blog), July 30, 2022, https://policyadvice.net/insurance/insights/homelessness-statistics/.

8   Kathryn J. Edin and H. Luke Shaefer, $2.00 a Day: Living on Almost Nothing in America, Boston: Houghton Mifflin Harcourt, 2015.

9   Thomas Piketty, Capital in the Twenty-First Century, Cambridge, MA: The Belknap Press of Harvard University Press, 2014, p439(토마 피케티, 『21세기 자본』, 글항아리, 2014).

10 Malcom Gladwell, Outliers: The Story of Success, New York: Little, Brown, 2008(말콤 글래드웰, 『아웃라이어』, 김영사, 2019); Nassim Nicholas Taleb, Fooled by Randomness: The Hidden Role of Chance in Life and in the Markets, New York: Random House, 2005(나심 니콜라스 탈레브, 『행운에 속지 마라』, 중앙북스, 2016); Sebastian Mallaby, The Power Law: Venture Capital and the Making of the New Future, New York: Penguin Press, 2022(세바스찬 말라비, 『투자의 진화』, 위즈덤하우스, 2023).

11 Thomas Sowell, Discrimination and Disparities, New York: Basic Books, 2019.

12 Daniel Kahneman, Thinking, Fast and Slow, New York: Farrar, Straus and Giroux, 2011(대니얼 카너먼, 『생각에 관한 생각』, 김영사, 2018).

13 P. J. Lamberson, "Winner-Take-All or Long Tail? A Behavioral Model of Markets with Increasing Returns", System Dynamics Review 32, no. 3-4, 2016, pp233~260.

14 Robert J. Gordon, The Rise and Fall of American Growth: The U.S. Standard of Living Since the Civil War, Princeton, NJ: Princeton University Press, 2016(로버트 J. 고든, 『미국의 성장은 끝났는가』, 생각의힘, 2017).

15 Andrew Marquardt, "CEO Pay Is Skyrocketing as the Average Worker Struggles to Keep Up with Inflation. Here's Who Got the Biggest Raises", Fortune, April

4, 2022, https://fortune.com/2022/04/04/median-ceo-pay-amazon-discovery-raises/.

16 Staff of Representative Keith Ellison, "Rewarding or Hoarding? An Examination of Pay Ratios Revealed by Dodd-Frank", May 2018, https://inequality.org/wp-content/uploads/2019/01/Ellison-Rewarding-Or-Hoarding-Full-Report.pdf.

17 Korn Ferry, "Age and Tenure in the C-suite", https://www.kornferry.com/about-us/press/age-and-tenure-in-the-c-suite.

18 William M. Lafferty, Lisa A. Schmidt, and Donald J. Wolfe Jr., "A Brief Introduction to Fiduciary Duties of Directors Under Delaware Law", *Penn State Law Review 116*, no. 3, 2012, pp837~877.

19 Klaus Schwab with Peter Vanham, *Stakeholder Capitalism: A Global Economy that Works for Progress, People and Planet*, Hoboken: John Wiley & Sons, 2021(클라우스 슈밥·피터 반햄, 『자본주의 대예측』, 메가스터디북스, 2022).

20 Business Roundtable, "Statement on the Purpose of a Corporation", August 19, 2019, https://www.businessroundtable.org/business-roundtable-redefines-the-purpose-of-a-corporation-to-promote-an-economy-that-serves-all-americans.

21 Sebastian Mallaby, *More Money Than God: Hedge Funds and the Making of a New Elite*, New York: Penguin, 2010(세바스찬 말라비, 『헤지펀드 열전』, 에프엔미디어, 2023).

22 Rana Foroohar, *Makers and Takers: The Rise of Finance and the Fall of American Business*, New York: Crown Business, 2016(라나 포루하, 『메이커스 앤드 테이커스』, 부키, 2018).

23 Sofia Karadima, "The Seven Cross-Border M&A Deals That Shaped 2021", Investment Monitor, January 5, 2022, https://www.investmentmonitor.ai/analysis /merger-acquisitions-deals-2021.

24 Microsoft, "Microsoft to Acquire Activision Blizzard to Bring the Joy and Community of Gaming to Everyone, Across Every Device", January 18, 2022, https://news.microsoft.com/2022/01/18/microsoft-to-acquire-activision-blizzard-to-bring-the-joy-and-community-of-gaming-to-everyone-across-every-device/.

25 Michael E. Hartmann, "How Much Money Is in Nonprofit Endowments in America?", The Giving Review(blog), Philanthropy Daily, July 27, 2020, https://www.philanthropydaily.com/how-much-money-is-in-nonprofit-endowments-in-america/.

26 Christopher Leonard, *Kochland: The Secret History of Koch Industries and Corporate*

Power in America, New York: Simon&Schuster, 2019.

27   Maria Fernandes, "Jeff Bezos' Highest Earnings Years, Ranked", *The Richest*, November 15, 2019, https://www.therichest.com/lifestyles/jeff-bezo-years-earned-highest/.

6장. 경제위기의 촉발제이자 치료제, 돈

1   Richard Fuld, "Testimony to Congress on Lehman Bankruptcy", House Oversight and Reform Committee, October 6, 2008, https://www.americanrhetoric.com/speeches/richardfuldlehmanbrosbankruptcytestimony.htm.

2   Carmen M. Reinhart and Kenneth S. Rogoff, *This Time Is Different: Eight Centuries of Financial Folly*, Princeton, NJ: Princeton University Press, 2009(카르멘 라인하트·케네스 로고프, 『이번엔 다르다』, 다른세상, 2010); Robert Z. Aliber, Charles P. Kindleberger, and Robert N. McCauley, *Manias, Panics, and Crashes: A History of Financial Crises*, Houndmills, Basingstoke: Palgrave Macmillan, 8th ed., 2023, First published 1978(로버트 알리버·찰스 킨들버거·로버트 맥컬리, 『광기, 패닉, 붕괴 금융위기의 역사』, 굿모닝북스, 2006).

3   2007~2009년 글로벌 금융위기가 어떻게 생겨났고 어떻게 전개됐는지에 대해 상세한 설명을 원한다면 다음의 책들을 참고하라. Alan S. Blinder, *After the Music Stopped: The Financial Crisis, the Response, and the Work Ahead*, New York: Penguin Press, 2013; Andrew Ross Sorkin, *Too Big to Fail: The Inside Story of How Wall Street and Washington Fought to Save the Financial System—and Themselves*, New York: Viking, 2009(앤드루 로스 소킨, 『대마불사』, 한울, 2010); Financial Crisis Inquiry Commission, *The Financial Crisis Inquiry Report: Final Report of the National Commission on the Causes of the Financial and Economic Crisis in the United States*, New York: Public Affairs, 2011; Adam Tooze, *Crashed: How a Decade of Financial Crises Changed the World*, New York: Viking, 2018(애덤 투즈, 『붕괴』, 아카넷, 2019).

4   Paul Tucker, "The Repertoire of Official Sector Interventions in the Financial System: Last Resort Lending, Market-Making, and Capital", remarks at the Bank of Japan 2009 International Conference on the Financial System and Monetary Policy Implementation, Tokyo, May 27~28, 2009, p3.

5   Bank of Japan, "Proposal for a New Scheme to Promote Smooth Corporate Financing by Nurturing the Asset-Backed Securities Market(Summary)", April 8, 2003,

https://www.boj.or.jp/en/announcements/release_2003/data/moo0304a.pdf.

6   David Fettig, "The History of a Powerful Paragraph: Section 13(3) Enacted Fed
    Business Loans 76 Years Ago", Federal Bank of Minneapolis, June 1, 2008, https://
    www.minneapolisfed.org/article/2008/the-history-of-a-powerful-paragraph.

7   Board of Governors of the Federal Reserve System, Office of Inspector General,
    "The Federal Reserve's Section 13(3) Lending Facilities to Support Overall Market
    Liquidity: Function, Status, and Risk Management", November 2010, https://oig.
    federalreserve.gov/reports/FRS_Lending_Facilities_Report_final-11-23-10_web.
    pdf.

8   An extensive analysis of the 2008 FOMC transcripts is in Paul Sheard, "Step into
    the Boardroom: The FOMC's 2008 Post-Lehman Transcripts", Standard & Poor's
    Ratings Services RatingsDirect, March 7, 2014.

9   2008년 9월 16일 FOMC 회의 의사록, p36, https://www.federalreserve.gov/
    monetarypolicy/files/FOMC20080916meeting.pdf.

10 2008년 9월 16일 FOMC 회의 의사록, p51

11 2008년 9월 16일 FOMC 회의 의사록, p51

12 코로나19 팬데믹으로 촉발된 경기 침체는 글로벌 금융위기에 의한 침체보다 훨씬
    더 깊었지만, 회복 속도는 더 빨랐다. 금융위기 당시 4분기 만에 미국의 실질 GDP
    가 4% 감소한 뒤 6분기에 걸쳐 경기 침체 이전 수준을 회복했다. 반면 팬데믹의 경
    우 실질 GDP가 2분기 만에 10.1% 급감한 반면, 경기 침체 이전 수준을 회복하기
    까지 고작 4분기밖에 걸리지 않았다.

13 페니메이와 프레디 맥은 정부가 보증해 주는 모기지 대출을 대행하는 정부 기관이
    다. 공식 명칭은 각각 '연방주택저당공사'와 '연방주택금융저당공사'다.

14 Ben S. Bernanke, "Current Economic and Financial Conditions", speech at the
    National Association for Business Economics 50th annual meeting, Washing-
    ton, DC, October 7, 2008, https://www.federalreserve.gov/newsevents/speech/
    bernanke20081007a.htm.

15 2008년 10월 28~29일 FOMC 회의 의사록, https://www.federalreserve.gov/
    monetarypolicy/files/FOMC20081029meeting.pdf, p149.

16 2008년 10월 28~29일 FOMC 회의 의사록, pp150~151.

17 Henry M. Paulson, Jr., *On the Brink: Inside the Race to Stop the Collapse of the
    Global Financial System*, New York: Business Plus, 2010, p208, 216.

18 도드-프랭크법의 긴 제목은 다음과 같다. '금융 시스템의 책임성과 투명성을 높여
    미국의 금융 안정성을 촉진하고, 대마불사 금융 시스템을 종식하며 구제금융과 악

의적인 금융 관행을 없애 미국 납세자를 보호하기 위한 법'.

19 20세기 저명한 경제학자인 프랭크 나이트는 리스크와 불확실성을 구분해 리스크
    를 정량화할 수 있는 것이 불확실성이라고 봤다. Frank H. *Knight, Risk, Uncertainty,
    and Profit*, New York: Harper & Row, 1965(프랭크 나이트, 『위험과 불확실성 및
    이윤』, 필맥, 2018).

20 Steven E. Landsburg, *The Armchair Economist: Economics and Everyday Life*, New
    York: The Free Press, paperback edition, 1993, p9(스티븐 랜즈버그, 『런치타임 경
    제학』, 바다출판사, 2005); Steven D. Levitt and Stephen J. Dubner, *Freakanomics:
    A Rogue Economist Explores the Hidden Side of Everything*, New York: HarperCollins,
    2005(스티븐 레빗·스티븐 더브너, 『괴짜 경제학』, 웅진지식하우스, 2007).

21 Jules Ottino-Loffler, "How Much Was the Japanese Imperial Palace Worth?",
    Amaral Lab(blog), August 11, 2016, https://amaral.northwestern.edu/blog/how-
    much-was-japanese-imperial-palace-worth.

22 "Citigroup Chief Stays Bullish on Buyouts", *Financial Times*, July 9, 2007, https://
    www.ft.com/content/80e2987a-2e50-11dc-821c-0000779fd2ac.

23 Ezra F. Vogel, *Japan as Number One: Lessons for America*, Cambridge, MA: Harvard
    University Press, 1979.

24 Paul Sheard, "The Japanese Economy: Where Is It Leading in the Asia Pacific?", in
    Japan's Future in East Asia and the Pacific: In Honour of Professor Peter Drysdale,
    eds. Mari Pangestu and Ligang Song, Canberra: Asia Pacific Press, 2007, pp1~30.

7장. 유로의 어리석음

1 Mario Draghi, "Verbatim of the Remarks Made by Mario Draghi", speech at the
   Global Investment Conference, London, July 26, 2012, https://www.ecb.europa.eu/
   press/key/date/2012/html/sp120726.en.html.

2 유럽중앙은행(ECB)은 유로존 전체를 위한 통화 정책을 수행하지만, 유로존 각 회
   원국들도 각자 자국 중앙은행을 보유하고 있다. ECB 이사회는 통화 정책을 결정하
   는 조직으로, 집행위원회 위원 6명과 20개 유로존 국가의 중앙은행 총재들로 구성
   된다. 2014년에 ECB는 단일 감독 체계라는 정책 틀에 따라 EU 내 은행 감독 책임
   도 맡게 됐다. ECB는 각국 중앙은행 및 단일 감독 체계와 함께 유로 시스템을 구성
   한다. 또 다른 용어인 유럽중앙은행제도(ESCB)는 모든 ECB는 물론이고 다른 EU
   회원국의 중앙은행까지 모두 포괄해서 부르는 개념이다.

3 마스트리흐트 조약에 서명한 24명은 모두 남성이었고 그들이 대표한 12개국 정상

들도 모두 남성이었다.

4 EU는 매우 복잡한 구조로 돼 있어 EU에 대해 일반적으로 얘기하려면 검증을 거쳐야만 한다. 회원국들은 유로화를 채택해야 하지만, 영국과 덴마크는 유로화를 채택하지 않는 조건으로 EU에 가입했었다.

5 베스트팔렌 체제는 각 국가가 자국 영토에 대해 배타적인 권한을 갖는다는 원칙으로, 주권 국가의 우위와 국가 간 관계를 기반으로 하는 국제관계 체제를 뜻한다. 명칭은 1618년부터 30년간 이어졌던 전쟁이 끝난 1648년에 체결된 두 평화 조약 베스트팔렌 평화 조약에서 유래했지만, 많은 현대 학자들은 그 기원에 대해 이의를 제기하고 있다. Andreas Osiander, "Sovereignty, International Relations, and the West-phalian Myth", *International Organization 55*, no. 2, 2001, pp251~278.

6 유로화를 한번 채택한 회원국이 나중에 유로화 사용을 포기하고 다시 자국 통화로 돌아갈 수 있는 규정은 EU 조약에는 없다. 실제 EU 기능에 관한 조약 140조 3항에는 회원국이 유로화를 도입할 때의 환율은 '되돌릴 수 없다'고 돼 있다. 그러나 회원국이 EU를 탈퇴하는 절차는 비교적 간단하며, 유로화를 채택한 국가라면 EU를 탈퇴하는 건 유로화도 포기한다는 뜻이 될 것이다. 지금까지 EU를 탈퇴한 유일한 회원국은 영국인데, 영국은 애초에 유로화를 채택하지 않았기 때문에 이 까다로운 통화 문제를 해결해야 할 필요가 없었다.

7 인민폐는 중국의 화폐다. '위안'은 가치를 측정하는 수단이지만, 그 자체로 통화를 지칭할 때도 사용된다. 영국이 자국 화폐를 '스털링(sterling)'이라 부르면서도 가치 측정 단위인 '파운드(pound)'를 통화를 지칭하는 데 사용하는 것과 마찬가지다. 다만 통화명과 가치 측정 단위가 달러로 같은 미국처럼 많은 국가에서는 그 둘 사이에 구분이 없다.

8장. 세계를 이어주는 국제 화폐

1 코널리의 이 전설적인 발언은 널리 인용되고 있지만, 실제 원본의 출처를 찾기는 어렵다. 11월 22~23일 회의 내용을 기록한 미국 국무부의 공식 의사록에는 이 발언이 기록돼 있지 않다. Office of the Historian, "191. Editorial Note", Foreign Relations of the United States, 1969~1976, Volume III, Foreign Economic Policy; International Monetary Policy, 1969~1972, https://history.state. gov/historicaldocuments/frus1969-76v03/d191. 이 발언의 출처는 폴 볼커 전 연준 총재의 기억인 것으로 보인다. 볼커는 코널리가 G10 회의에서 이 발언을 한 것이 아니라, 나중에 1971년 8월에 한 것으로 기억하고 있다. Paul A. Volcker and Toyoo Gyohten, *Changing Fortunes: The World's Money and the Threat to American*

Leadership, New York: Times Books, 1992, p81.

2 2019년 국제결제은행(BIS)이 내놓은 '외환 및 장외 파생상품시장에 관한 3년 주기의 중앙은행 서베이'(https://www.bis.org/statistics/rpfx19.htm 세인트루이스 연방준비은행(FRED) 경제 데이터베이스로부터 세계 GDP 통계 활용)에 따르면, 세계 GDP 규모 대비 연간 외환시장 거래대금의 비율은 2001년 13.5배에서 2019년 27.4배로 급증했다.

3 먼델이 노벨 경제학상 수상자로 확정된 보도자료. https://www.nobelprize.org/prizes/economic-sciences/1999/press-release/.

4 WorldAtlas, "How Many Currencies Exist in the World?", accessed October 21, 2022, https://www.worldatlas.com/articles/how-many-currencies-are-in-the-world.html.

5 외환보유고 내 통화별 비중은 현재 보고된 11조 1800억 달러 규모의 외환보유고에 대해서만 산정한 것이다. 국제통화기금(IMF) 외환보유고 통화비중 공식 통계는 https://data.imf.org/?sk=e6a5f467-c14b-4aa8-9f6d-5a09ec4e62a4.

6 이 수치들은 각 통화당국 웹사이트에서 인용한 것으로, 위키피디아 '국가별 외환보유고 리스트' 항목에서 확인할 수 있다. https://en.wikipedia.org/wiki/List_of_countries_by_foreign-exchange_reserves.

7 Carol Bertaut, Bastian von Beschwitz, and Stephen Curcuru, "The International Role of the Dollar", FEDS Notes, Board of Governors of the Federal Reserve System, October 6, 2021, https://www.federalreserve.gov/econres/notes/feds-notes/the-international-role-of-the-u-s-dollar-20211006.html.

8 US Department of the Treasury, Bureau of the Fiscal Service, Treasury Bulletin September 2022, https://www.fiscal.treasury.gov/files/reports-statements/treasury-bulletin/b2022-3.pdf.

9 한 그래프상에서 가로축에 수량을, 세로축에 가격을 표시함으로써 일반적으로 가격이 변화할 때 공급량이 어떻게 변하는지를 보여주는 것이 공급곡선이다.

10 Tetsuji Kawamoto, "Helped by Weak Yen, Japan Remains Top Creditor Nation with Record Net Assets", Reuters, May 26, 2022, https://www.reuters.com/markets/currencies/japan-remains-top-creditor-nation-net-external-assets-grow-2022-05-27/.

11 Barry Eichengreen, *Exorbitant Privilege: The Rise and Fall of the Dollar and the Future of the International Monetary System*, Oxford, UK: Oxford University Press, 2011, p4(배리 아이켄그린, 『달러제국의 몰락』, 북하이브, 2011).

12 기축통화를 공급하는 국가는 경상수지 적자를 낼 수밖에 없다는 생각은 경제학자

로버트 트리핀(Robert Triffin)과 관련된 것으로, 이 같은 아이디어를 흔히 '트리핀 딜레마'나 '트리핀 역설'이라고 부른다.

13 Board of Governors of the Federal Reserve System, "Swap Lines FAQs", March 19, 2020, https://www.federalreserve.gov/newsevents/pressreleases/swap-lines-faqs.htm.

14 C-Span 3, "'Which Foreigners Got the Fed's $500,000,000,000?' Bernanke: 'I Don't Know'", Representative Alan Grayson, July 21, 2009, YouTube video, 5:11, https://www.youtube.com/watch?v=n0NYBTkE1yQ.

9장. 암호화폐가 변화시킨 돈의 미래

1 Timothy C. May, "The Crypto Anarchist Manifesto", Satoshi Nakamoto Institute, 1988, https://nakamotoinstitute.org/crypto-anarchist-manifesto/.

2 Satoshi Nakamoto, "Bitcoin: A Peer-to-Peer Electronic Cash System", Bitcoin.org, October 31, 2008, https://web.archive.org/web/20140320135003/https://bitcoin.org/bitcoin.pdf.

3 CoinMarketCap, https://coinmarketcap.com/.

4 Francis Elliot and Gary Duncan, "Chancellor Alistair on Verge of Second Bailout for Banks: Billions May Be Needed as Funding Squeeze Tightens", *The Times*, January 3, 2009.

5 로버트 고든은 19세기 중후반 미국 도시에서 말이 얼마나 보편적인 존재였는지를 지적한다. "마을과 도시는 교통, 건설, 유통을 위해 전적으로 말에 의존하고 있었다. 1870년, 작은 도시 보스턴에서는 25만 명의 시민이 5만 마리의 말과 함께 거리를 공유하고 있었다." Robert J. Gordon, *The Rise and Fall of American Growth: The U.S. Standard of Living Since the Civil War*, Princeton, NJ: Princeton University Press, 2016, p48(로버트 J. 고든, 『미국의 성장은 끝났는가』, 생각의힘, 2017).

6 더 상세한 내용은 Eswar S. Prasad, *The Future of Money: How the Digital Revolution Is Transforming Currencies and Finance*, Cambridge, MA: The Belknap Press of Harvard University Press, 2021, particularly chapter six(에스와르 S. 프라사드, 『화폐의 미래』, 김영사, 2023); 가상화폐에 대한 또 다른 포괄적인 설명은 Oonagh McDonald, *Cryptocurrencies: Money, Trust and Regulation*, Newcastle upon Tyne, UK: Agenda Publishing, 2021.

7 Jeffrey E. Garten, *Three Days at Camp David: How a Secret Meeting in 1971 Transformed the Global Economy*, New York: Harper, 2021.

8 Milton Friedman, *A Program for Monetary Stability*, New York: Fordham Uni-

versity Press, 1960.

9　Nic Carter, "How Much Energy Does Bitcoin Actually Consume?", Harvard Business Review, May 5, 2021, https://hbr.org/2021/05/how-much-energy-does-bitcoin-actually-consume.

10　Irving Fisher, *100% Money*, New York: Adelphi Company, rev. ed., 1936(어빙 피셔, 『완전한 화폐』, 박영사, 2022); Laurence J. Kotlikoff, *Jimmy Stewart Is Dead: Ending the World's Ongoing Financial Plague with Limited Purpose Banking*, Hoboken, NJ: Wiley, 2010.

11　Samuel P. Huntington, *The Clash of Civilizations and the Remaking of World Order*, New York: Simon & Schuster, 1996(새뮤얼 헌팅턴, 『문명의 충돌』, 김영사, 2016).

12　Mitchell Zukoff, *Ponzi's Scheme: The True Story of a Financial Legend*, New York: Random House, 2005.

13　Lawrence Goodwin, *The Populist Moment: A Short History of the Agrarian Revolt in America*, Oxford, UK: Oxford University Press, 1978.

14　Anneke Kosse and Illaria Mattei, "Gaining momentum—Results of the 2021 BIS survey on central bank digital currencies", BIS Papers No.125, May 2022.

15　Bank for International Settlements, "Central Bank Digital Currencies: Foundational Principles and Core Features", Report No. 1 in a series of collaborations from a group of central banks, 2020); Bank of England, "New Forms of Digital Money: Discussion Paper", March 2020; Bank of England, "Responses to the Bank of England's March 2020 Discussion Paper on CBDC", June 2021; Christian Barontini and Henry Holden, "Proceeding with Caution—A Survey on Central Bank Digital Currency", Bank of International Settlements Paper No. 101, January 2019; Bank of Japan, "The Bank of Japan's Approach to Central Bank Digital Currency", October 2020; Board of Governors of the Federal Reserve System, "Money and Payments: The U.S. Dollar in the Age of Digital Transformation", January 2022; European Central Bank, "Report on a Digital Euro", October 2020; Group of Thirty, "Digital Currencies and Stablecoins: Risks, Opportunities, and Challenges Ahead", July 2020; Tommaso Mancini-Griffoli, Maria Soledad Martinez Peria, Itai Agur, et al., "Casting Light on Central Bank Digital Currency", IMF Staff Discussion Note, November 2018; President's Working Group on Financial Markets, the Federal Deposit Insurance Corporation, and the Office of the Comptroller of the Currency, "Report on Stablecoins", November 2021; World Bank Group, "Central Bank Digital Currency: A Payments Perspective", November 2021.

16 Central Bank of the Bahamas, "Press Release: Public Update on the Bahamas Digital Currency Rollout", December 31, 2020, https://www.centralbankbahamas.com/viewPDF/documents/2020-12-31-14-45-14-PSDPress-Release-Public-Update-20201231-Final.pdf.

17 Alexander Lee, "What Is Programmable Money?", *FEDS Notes*(Washington, DC: Board of Governors of the Federal Reserve System), June 23, 2021, https://doi.org/10.17016/2380-7172.2915.

18 후자의 가능성에 대해서는 Kenneth S. Rogoff, *The Curse of Cash*, Princeton, NJ: Princeton University Press, 2016(케네스 로고프, 『화폐의 종말』, 다른세상, 2016).

19 Shoshana Zuboff, *The Age of Surveillance Capitalism: The Fight for a Human Future at the New Frontier of Power*, New York: Public Affairs, 2019(쇼샤나 주보프, 『감시 자본주의 시대』, 문학사상, 2021).

마치며

1 Lewis Carroll, *The Adventures of Alice in Wonderland & Through the Looking-Glass*, London: Weidenfeld and Nicolson, The Heirloom Library edition, 1949, p175(루이스 캐롤, 『이상한 나라의 앨리스』, 시공주니어, 2001).

2 John Kay, *Other People's Money: The Real Business of Finance*, New York: Public Affairs, 2015(존 케이, 『금융의 딴짓』, 인터워크솔루션즈, 2017); Adair Turner, *Between Debt and the Devil: Money, Credit, and Fixing Global Finance*, Princeton, NJ: Princeton University Press, 2016(아데어 터너, 『부채의 늪과 악마의 유혹 사이에서』, 해남, 2017).

3 Paul Sheard, "Rethinking Macroeconomic Policy Frameworks", in *The 10 Years After: The End of the Familiar⋯Reflections on the Great Financial Economic Crisis*, ed. Reinventing Bretton Woods Committee, Astana, Kazakhstan: Astana International Financial Center, 2018, pp177~185; Paul Sheard, "A More Robust Macroeconomic Policy Framework Is Required", in *America in the World 2020*, eds. Noel V. Lateef and Michael R. Austin, New York: Foreign Policy Association, Great Decisions Special Edition, 2020, pp45~51; Paul Sheard, "It's Time to Rethink the Conventional Macroeconomic Policy Framework", Bretton Woods Committee(blog), April 29, 2019, https://www.brettonwoods.org/article/its-time-to-rethink-the-conventional-macroeconomic-policy-framework.

4 Anat Admati and Martin Hellwig, *The Bankers' New Clothes: What's Wrong with*

Banking and What to Do About It, Princeton, NJ: Princeton University Press, 2013.

5   US Department of Treasury, "U.S. Treasury Announces Unprecedented & Extensive Sanctions Against Russia, Imposing Swift and Severe Economic Costs", February 24, 2022, https://home.treasury.gov/news/press-releases/jy0608; US Department of the Treasury, "Treasury Prohibits Transactions with Central Bank of Russia and Imposes Sanctions on Key Sources of Russia's Wealth", February 28, 2022, https://home.treasury.gov/news/press-releases/jy0612; White House Briefing Room, "Joint Statement on Further Restrictive Measures", February 26, 2022, https://www.whitehouse.gov/briefing-room/statements-releases/2022/02/26/joint-statement-on-further-restrictive-economic-measures/; European Commission, "Ukraine: EU Agrees to Exclude Key Russian Banks from SWIFT", https://ec.europa.eu/commission/presscorner/detail/en/ip_22_1484.

6   한 나라의 경제규모를 다른 나라와 비교할 때 구매력평가(PPP)를 사용하는데, 이는 명목 환율로 산출한 명목 국내총생산(GDP)을 일반적으로 비교할 수 있는 기준(주로 미국 달러화)으로 변환하는 대신 상대적인 생활비를 비교한다. 대개 PPP는 선진국에 비해 저개발국의 경제 규모를 높이는 효과가 있다. 미국에 거주하는 사람이 인도에서 달러화를 쓴다면 이론적으로 인도에서 더 많은 것을 구입할 수 있다. 반면 인도 거주자가 미국에서 루피화로 상품과 서비스를 구매한다면, 인도에서보다 더 적은 것을 살 수밖에 없을 것이다. 가장 널리 알려진 PPP 지표는《이코노미스트지》가 만든 빅맥지수다. 경제학자들은 대개 PPP 기준으로 국가 경제를 비교한다.

7   "Joint Statement of the Russian Federation and the People's Republic of China on the International Relations Entering a New Era and the Global Sustainable Development[sic]", http://www.en.kremlin.ru/supplement/5770.

8   Alan Greenspan, "Technology and Trade", remarks before the Dallas Ambassadors Forum, Dallas, Texas, April 16, 1999, https://www.federalreserve.gov/boarddocs/speeches/1999/19990416.htm.

9   Martin Ford, *Rise of the Robots: Technology and a Jobless Future*, New York: Basic Books, 2015(마틴 포드, 『로봇의 부상』, 세종서적, 2016); Carl Benedikt Frey, *The Technology Trap: Capital, Labor, and Power in the Age of Automation*, Princeton, NJ: Princeton University Press, 2019(칼 베네딕트 프레이, 『테크놀로지의 덫』, 에코리브르, 2019).

돈의 권력

초판 1쇄 인쇄 2024년 4월 9일
초판 1쇄 발행 2024년 4월 17일

지은이 폴 시어드
옮긴이 이정훈
펴낸이 김선식

부사장 김은영
콘텐츠사업2본부장 박현미
책임편집 여소연 **디자인** 마가림 **책임마케터** 문서희
콘텐츠사업5팀장 김현아 **콘텐츠사업5팀** 마가림, 남궁은, 최현지, 여소연
마케팅본부장 권장규 **마케팅1팀** 최혜령, 오서영, 문서희 **채널1팀** 박태준
미디어홍보본부장 정명찬 **브랜드관리팀** 안지혜, 오수미, 김은지, 이소영
뉴미디어팀 김민정, 이지은, 홍수경, 서가을, 문윤정, 이예주
크리에이티브팀 임유나, 박지수, 변승주, 김화정, 장세진, 박장미, 박주현
지식교양팀 이수인, 염아라, 석찬미, 김혜원, 백지은
편집관리팀 조세현, 김호주, 백설희 **저작권팀** 한승빈, 이슬, 윤제희
재무관리팀 하미선, 윤이경, 김재경, 이보람, 임혜정 **인사총무팀** 강미숙, 지석배, 김혜진, 황종원
제작관리팀 이소현, 김소영, 김진경, 최완규, 이지우, 박예찬
물류관리팀 김형기, 김선민, 주정훈, 김선진, 한유현, 전태연, 양문현, 이민운

펴낸곳 다산북스 **출판등록** 2005년 12월 23일 제313-2005-00277호
주소 경기도 파주시 회동길 490 다산북스 파주사옥
전화 02-704-1724 **팩스** 02-703-2219 **이메일** dasanbooks@dasanbooks.com
홈페이지 www.dasan.group **블로그** blog.naver.com/dasan_books
종이 (주)신승아이엔씨 **인쇄** 민언프린텍 **코팅·후가공** 제이오엘앤피 **제본** 다온바인텍

ISBN 979-11-306-5190-3(03320)

다산북스(DASANBOOKS)는 독자 여러분의 책에 관한 아이디어와 원고 투고를 기쁜 마음으로 기다리고 있습니다.
책 출간을 원하는 아이디어가 있으신 분은 이메일 dasanbooks@dasanbooks.com 또는 다산북스 홈페이지
'투고원고'란으로 간단한 개요와 취지, 연락처 등을 보내주세요. 머뭇거리지 말고 문을 두드리세요.